Peter Strutynski (Hg.)
TÖTEN PER FERNBEDIENUNG

Bibliografische Information der Deutschen Bibliothek:
Die Deutsche Bibliothek verzeichnet diese Publikation
in der Deutschen Nationalbibliografie.
Detaillierte bibliografische Daten sind im Internet über http://dnb.ddb.de
abrufbar.

© 2013 Promedia Druck- und Verlagsgesellschaft m.b.H., Wien
Alle Rechte vorbehalten
Lektorat: Hannes Hofbauer
Gestaltung: Stefan Kraft
Druck: CPI – Clausen & Bosse, Leck
Printed in Germany
ISBN: 978-3-85371-366-2

Fordern Sie die Kataloge unseres Verlags an:

Promedia Verlag
Wickenburggasse 5/12
A-1080 Wien
E-Mail:       promedia@mediashop.at
Internet:     www.mediashop.at
              www.verlag-promedia.de

PETER STRUTYNSKI (HG.)

# TÖTEN PER FERNBEDIENUNG

## KAMPFDROHNEN IM WELTWEITEN SCHATTENKRIEG

PROMEDIA

# Inhaltsverzeichnis

*Peter Strutynski*
Vorwort: Umkämpfte Drohnen .................................. 7

*Norman Paech*
Drohnen und Völkerrecht ..................................... 19

*Knut Mellenthin*
Von Afghanistan bis Somalia: Massenmord durch US-Drohnen ....... 33

*Chris Cole*
Nach fünf Jahren britischer Drohneneinsätze:
Fundamentale Fakten, die wir nicht kennen sollen ............... 45

*Lühr Henken*
Kampfdrohnen als zentraler Bestandteil
der »Neuausrichtung der Bundeswehr« .......................... 51

*Tom Barry*
Zur politischen Ökonomie von Drohnen ........................ 69

*Jürgen Altmann*
Rüstungskontrolle für unbemannte
bewaffnete Fahrzeuge: ein ethisches Thema ..................... 81

*Franz Sölkner*
»Fähigkeitslücken« des Bundesheeres
und die österreichische Drohnenwirtschaft ..................... 115

*Hans-Arthur Marsiske*
Drohnen sind Roboter ....................................... 143

*Noel Sharkey*
Die Automatisierung der Kriegsführung:
Was man von Drohnen lernen kann ............................ 151

*Nick Turse*
Verrückte Drohnen-Welt ................................. 169

*Ralf E. Streibl*
Auf Distanz zum Töten:
Forschungsinteressen und Lehrdiskurse
zwischen Campus und Schlachtfeld ......................... 177

*Matthias Monroy und Andrej Hunko*
Immer mehr und größere Drohnen: Die Polizei rüstet auf ........... 187

*Elsa Rassbach*
Wie sich Europäer der Drohnen- und
Roboter-Kriegsführung widersetzen ......................... 199

AutorInnen dieses Buches. .................................221

## Peter Strutynski
# Vorwort: Umkämpfte Drohnen

Ein im Juli 2013 vorgelegter Report der UN-Mission in Afghanistan, UNAMA, hat die bei Luftangriffen der Alliierten ums Leben gekommenen Zivilpersonen in Afghanistan im ersten Halbjahr 2013 zu erfassen versucht und kommt zum Ergebnis, dass 49 Menschen getötet und 41 verletzt worden seien. 15 Tote und sieben Verletzte unter ihnen gingen dabei auf das Konto unbemannter bewaffneter Drohnen (Unmanned Aerial Vehicles/ UAVs). Im Vergleichszeitraum des Vorjahres konnten laut dieser Quelle keine Drohnenopfer nachgewiesen werden.[1]

Diese Angaben klingen nicht gerade spektakulär – vor allem angesichts der hohen Gesamtzahl von 1319 der im selben Zeitraum getöteten Zivilpersonen. Sie dürften die Realität aber auch nicht zuverlässig abbilden. Die Datenlage über das Kriegsgeschehen in Afghanistan war schon immer höchst unbefriedigend. Über Drohneneinsätze schweigt sich nicht nur die US-Administration, sondern auch das britische Verteidigungsministerium aus. Großbritannien dürfte in Afghanistan den Großteil des Drohnenkrieges übernommen haben – die Rede ist von ca. 300 Angriffen seit 2008 –, die Regierung in London weigert sich aber beharrlich, Auskunft über die Lokalitäten und die Zahl der Opfer zu geben.[2] Auch das Regime in Kabul hat wenig Interesse, über Angriffsziele und »Erfolge« der Drohnenattacken seiner Verbündeten zu berichten; möglicherweise werden ihm aber auch die dafür notwendigen Informationen vorenthalten.

Über ungleich bessere Berichte verfügen wir hinsichtlich des Drohnengeschehens im angrenzenden Pakistan. Nach Recherchen des unabhängigen »Bureau of Investigative Journalism« in London hat der US-Geheimdienst CIA seit 2004 mindestens 371 verdeckte Drohnenangriffe durchgeführt und dabei zwischen 2.514 und 3.584 Menschen getötet.[3] Da sich die Verhältnisse in den pakistanischen Stammesgebieten Waziristans, wo die meisten Drohnenangriffe stattfinden, wenig von denen in den umkämpften Gebieten Afghanistans un-

---

1. Siehe UNAMA: Afghanistan Mid-Year Report on Protection of Civilians in Armed Conflict 2013, S. 40f
2. Siehe hierzu den Beitrag von Chris Cole in diesem Band.
3. The Bureau of Investigative Journalism. Im Internet: http://www.thebureauinvestigates.com (zuletzt abgefragt am 2.08.2013). Weitere Daten und Informationen bereitet Knut Mellenthin in diesem Band auf.

terscheiden, muss auch für Afghanistan eine ähnlich hohe Zahl an Drohnenopfern angenommen werden.

Möglicherweise aber eine noch viel höhere. Ende 2012 berichtete die Internet-Plattform »wired.com«, dass von Januar bis November 2012 nach einer Statistik der Luftwaffe 447 US-Drohnenangriffe in Afghanistan stattgefunden hätten. Afghanistan sei damit das »Epizentrum« des US-Drohnenkriegs, nicht Pakistan (wo 2012 nach derselben Quelle »nur« 48 Drohnenangriffe verbucht wurden), Jemen oder Somalia.[4] Von 2009 bis 2012 seien es insgesamt 1.273 Angriffe gewesen – ein Mehrfaches der Großbritannien zugeschriebenen Drohnenattacken. Im Zuge der Truppenreduzierung haben die Angriffe mit bemannten Flugzeugen ab- und die Angriffe mit unbemannten Drohnen zugenommen. 2011 gingen fünf Prozent aller Luftangriffe auf das Konto von Kampfdrohnen, 2012 waren es bereits elf Prozent. Dieser Trend werde sich fortsetzen und nach 2014 – dem offiziellen Ende des Kampfeinsatzes der NATO-Truppen in Afghanistan – werden wohl ferngesteuerte Kampfdrohnen den Hauptanteil übernehmen. »Während die Soldaten abziehen, springen die Roboter in die Bresche.«

Mittlerweile ist es auch kein Geheimnis mehr, dass Kampfdrohnen zunehmend im weltumspannenden »War on Terror« der Vereinigten Staaten und ihrer Verbündeten eingesetzt werden. Alle paar Tage kommen Meldungen wie die folgende über die Ticker der Nachrichtenagenturen und finden sogar den Weg in die großen deutschen Zeitungen: »*Von einer amerikanischen Drohne abgefeuerte Raketen haben im südlichen Jemen nach Medienberichten vier mutmaßliche Kämpfer des Terrornetzwerks al-Qaida getötet. Die Extremisten seien in der Provinz Abijan unterwegs gewesen, als ihr Fahrzeug von zwei Raketen getroffen wurde, berichteten das Nachrichtenportal Barakish.net und die staatliche Nachrichtenagentur Saba am Sonntag unter Berufung auf die Provinzbehörden.*« (Süddeutsche Zeitung, 29.07.2013) Solche Berichte geben Anlass zu kritischen Fragen und Beunruhigung, zu Protest und Widerstand – nicht nur in den betroffenen Ländern, sondern auch in den Metropolen der Krieg führenden Staaten.

Dies bekommt auch US-Präsident Barack Obama zu spüren, der mit seinem Amtsantritt den Drohnenkrieg immens ausgeweitet hat, was ihm sehr schnell den Titel »Drohnenpräsident« einbrachte. Cornel West, ein prominenter afroamerikanischer liberaler Aktivist und Professor für Theologie an der Universität Princeton und am Union Theological Seminary in New York, verglich in einem

---

4. 2012 was the Year of the Drone in Afghanistan. By Spencer Ackerman, in: WIRED, 12.06.12 (06.12.2012); http://www.wired.com/dangerroom/2012/12/2012-drones-afghanistan/ (abgerufen am 01.08.2013)

Interview den amtierenden US-Präsidenten mit seinem Vorgänger und fällte das nicht eben schmeichelhafte Urteil: »Bush war der Haft- und Folter-Präsident. Nun haben wir den Präsidenten des gezielten Tötens, den Drohnenpräsident. Das ist kein Fortschritt.« Er fügte hinzu: »Das ist nicht das Erbe von Martin Luther King.« Dieser große Bürgerrechtskämpfer wäre nicht zu den offiziellen Feierlichkeiten anlässlich des 50. Jahrestages seiner berühmten »I Have a Dream«-Rede am 28. August 2013 eingeladen worden, weil er dort selbstverständlich über Drohnen und die »Kriminalität der Wall Street« gesprochen hätte.[5]

Über Drohnen spricht Obama wenigstens. Er tut das nicht aus freien Stücken, sondern erst auf Grund der wachsenden Kritik im In- und Ausland an der von ihm zu verantwortenden Politik des »targeted killing«. In einer denkwürdigen Rede vor der »National Defense University Fort McNair« in Washington am 23. Mai 2013[6] erläuterte der US-Präsident Ziele und Vorgehensweise seiner Administration im Kampf gegen den Terrorismus. So plädiert er u. a. dafür, den seinerzeit von Bush als »endlos« konzipierten Krieg gegen den Terror zu beenden. Nicht sofort, aber in absehbarer Zeit, wenn Al-Kaida besiegt sei. Deren zentrale Schaltstellen in Afghanistan und Pakistan seien bereits entscheidend geschwächt und stellten keine besondere Gefahr mehr für die USA dar. Bedeutsamer seien stattdessen die Aktivitäten, die vom Al-Kaida-Ableger auf der Arabischen Halbinsel[7] ausgingen und den Jemen, Irak, Somalia und Nordafrika bedrohten. Hier oder in Libyen, Syrien, Algerien operierten meist lokale Milizen oder Netzwerke – vielleicht in loser Verbindung mit Al-Kaida –, teils aber auch von Staaten unterstützte »Terrororganisationen« wie die Hisbollah im Libanon. Sie bildeten mitunter eine grenzüberschreitende Bedrohung; die meisten von ihnen operierten aber nur in den Ländern oder Regionen, in denen sie ihren Stützpunkt haben. Eine weitere Gefahr stellten »radikalisierte Einzelpersonen« in den USA selbst dar, vor allem dann, wenn sie vom gewalttätigen »Dschihad« inspiriert wären wie z. B. die Attentäter beim Boston-Marathon.

All diesen neuen Bedrohungen, die mit dem Terroranschlag von 9/11 nicht mehr zu vergleichen seien, müsse mit einer umfassenden Strategie begegnet werden. Die dürfe sich weder nur auf militärische noch nur auf juristische Mittel stützen, sondern müsse alle Elemente umfassen, die nötig sind, um eine »Schlacht des Willens und der Ideen zu gewinnen«. In dem Zusammenhang

---

5. Cornel West im Interview mit Amy Goodman in »Democracy Now!«, 22.07.2013; http://www.democracynow.org/2013/7/22/cornel_west_obamas_response_to_trayvon
6. Remarks by the President at the National Defense University, Fort McNair, Washington, D.C. – May 23, 2013. Im Internet: http://www.ag-friedensforschung.de/regionen/USA/obama-terror.html
7. Obama nennt sie AQAP: Al Qaeda's affiliates in the Arabian Peninsula.

denkt Obama auch laut darüber nach, die Praxis der weltweiten Einsätze von Killerdrohnen zu überprüfen und sie transparenter und rechtlich unangreifbarer zu machen. So lässt er *erstens* keinen Zweifel daran, dass die Drohnenangriffe »effektiv« seien. Dutzende führender Al-Kaida-Kommandanten, Ausbilder, Bomben-Produzenten und Kämpfer seien erfolgreich dem »Schlachtfeld entzogen« worden. Drohnen hätten auch Anschläge in europäischen Städten oder auf die internationale Luftfahrt vereitelt und somit »Leben gerettet«. Drohnenangriffe seien *zweitens* »legal«. Nach dem Anschlag von 9/11 habe der US-Kongress den Gebrauch von Gewalt gebilligt. Die USA befänden sich seither nach heimischer Rechtsauffassung und nach internationalem Recht in einem regulären »Krieg gegen Al-Kaida, Taliban und deren Verbündete«. Es handle sich also um einen »gerechten Krieg«, der die Verhältnismäßigkeit der Mittel einhält, als »letztes Mittel« und zur »Selbstverteidigung« geführt werde. Dennoch dürfe dies nicht das Ende der Diskussion sein. Eine militärische Taktik mag legal und effektiv sein, eine andere Frage ist, ob sie auch klug und in jeder Hinsicht moralisch sei. Um die Lücke zwischen Legalität und Moral zu schließen, hat Obama einen Tag vor seiner Rede eine Präsidenten-Richtlinie unterschrieben, in der Einsatzregeln für Kampfdrohnen verbindlich festgelegt sind.[8] Darin wird der Gefangennahme von vermeintlichen Terroristen Vorrang eingeräumt, sollte dies nicht möglich sein, kann »tödliche Gewalt« angewendet werden. Und hierfür gelten dann bestimmte »Standards«, die einzuhalten sind, die aber so vage formuliert sind, dass auch künftig munter weiter getötet werden kann.[9]

Obamas Rede und die von ihm seit Jahren forcierte Drohnen-Kriegführung passen nicht so recht zusammen. Eine für effektiv gehaltene militärische Praxis moralisch zu hinterfragen, sie aber nicht zu stoppen, gehört in dieselbe Kategorie wie die wiederholten Ankündigungen des US-Präsidenten, das völkerrechtswidrige Gefangenenlager auf Guantanamo zu schließen, oder sein Versprechen, die Welt von Atomwaffen zu befreien (»Global Zero«). Doch auch den Friedensnobelpreis 2009 hat Obama nicht für irgendwelche praktischen Schritte auf dem Weg zu mehr Frieden und Abrüstung in der Welt erhalten, sondern für seine wohl klingende Rhetorik.

Mögen manche Reden des 44. US-Präsidenten als Beispiele für beherzte und ethisch begründete Eloquenz in die Geschichtsbücher eingehen, der Lauf der Realgeschichte bleibt davon weitgehend unberührt. Eher hat der auf Drohnen ge-

---

8. U.S. Policy Standards and Procedures for the Use of Force in Counterterrorism Operations Outside the United States and Areas of Active Hostilities. In: www.whitehouse.gov/sites/default/files/uploads/2013.05.23_fact_sheet_on_ppg.pdf
9. Siehe hierzu den Beitrag von Norman Paech in diesem Buch.

stützte Antiterror-Krieg der Welt in den vergangenen Jahren seinen Stempel aufgedrückt und zahlreiche Staaten zur Nachahmung veranlasst. Drohnensysteme, d. h. unbemannte Fluggeräte (oder auch »unbemannte Luftfahrzeuge«, englisch: »*Unmanned Aerial Vehicle*«-UAV) gehören heute zum Arsenal von ca. 80 Staaten.[10] Die meisten dieser Drohnen sind mit Sensoren ausgestattet und werden vom Militär zu Aufklärungszwecken verwendet. Nur eine Handvoll Staaten verfügt dagegen über bewaffnete UAVs oder auch »Kampfdrohnen«, von denen in diesem Buch vor allem die Rede sein wird. Diese Drohnen sind teils aus Spionagedrohnen hervorgegangen, indem man sie mit Waffen ausrüstete (z. B. *Predator, Reaper*), teils werden sie speziell als bewaffnete Drohnen entwickelt (*Unmanned Combat Aerial Vehicle*-UCAV) und mit speziellen Raketen (z. B. *Hellfire*) versehen.

Kampfdrohnen werden bislang nur von den USA, Israel und Großbritannien produziert und eingesetzt. In Ländern wie China, Frankreich, Indien, der Türkei, den Vereinigten Arabischen Emiraten und Südafrika existieren offenbar staatliche Programme zur Entwicklung bewaffneter Drohnen.

Deutschland hat die feste Absicht, Kampfdrohnen für die Bundeswehr zu beschaffen und eventuell später allein oder in einem europäischen Gemeinschaftsprojekt auch herzustellen.[11] Dass es darüber im Frühjahr 2013 zu erbitterten innenpolitischen Auseinandersetzungen kam, hatte aber weniger mit den Kampfdrohnen, sondern mehr mit der missglückten Bestellung von Aufklärungsdrohnen vom Typ Euro-Hawk beim US-amerikanischen Rüstungskonzern Northrop Grumman zu tun. Hatte sich doch herausgestellt, dass diese Drohnen für den deutschen Luftraum nicht zugelassen werden können. Über eine halbe Milliarde Euro waren in das Beschaffungsprojekt geflossen, obwohl das Verteidigungsministerium – angeblich aber nicht der Minister persönlich – frühzeitig über die Probleme Bescheid wusste. Das Drohnen-Desaster wuchs sich zu einem handfesten politischen Skandal aus, sodass im Sommer 2013 sogar ein parlamentarischer Untersuchungsausschuss eingesetzt wurde. Dessen Ausgang dürfte indessen wenig neue Erkenntnisse zu Tage fördern: Wie so oft in der Geschichte militärischer Beschaffungen wurde sinnlos viel Geld auf Kosten der Steuerzahler ausgegeben.

Immerhin hatte die Drohnen-Beschaffungspleite einen Kollateralnutzen:

---

10. Siehe hierzu und zum Folgenden: Christian Alwardt, Michael Brzoska, Hans-Georg Ehrhart, Martin Kahl, Götz Neuneck, Johann Schmid, Patricia Schneider, Braucht Deutschland Kampfdrohnen? In: Hamburger Informationen zur Friedensforschung und Sicherheitspolitik, 50/2013, Hamburg, Juli 2013, S. 3f.
11. Lühr Henken argumentiert in seinem Beitrag in diesem Buch, dass die Kampfdrohnen ein wesentliches Moment der »Neuausrichtung der Bundeswehr«, d. h. ihrer Transformation in eine Interventionsarmee darstellt.

Erstmals in der Bundesrepublik Deutschland wurde nun auch über Kampfdrohnen debattiert. Der Plan der Bundesregierung, »mit Raketen bestückte Drohnen zu beschaffen, hat einen Sturm der Empörung entfesselt, vom ehrbaren katholischen Militärbischof bis zu den üblichen Aufgeregten im Netz«, wie die *Süddeutsche Zeitung* zu berichten wusste (11.05.2013). Der Artikel aus der Feder von Joachim Käppner brach gleich auch eine Lanze für Kampfdrohnen, die einzig und allein »dem Schutz der Soldaten auf dem Gefechtsfeld« dienen würden. Drohnen-Kritiker wie der schon zitierte Militärbischof oder die »plakativ« formulierenden Ostermarschierer oder eine »außenpolitisch naive« Vertreterin von Pax Christi wollten einfach nicht begreifen, dass Kampfdrohnen Waffen wie alle anderen seien. Und: »Soldaten müssen ihre Waffen notfalls einsetzen, und sie sollten bessere Waffen haben und nicht schlechtere.«

Mit den Argumenten der Ostermarschierer und anderer Drohnen-Gegner setzt sich der SZ-Autor nicht auseinander. Sie sind aber zahlreich und können folgendermaßen zusammengefasst werden:

**Erstens:** Der Einsatz von Kampfdrohnen dient ausschließlich der »gezielten Tötung« von Menschen innerhalb und außerhalb von Kriegen. Die USA (in Pakistan und Jemen), Großbritannien (in Afghanistan) oder Israel (im Gazastreifen) wenden diese Waffen bereits gegen »mutmaßliche Terroristen« an – mit einer verheerenden Bilanz, was insbesondere die dabei getöteten Zivilpersonen betrifft. Dies haben Untersuchungen über die Drohneneinsätze in Pakistan und zuletzt ein UN-Bericht über den israelischen Militäreinsatz in Gaza hinreichend belegt. Eine im Sommer 2013 vorgelegte Studie eines US-Militärberaters hat sogar herausgefunden, dass bei Drohnenangriffen in Afghanistan zehn Mal mehr Zivilisten getötet wurden als bei »konventionellen« Luftangriffen. Larry Lewis, der die Studie für das Center for Naval Analyses, einem dem US-Militär nahestehenden Institut, durchführte, untersuchte Luftangriffe in Afghanistan von Mitte 2010 bis Mitte 2011 und konnte sich dabei auf geheime Daten der Streitkräfte stützen. Die Studie selbst ist unter Verschluss, ihr Autor gab aber der britischen Zeitung *The Guardian* (02.07.2013) bereitwillig Auskunft über wichtige Ergebnisse, auch wenn er keine konkreten Daten preisgab. Gründlich widerlegt wurde die immer wiederkehrende Behauptung – die auch Obama in seiner oben zitierten Rede vertrat –, Drohnenangriffe seien präziser als Angriffe von bemannten Kampfflugzeugen. Das genaue Gegenteil sei der Fall. Dies habe damit zu tun, dass Piloten genauere Anweisungen bekämen, wie Zivilpersonen zu schützen seien.

**Zweitens:** Die ferngesteuerte Tötung »Verdächtiger« ist nichts anderes als eine Aushebelung der Gewaltenteilung und eine Aufweichung rechtsstaatlicher

Grundsätze und Verfahren: Politiker, die solche Einsätze anordnen, sind Ankläger, Ermittler, Richter und Henker in einer Person! Sie bestimmen, wer als Terrorist zu gelten hat und interpretieren dessen Verfolgung und gegebenenfalls physische Beseitigung als Teil eines von der UN-Charta gedeckten Verteidigungskrieges. Vollends absurd wird die Situation dann, wenn Drohnenangriffe unter der Regie der Geheimdienste stattfinden, wie das zum Teil beim US-Drohnenkrieg der Fall ist.

**Drittens:** Der Einsatz von Kampfdrohnen senkt die Schwelle für künftige Kriege. Der Kampfeinsatz erfolgt aus einer sicheren Distanz (z. B. in einem US-Hauptquartier in der Wüste Nevada), die unbemannte Drohne tötet in einer Entfernung von 6000 oder 8000 Kilometern vom »Piloten«. Die Angreifer tun dies ohne jedes persönliche Risiko – es genügt ein Knopfdruck bzw. ein Mausklick am Computer. Sie könnten auch von deutschem Boden, oder, sollte Österreich dem Drohnenwahn ebenfalls verfallen[12], von österreichischem Boden aus gelenkt werden. Wenn die Theorie von den asymmetrischen Kriegen zutreffend ist, dann hier.

**Viertens:** In Regionen zu leben, in denen die selbsternannten Anti-Terror-Krieger »Terroristen« vermuten, bedeutet für die dort lebenden Menschen eine unerträgliche psychische Belastung. Die permanente Bedrohung durch ferngesteuerte Kampfdrohnen verängstigt und terrorisiert die Bevölkerung, insbesondere Kinder. Dies hat eine Studie von Wissenschaftlern der Stanford University und der New York University belegt.[13] Sie hatten im Auftrag der britischen Menschenrechtsorganisation Reprieve die Auswirkungen von Luftschlägen gegen Aufständische im Nordwesten Pakistans untersucht. Konkreter Anlass war der Tod von 50 Einwohnern einer Ortschaft bei einer einzigen Drohnen-Attacke im März 2011. Reprieve-Direktor Clive Stafford Smith schilderte die Situation in der betroffenen Region: »Der Alltag bricht zusammen: Kinder sind zu verängstigt, um zur Schule zu gehen, Erwachsene meiden aus Angst Hochzeiten, Beerdigungen, Geschäftstreffen und alle Gelegenheiten, bei denen sich Menschen in Gruppen zusammenfinden. Noch immer ist kein Ende in Sicht, nirgends können sich die gewöhnlichen Männer, Frauen und Kinder in Nordwest-Pakistan sicher fühlen.«[14] Besonders verheerend sei die Praxis der doppel-

---

12. Über den Stand der Überlegungen, auch in Österreich Drohnen einzuführen, informiert der Beitrag von Franz Sölkner in diesem Band
13. Stanford International Human Rights and Conflict Resolution Clinic and Global Justice Clinic at NYU School of Law: Living Under Drones: Death, Injury and Trauma to Civilians from US Drone Practices in Pakistan, 2012; http://www.livingunderdrones.org/report/
14. Zit. nach: US-Studie: Drohnen-Angriffe terrorisieren Bevölkerung, in: Hintergrund, 26.09.2012

ten Angriffe. Dabei werden auch die Helfer getötet, die den Verletzten nach einem ersten Drohnenangriff zu Hilfe eilen. (Der Tagesspiegel, 25.09.2012) Wegen des weltumspannenden »Krieges gegen den Terror« gibt es grundsätzlich keinen Landstrich auf dieser Erde, der nicht in das Visier der »Anti-Terror-Krieger« geraten könnte.

**Fünftens:** Kampfdrohnen entziehen sich bislang bestehenden Rüstungskontroll- oder Abrüstungsvereinbarungen.[15] Die Ausrüstung der Streitkräfte mit Kampfdrohnen bedeutet zugleich eine neuerliche Anheizung des Rüstungswettlaufs. Die Hersteller verfügen zudem über eine gut aufgestellte Lobby mit Verbindungen in höchste Regierungskreise; dies ist zumindest für die Vereinigten Staaten gut belegt.[16] Und die Rüstungsspirale wird sich drehen. Denn erstens wollen immer mehr Staaten in den Besitz dieser Killerwaffen kommen, und zweitens wird selbstverständlich an technischen Gegenmaßnahmen (Abwehrsysteme, Raketen, neue Ortungsverfahren usw.) gearbeitet. Und schon wird im Blätterwald an der Schreckensvision gearbeitet, Kampfdrohnen könnten ja auch in die Hände von »Terroristen« geraten. In einer breit gefächerten Drohnen-Analyse[17] zählt Gerhard Piper eine Reihe von terroristischen Aktionen oder versuchten Anschlägen mittels Fernlenkungsmechanismen auf. Von einer gewissen Relevanz scheinen sie allerdings nur zu sein, wenn sie von Milizen wie der des Terrorismus beschuldigten Hisbollah (Libanon) eingesetzt werden. Aber auch sie dienten offenbar hauptsächlich der Aufklärung. Drohnen mit tödlichen Waffen zu bestücken, ist eine aufwändige technische und finanzielle Operation. Ganz unabhängig davon bleibt aber richtig: Solche Waffen gehören in niemandes Hand!

**Sechstens:** Nicht von der Hand zu weisen ist schließlich die Gefahr der weiteren Automatisierung des Krieges. Schon heute sind Wissenschaftler im Regierungsauftrag damit beschäftigt, vollautomatische Robotersysteme zu entwickeln, die autonom, d. h. letztlich unabhängig von menschlichen Entscheidungen, ihre Zielsuche und das Abfeuern ihrer tödlichen Fracht erledigen. Anders als Menschen sind Killer-Roboter nicht leidensfähig und schrecken somit vor nichts zurück. Eine derart entfesselte Kriegsmaschinerie führt zu noch schrecklicheren Kriegen; denn die Opfer bleiben Menschen.[18]

---

15. Dies ist u.a. Thema von Jürgen Altmann im vorliegenden Band. Siehe auch Wolfgang Richter, Rüstungskontrolle für Kampfdrohnen. In: SWP-Aktuell, 29. Mai 2013 [Die SWP – Stiftung Wissenschaft und Politik ist der Think Tank des deutschen Außenministeriums.]
16. Siehe den Beitrag von Tom Barry in diesem Band.
17. Gerhard Piper: Kampfdrohnen in der Hand von Militärs, Agenten, Terroristen und Familienvätern, in: TELEPOLIS, 27.07.2013; http://www.heise.de/tp/artikel/39/39579/1.html
18. Vgl. hierzu die Beiträge von Hans-Arthur Marsiske, Noel Sharkey und Nick Turse in diesem Band.

Je mehr der vor zwölf Jahren von US-Präsident George W. Bush ausgerufene »War on Terror« zum weltumspannenden Drohnenkrieg mutiert und damit selbst Angst und Schrecken verbreitet, desto mehr regt sich Zorn und Widerstand dagegen. Zorn bei den Menschen, die in den von Drohnenangriffen heimgesuchten Ländern leben, und politischer Widerstand in den Ländern, die für diesen Krieg verantwortlich sind. Mittlerweile gibt es eine – auch international vernetzte – Anti-Drohnen-Bewegung in den USA und in vielen europäischen Ländern.[19] Dabei ist es längst nicht mehr nur die Friedensbewegung, die gegen Drohnen mobil macht; vielfach werden Anti-Drohnen-Kampagnen auch von Menschenrechtsorganisationen unterstützt. In den USA beispielsweise spielen Amnesty International, Human Rights Watch oder die American Civil Liberties Union eine prominente Rolle. In Deutschland reicht die erst im März 2013 gegründete Kampagne mittlerweile in Kreise der Gewerkschaften und der Oppositionsparteien hinein. Neben der Partei Die Linke hat einen entsprechenden Appell auch der Bundesvorstand von Bündnis 90/Die Grünen unterschrieben. Die Forderungen der Anti-Drohnen-Kampagnen, deren jüngste nun auch in Österreich initiiert wurde, richten sich vor allem gegen Herstellung, Weitergabe und Gebrauch von Kampfdrohnen, gegen die Weiterentwicklung der Drohnentechnik hin zur vollautomatischen Kriegführung (Roboterisierung) sowie gegen die militärische, geheimdienstliche und polizeiliche Verwendung[20] der Drohnen zur massenhaften Ausspähung der eigenen oder fremder Bevölkerungen. Unterstützung erfährt die Anti-Drohnen-Bewegung schließlich auch von Seiten der Friedensforschung. Im Friedensgutachten 2013 der großen deutschen Friedensforschungsinstitute wird in einem eigenen Beitrag auf die »Gefahren der Beschaffung bewaffneter Drohnen« hingewiesen und vorgeschlagen, deren »Entwicklung zum aktuellen Zeitpunkt zu stoppen und bewaffnete Drohnen international zu ächten, bevor das Streben nach bewaffneten Drohnen seine volle Dynamik entfalten kann«.[21] Falls diese optimale Lösung nicht möglich ist, wird als »second best« eine Reihe von Konditionen für den Einsatz von Kampfdrohnen formuliert. So seien völkerrechtlich umstrittene Einsätze »kategorisch« auszuschließen und sicherzustellen, »dass bewaffnete Drohnen keine verwundbaren zivilen Komponenten enthalten und

---

19  Siehe hierzu den Beitrag von Elsa Rassbach in diesem Band.
20. Siehe hierzu den Beitrag von Matthias Monroy und Andrej Hunko in diesem Band.
21. Niklas Schörning: »Aber wehe, wehe, wehe! Wenn ich auf das Ende sehe!« Gefahren der Beschaffung bewaffneter Drohnen. In: Friedensgutachten 2013, hrsg. Von Marc von Boemcken, Ines-Jacqueline Werkner, Margret Johannsen, Bruno Schoch. Berlin, Münster 2013, S. 46-57, hier S. 55.

## Opferbilanz von US-Drohnenangriffen[1]

Pakistan 2004 – Juli 2013:
US-Drohnenangriffe insgesamt: 371
Unter der Präsidentschaft Barack Obamas: 320
Todesopfer insgesamt: 2.505 bis 3.584
Getötete Zivilisten: 407 bis 928
Getötete Kinder: 164 bis 195
Verletzte insgesamt: 1.111 bis 1.493

Jemen 2002 – Juli 2013:
US-Drohnenangriffe (offiziell bestätigt): 51 bis 61
Todesopfer insgesamt: 260 bis 378
Getötete Zivilisten: 15 bis 56
Getötete Kinder: 2 bis 3
Verletzte: 65 bis 147

Weitere, nicht bestätigte US-Drohnenangriffe: 82 bis 101
Todesopfer: 289 bis 467
Getötete Zivilisten: 23 bis 50
Getötete Kinder: 6 bis 9
Verletzte: 81 bis 106

Alle anderen Angriffe: 12 bis 77
Todesopfer: 148 bis 377
Getötete Zivilisten: 60 bis 88
Getötete Kinder: 25 bis 26
Verletzte: 22 bis 111

Somalia 2007 – Juli 2013:
US-Drohnenangriffe: 3 bis 9
Todesopfer: 7 bis 27
Getötete Zivilisten: 0 bis 15
Getötete Kinder: 0
Verletzte: 2 bis 24

Alle anderen Angriffe: 7 bis 14

---

1. http://www.thebureauinvestigates.com/category/projects/drones/ (abgerufen: 09.08.2013)

Todesopfer: 47 bis 143
Getötete Zivilisten: 7 bis 42
Getötete Kinder: 1 bis 3
Verletzte: 12 bis 20

Afghanistan (keine verlässlichen Daten)[2]

US-Drohnenangriffe 2012 (offiziell bestätigt): 447
US-Drohnenangriffe bis 2012: 1573
Todesopfer: ?
Verletzte: ?

## Opferbilanz von israelischen Drohnenangriffen[3]

Gaza
Angriffe insgesamt: 72
Tote: 36
Verletzte: 100

## Drohnensysteme im militärischen Einsatz/Auswahl (2013)[4]

| System/Name | Produktionsland | Flugdauer (Std.) | Nutzlast (kg) | eingesetzt für |
| --- | --- | --- | --- | --- |
| MQ-5B Hunter | USA | über 11 | 90 | Kampf/Aufklärung |
| MQ-1 Predator | USA | über 30 | 200-500 | Kampf/Aufklärung |
| MQ-9 Reaper | USA | über 24 | 1700 | Kampf/Aufklärung |
| Global Hawk | USA | über 35 | 900-1300 | Aufklärung |
| Heron TP | Israel | 20-36 | 1000 | Kampf ?/Aufklärung |
| Heron 1 | Israel | über 40 | 250 | Aufklärung |
| Patroller | Frankreich | 30 | 250 | Aufklärung |
| Ranger | Schweiz | 9 | 45 | Aufklärung/Zielerfassung |
| KZO | Deutschland | 3-4 | 35 | Aufklärung/Zielerfassung |
| Luna | Deutschland | 4-12 | 13 | Aufklärung |

2. UN-Mission in Afghanistan. Vgl. The Guardian vom 14.2.2013
3. Al Mezan Centre for Human Rights: Field Report on Israel's Attacks on Gaza 14-21 November 2012; Palestinian Centre for Human Rights (PCHR) : Weekly Report On Israeli Human Rights Violations in the Occupied Palestinian Territory (14 -21 Nov. 2012)
4. Christian Alwardt u.a., Braucht Deutschland Kampfdrohnen? In: Hamburger Informationen zur Friedensforschung und Sicherheitspolitik Nr. 50/2013. Hamburg 2013, S. 6

für alle verbauten Komponenten höchste Sicherheitsmaßstäbe gegen informationstechnologische Fremdeinwirkung angelegt werden«.[22]

Dieser Protestbewegung, die noch in den Anfängen steckt, werden von interessierter Seite jegliche Erfolgsaussichten abgesprochen. Denn einmal, so wird gern argumentiert, ließe sich der Fortschritt in der Waffen- und Kriegführungstechnologie schon aus Konkurrenz- und Überlebensgründen nicht verhindern. Zum zweiten seien Drohnen in ihrer unbewaffneten und bewaffneten Form ganz »normale« Waffen, die ethisch nicht anders zu bewerten seien als jede andere tödliche Waffe. Drittens seien Drohnen »bemannten Flugzeugen überlegen, weil sie lange fliegen können, weniger personellen und logistischen Aufwand verlangen und dazu noch zielgenauer sind«, wie der frühere hochdekorierte Bundeswehr- und NATO-General Klaus Naumann in einem Namensartikel in der *Süddeutschen Zeitung* (28.06.2013) notierte. Ein letztes Argument lautet, die Drohnen könnten gar nicht mehr verhindert werden, weil sie bereits in der Welt sind. Als hätten nicht die internationalen Kampagnen gegen die Anti-Personenminen oder der Kampf gegen Streubomben gezeigt, dass bereits vorhandene und eingesetzte Waffenkategorien durch völkerrechtliche Vereinbarungen geächtet werden können!

Über einen anderen Weg gegen Drohnen jeglicher Art vorzugehen, berichtete unlängst die österreichische *Kronen Zeitung* (online, 19.07.2013). Die 550-Seelen-Gemeinde Deer Trail im US-Bundesstaat Colorado will im August 2013 einen Antrag verabschieden, wonach Männer mit Jagdlizenz und Schrotflinte Jagd auf unbemannte Flugobjekte machen dürfen. Potenzielle Drohnenjäger müssten mindestens 21 Jahre alt sein und lediglich 25 Dollar für eine entsprechende Lizenz auf den Tisch legen. Im Gespräch ist auch die Auslobung einer Abschussquote: 100 Dollar sollen dem Schützen versprochen werden, der den Abschuss einer Drohne nachweisen kann.

Ob diese Strategie im Anti-Drohnen-Kampf erfolgversprechend sein kann, bleibt dahingestellt. Der Friedensbewegung ist dieser Weg wohl verschlossen, weil sie bekanntlich unbewaffnet agiert. Sie wird den mühsamen Weg der Aufklärung und des politischen Kampfes gehen müssen, um die Drohnen weltweit vom Himmel zu holen. Möge das vorliegende Buch einen Beitrag dazu leisten.

*Peter Strutynski, Kassel, im August 2013*

---

22. Ebd. Viele Drohnensysteme greifen aus Kostengründen auf kommerzielle elektronische Komponenten zurück. Die Verwendung solcher »zivilen« Software bietet Angriffsflächen für Hacker oder Einfallstore für fremdbestimmte Manipulationen. (Ebd. S. 54.)

Norman Paech
# Drohnen und Völkerrecht

Es ist ein altes und bekanntes Problem, dass die technische Entwicklung in der Waffen- und Rüstungsproduktion ihrer rechtlichen Regelung weit vorauseilt. Dieser Verzug kennzeichnet auch andere Felder technischen Fortschritts von vergleichbarer gesellschaftlicher Relevanz, wie etwa die Humanbiologie oder die Pharmaforschung. Doch in kaum einem anderen Bereich ist die Lücke zwischen dem neuen Produkt und seiner rechtlichen Regelung so groß wie in der Militärtechnologie. Es gibt sogar Entwicklungen und Produkte, die auch weit über fünfzig Jahre nach ihrem ersten Einsatz immer noch keine gesicherte Regelung erfahren haben, wie die Atombombe und ihr populärstes Derivat, die Uranmunition. Das liegt daran, dass eine Regelung der Waffen- und Rüstungsproduktion nur Sinn macht auf internationaler Ebene. Eine nationale Regelung – etwa ein Verbot – würde die eigene Bevölkerung im Falle eines Krieges nicht schützen. Der Prozess der internationalen Kodifizierung, sei es durch Vertrag oder Gewohnheitsrecht, ist auf Grund der stark divergierenden Interessen der an der »Gesetzgebung« beteiligten Staaten schwieriger und zeitraubender als in einem nationalen Parlament, welches über das Instrument einer Mehrheitsentscheidung verfügt.

## Von der Aufklärung zum Kampfeinsatz

Die Entwicklung unbemannter Fluggeräte, englisch UAV (Unmanned Aerial Vehicles), im heutigen Sprachgebrauch Drohnen, geht bis ins 19. Jahrhundert zurück. Sie geht sogar den bemannten Flugzeugen voraus. Ihr Einsatz im Krieg ist ebenfalls schon sehr frühzeitig dokumentiert wie etwa die Bombardierung Venedigs durch die Armee Österreich-Ungarns mit Ballonbomben im Jahr 1849. Erinnern wir uns an die U2-Flüge über der Sowjetunion und Kuba, die erst dann das öffentliche Interesse fanden, als sie 1960 bzw. 1962 abgeschossen wurden. Sie waren allerdings bemannt und wurden auch nach ihren spektakulären Abschüssen durch sowjetische Luftabwehrraketen immer wieder eingesetzt, da sie durch Satellitenaufklärung noch nicht ersetzt werden konnten. Mit fortschreitender technischer Entwicklung wurden jedoch Aufklärungsflüge über fremdem Gebiet zunehmend von unbemannten Flugkörpern übernommen. So setzte die deutsche Bundeswehr im Krieg gegen Jugoslawien 1998/1999 bereits Aufklärungsdrohnen ein. Derzeit verfügt sie über 871 Drohnen unterschiedlicher Größe.

Der Einsatz von raketenbestückten Kampfdrohnen ist erstmals überliefert in Afghanistan im November 2001, als ein ranghohes Mitglied von Al-Kaida getötet wurde. Der US-Kongress hatte drei Tage nach dem 11. September 2001 eine Resolution »Authorization for Use of Military Force« verabschiedet, mit der er den Präsidenten ermächtigte, militärische Maßnahmen gegen Nationen, Organisationen oder Personen zu ergreifen, von denen er annehme, dass sie Terroranschläge vorbereiteten, begingen oder unterstützten. Seit dieser Zeit befinden sich die USA nach Vorstellung der Bush- wie auch der Obama-Administration in einem »bewaffneten Konflikt« mit Al-Kaida und assoziierten Kräften. Damit war die Terrorbekämpfung aus der Zuständigkeit der Polizei und Strafverfolgung, in die sie eigentlich gehörte, herausgenommen und der Verfolgung durch die Armee überantwortet worden, mit ganz anderen rechtlichen Konsequenzen.

US-Präsident Barack Obama hat aber nicht nur das Antiterrorkonzept seines Vorgängers George W. Bush übernommen, sondern ausgeweitet und verschärft. Nach Angaben der New America Foundation setzte Bush Drohnen 48mal in Pakistan ein, Obama bis März 2013 307mal. Im Jemen ordnete Bush nur einmal im Jahr 2002 einen Angriff mit Drohnen an, Obama hingegen allein im Jahr 2012 mindestens 46 Einsätze.[1] Alle Zahlen sind Schätzungen, da es keine offiziellen Angaben gibt, sie beruhen auf Medienberichten mit oft anonymen Quellen und zweifelhafter Zuverlässigkeit und divergieren je nach Organisation.

Die Regierungen der USA und Großbritanniens rechnen die zivilen Opfer systematisch klein, um den Mythos der chirurgischen Präzision der Drohnen aufrecht zu halten und dem völkerrechtlichen Vorwurf unverhältnismäßiger ziviler Kollateralschäden zu begegnen.[2] Dennoch können wir davon ausgehen,

---

1. Vgl. Peter Rudolf, Präsident Obamas Drohnenkrieg, SWP-Aktuell 37, Juni 2013, S. 4f.
2. Insbesondere die viel gepriesene Zielgenauigkeit wird von verschiedenen Untersuchungen bezweifelt. So gehen die Stanford International Human Rights and Conflict Resolution Clinic und die Global Justice Clinic der School of Law der New York University davon aus, dass zwischen Juni 2004 und September 2012 in Pakistan zwischen 2562 und 3325 Menschen, darunter zwischen 474 und 881 Zivilpersonen getötet worden sind. Living under Drones: Death, Injury and Trauma to Civilian from US Drone Practice in Pakistan, 2012, S. VI. Peter Bergen, Katherine Tiedemann kommen in ihrer Studie Washington's Phantom War. The Effects of the Drone Program in Pakistan, in: Foreign Affairs, July/August 2011 zu dem Ergebnis, dass durchschnittlich nur einer von sieben Drohnenangriffen einen mi-

dass die immer wieder gepriesene Wirksamkeit dieser Waffe im asymmetrischen Krieg der Terrorbekämpfung eine stete Ausweitung des Einsatzes von Drohnen und des Anstiegs der Opferzahlen mit sich gebracht hat.

Dafür spricht, dass die US-Regierung den Radius ihrer Angriffsziele mittels einer simplen Definition spektakulär ausgedehnt hat. Anfangs waren es einzelne Personen, die auf einer Todesliste (JPEL – Joint Priority Effects List) identifiziert und von Präsident Obama persönlich zur Exekution ausgewählt wurden,[3] um dann das Ziel der Drohnenangriffe zu werden, sogenannte »personality strikes«.[4] Zunehmend wurde jedoch die Zielauswahl auf solche Personen und Menschengruppen ausgedehnt, die lediglich bestimmte Verhaltensmuster und Eigenschaften aufweisen, die einen Verdacht des Terrorismus nahelegen, sogenannte »signature strikes«.[5] Die USA rechnet alle Männer und männliche Jugendliche im wehrfähigen Alter zu den Kombattanten, sofern sie sich im Zielgebiet des Drohnenangriffes aufhalten, es sei denn, eindeutige Beweise ergeben posthum, dass der Tote kein Kämpfer sondern Zivilist war.[6] Die gezielte Tötung auf der Basis eines bloßen Verdachts terroristischen Verhaltens erleichterte nicht nur die Auswahl der Opfer, sondern vergrößerte auch die Gefahr eines Irrtums und die Zahl der zivilen Opfer. Beides wurde jedoch nur selten eingestanden und war schon gar nicht kontrollierbar, da mit der gezielten Tötung ein Gerichtsverfahren vermieden wurde und wohl auch werden sollte. Nur im Fall des US-Bürgers Anwar al-Awlaki, der am 30. September 2011 mit drei Begleitern durch eine Drohne im Jemen getötet wurde, und seines Sohnes Abdulrahman al-Awlaki, der 14 Tage später ebenfalls durch eine Drohne in einem Café getötet wurde, ist von dem New Yorker Center for Constitutional Rights im Juli 2012 eine Schadensersatzklage gegen den damaligen Verteidigungsminister Leon Panetta und den damaligen CIA-Direktor David Petraeus sowie zwei Kommandeure der Spezialkräfte Klage erhoben worden. Präsident Obama hat die Tötung der beiden US-Bürger inzwischen offen eingestanden, das Verfahren ist noch nicht beendet.

---

litanten Anführer trifft. Dazu Kai Ambos, Drohnen sind Terror, in: Süddeutsche Zeitung v. 17. Oktober 2012.
3. Vgl. Jo Becker, Scott Shane, Secret ›Kill List‹ Proves a Test of Obama's Principles and Will, in: New York Times, v. 29. Mai 2012.
4. Vgl. Jo Becker, Scott Shane, Secret ›Kill List‹ (Anm. 5).
5. Vgl. Daniel Klaidmann, Kill or capture – The war on terror and the soul of the Obama presidency, 2012, S. 41; Peter Rudolf, Präsident Obamas Drohnenkrieg, (Anm. 1), S. 4.
6. Vgl. Jo Becker, Scott Shane, (Anm. 5).

## »Ethisch untadelig, legal und notwendig.«

In der rechtlichen Bewertung der Drohneneinsätze sind sich die deutsche und US-Regierung weitgehend einig. Bundesverteidigungsminister de Maizière sieht keine rechtlichen und ethischen Probleme, wenn die Drohne wie die Artillerie im Krieg eingesetzt werde, eine extralegale Tötung, wie es die Praxis der USA sei, komme nicht in Frage.[7] Im November 2010 hatten deutsche ISAF-Soldaten einen Drohneneinsatz gegen Taliban, die an einer Straße Sprengfallen installierten, angefordert. Der Einsatz hinterließ vier Tote und einen Verletzten. Die US-Administration geht in ihrer Rechtfertigung der Drohneneinsätze weiter. Präsidentenberater Jay Carney erklärte am 5. Februar 2013 in Anschluss an ein Memorandum des Justizministeriums kurz und bündig: »Diese Angriffe sind legal, sie sind ethisch untadelig und sie sind weise«.[8] Und der ehemalige Rechtsberater Obamas, Harold Hongju Koh, ist noch kürzer: »Drohneneinsätze sind legal und notwendig.«[9]

US-Präsident Obama hat in seiner Rede über den Anti-Terrorkrieg und Guantánamo am 23. Mai 2013 die Drohneneinsätze verteidigt und versichert: »Die USA greifen nicht mit Drohnen an, wenn die Möglichkeit besteht, einzelnen Terroristen festzunehmen – wir ziehen es immer vor, sie zu inhaftieren, zu verhören und strafrechtlich zu verfolgen.« Das steht allerdings in einem gewissen Gegensatz zu der Zahl von insgesamt 4700 von Drohnen getöteten Opfern und nur einem mutmaßlichen Terroristen, der während Obamas Präsidentschaft in Guantánamo inhaftiert wurde. John Bellinger, der die Drohnen-Politik von Präsident Bush seinerzeit gebilligt hatte, stellte nicht ganz abwegig fest, dass die Obama-Regierung beschlossen habe, Al-Kaida-Mitglieder nicht mehr in Guantánamo zu inhaftieren, sondern sie zu töten.[10]

In der UNO haben sich bisher zwei Sonderberichterstatter, Philip Alston und Christoph Heyns, mit dem Drohneneinsatz der USA auseinandergesetzt und ihre rechtlichen Bedenken gegen den Einsatz in bewaffneten Konflikten

---

7. Vgl. Peter Rudolf, (Anm. 1), S. 8.
8. Vgl. Matthias Rüb, Gummi-Lizenz zum Töten, FAZ v. 8. Februar 2013, S. 3.
9. Vgl. Reinhard Müller, Drohneneinsätze sind legal und notwendig, FAZ v. 4. Juni 2013, S. 6.
10. Vgl. Marjorie Cohn, Die Obama-Rede über Guantánamo, die Drohnen-Angriffe und den Krieg gegen den Terror, der nicht mehr Krieg heißen darf, in: LUFTPOST Friedenspolitische Mitteilungen aus der US-Militärregion Kaiserslautern/Ramstein, LP 071/13-28.05.13, S. 3. Die Muslim Lawyers Association von Südafrika forderte die Verhaftung Obamas anlässlich seines Südafrika-Besuchs wegen Kriegsverbrechen, die er mit der Tötung von Zivilisten durch Drohnen begangen habe. Vgl. Markus Schönherr, Muslim Organisation fordert Obamas Verhaftung, in: Neues Deutschland v. 26. Juni 2013.

formuliert. Insbesondere hatten sie Kritik wegen der zunehmenden Automatisierung von Tötungen, den gestiegenen Einsatzzahlen und der nicht überprüfbaren Unterscheidung zwischen Kombattanten und Zivilpersonen geäußert.[11] Außerhalb bewaffneter Konflikte sah Philip Alston kaum eine rechtliche Rechtfertigung für den Einsatz von Drohnen.[12]

## Krieg oder Frieden?

Für die rechtliche Bewertung ist in der Tat entscheidend, ob der Drohneneinsatz in einem bewaffneten Konflikt (Krieg) erfolgt oder außerhalb, also in Friedenszeiten. Für den bewaffneten Konflikt gelten vorrangig die Vorschriften des humanitären Völkerrechts, das ius in bello, d.h. die Genfer Konventionen von 1949 und die beiden Zusatzprotokolle zu den Genfer Konventionen von 1977. Besteht kein bewaffneter Konflikt, so ist der Einsatz nach Polizeirecht und dem internationalen Kodex der Menschenrechte in den zahlreichen Verträgen zu bewerten, vor allem der »Allgemeinen Erklärung der Menschenrechte« von 1948 und dem »Internationalen Pakt über bürgerliche und politische Rechte« von 1966. In jedem Fall handelt es sich um einen Angriff auf menschliches Leben, der unter dem Begriff der »gezielten Tötung« die typische Kampfform des Drohneneinsatzes umschreibt. Denn sie wird überall dort eingesetzt, wo es um die gezielte Eliminierung einzelner Verdächtiger oder kleiner Personengruppen geht.

Obwohl das allgemeine Tötungsverbot im bewaffneten Konflikt nicht gilt, ist die gezielte Tötung dennoch nur unter besonderen Voraussetzungen und in engen Grenzen erlaubt. Für neue Waffensysteme, wie z.B. Drohnen, gilt zunächst Art. 36 Zusatzprotokoll I: »Jede Hohe Vertragspartei ist verpflichtet, bei der Prüfung, Entwicklung, Beschaffung oder Einführung neuer Waffen oder neuer Mittel oder Methoden der Kriegführung festzustellen, ob ihre Verwendung stets oder unter bestimmten Umständen durch dieses Protokoll oder durch eine andere auf die Hohe Vertragspartei anwendbare Regel des Völkerrechts verboten wäre.« Damit soll sichergestellt werden, dass jede neue technische Waffenentwicklung den Regeln des geltenden Völkerrechts unterworfen

---

11. Vgl. Report of the Special Rapporteur on Extrajudicial, Summary or Arbitrary Exekutions, (Philip Alston), UN Doc. A/HRC/14/24/Add. 6 v. 28. 5. 2010; Interim Report of the Special Rapporteur …, UN Doc. A/65/321 v. 23. 8. 2010; Report of the Special Rapporteur (Christoph Heyns) …, Addendum, Follow-up to Country Recommendations – USA, UN Doc. A/HRC/20/22/Add. 3 v. 30. 3. 2012.
12. Vgl. UN Doc. A/HRC/14/24/Add. 6 v. 28. 5. 2010, Abs. 85.

wird. Bundesverteidigungsminister de Maizière stützt seine Rechtfertigung der Kampfdrohnen auf einen Vergleich mit der Artillerie. Die Drohne wirke im Effekt nicht anders als ein Artilleriegeschoss, nur viel präziser, womit sie dem Verbot unterschiedsloser, d.h. ungezielter Tötungen des Art. 51 Abs. 4 ZP I entspreche. Doch ist die spezifische Kampfaufgabe der Drohne grundlegend verschieden von der der Artillerie. Sie exekutiert nach elektronischer Zielaufklärung einzelne Personen oder kleine Personengruppen, die sich oft außerhalb oder am Rande eines unmittelbaren Kriegsgeschehens befinden. Die Selektion einzelner Terroristenführer und Hauptverdächtiger aus dem Gros des terroristischen »Fußvolks« ist mit der Artillerie nicht zu leisten. Sie macht aber gerade die besondere Neuerung und den Wert der Drohne im Kampf gegen Guerillaeinheiten aus. Erstmals ist ein Waffensystem entwickelt worden, welches die Kampfvorteile des Gegners im Guerillakrieg aufwiegt.

## Verhältnismäßigkeit

Allerdings kollidiert die gezielte Tötung durch Drohnen öfter als eingestanden mit dem auch im Völkerrecht geltenden Prinzip der Verhältnismäßigkeit. So schwer es im Einzelfall zu konkretisieren ist, so bedeutsam ist es jedoch zur Eingrenzung willkürlichen und exzessiven Handelns und zur Einhaltung menschenrechtlicher Normen. Der Einsatz der Drohne hat nur die Exekution oder den Abbruch der Aktion im Programm. Eine Gefangennahme, die z.B. einen evtl. Irrtum korrigieren könnte, ist nicht möglich. Deshalb wird von den Presseabteilungen der Armeen stereotyp und kaum nachprüfbar verbreitet, dass wieder ein hochrangiger Terrorist, Extremist oder Islamist getroffen worden sei, möglichst noch in flagranti. Da unterscheiden sich die Verlautbarungen der israelischen und der US-Armee, den beiden Hauptnutzern der Drohnen, nicht. Der allgemeine Grundsatz, der insbesondere vom Internationalen Komitee des Roten Kreuzes (IKRK) propagiert wird, [13] dass der Gegner, wenn ohne Risiko möglich, gefangengenommen und nicht gleich getötet werden soll, kann mit dem Drohneneinsatz nicht berücksichtigt werden. Es ist zwar umstritten, ob dieser Grundsatz bereits rechtliche Verbindlichkeit erlangt hat, in der Wissenschaft zum humanitären Völkerrecht wird dies allerdings zunehmend ange-

---

13. Vgl. IKRK Interpretive Guidance on the Notion of Direct Participation in Hostilities under International Humanitarian Law, 2009, http://www.icrc.org/eng/assets/files/other/irrc-872-reports-documets.pdf.

nommen.[14] Besonders deutlich wurde die Missachtung dieses Grundsatzes bei der Exekution Osama Bin Ladens durch die »Navy-Seals« in Abbotabad in Pakistan. Obwohl Bin Laden unbewaffnet war und sehr wohl hätte festgenommen werden können, wurde er erschossen.[15] Obama rechtfertigte die Aktion damit, dass seine ursprünglich angestrebte Festnahme nicht möglich gewesen sei. Die Tötung als ultima ratio, wenn eine Gefangennahme nicht möglich ist, steht auch als Voraussetzung für einen Drohneneinsatz in einem Merkblatt des Weißen Hauses, auf das sich Obama in seiner »Presidential Policy Guidance« am Tag vor seiner schon erwähnten Rede bezog.

## Merkblatt des US-Justizministeriums

In diesem Merkblatt sind etliche weitere Voraussetzungen für den Einsatz tödlicher Gewalt vermerkt. So muss es eine »gesetzliche Grundlage« für den Einsatz geben und die Zielperson eine »anhaltende, unmittelbare Bedrohung für US-Amerikaner« darstellen. In einem Weißbuch des Justizministeriums, dessen Inhalt kürzlich durchsickerte, ist allerdings zu lesen, dass ein US-Bürger auch dann getötet werden kann, wenn es »keine klaren Beweise dafür gibt, dass ein spezieller Angriff auf US-Amerikaner oder US-Interessen unmittelbar bevorsteht«.[16] Wenige Tage nach der Rede Obamas räumte sein Justizminister Eric Holder ein, dass die CIA im September und Oktober 2011 vier US-Bürger durch Drohnen im Jemen getötet habe. Nur einer von ihnen, Anwar al Awlaki, war als Ziel vorgesehen, die anderen, darunter auch sein 16 Jahre alter Sohn Abdulrahman, waren »Kollateralschäden«. Später bekannte ein früherer Offizier des Geheimdienstes der US-Army, man hätte Anwar al Awlaki auch festnehmen können, die Regierung habe sich aber entschieden, ihn gleich zu liquidieren.[17] Die Drohnen wurden von einer geheimen Basis in Saudi-Arabien gestartet. Wahrscheinlich ging die Befehlskommunikation über Ramstein, das nach jüngsten Erkenntnissen als Relaisstation zwischen der Basis und dem Pilotenstandort Langley in den USA dient.[18]

14. Vgl. Dieter Fleck, Unbemannte Flugkörper in bewaffneten Konflikten: Neue und alte Rechtsfragen, in: Humanitäres Völkerrecht-Informationsschriften (HUV-1) 2011, S. 78ff., 80; Nils Melzer, Targeted Killing in International Law, Oxford 2008, S. 289.
15. Vgl. Daniel Klaidmann, Kill or Capture (Anm. 7), S. 245f.
16. Vgl. Marjorie Cohn, (Anm. 8), S. 4.
17. Vgl. Marjorie Cohn, (Anm. 8), S. 4.
18. Vgl. Christian Fuchs, John Goetz, Hans Leyendecker, US-Streitkräfte steuern Drohnen von Deutschland aus, in: Süddeutsche Zeitung v. 30. Mai 2013.

Weiter fordert das Merkblatt, dass mit »nahezu Gewissheit« der Terrorist, auf den der Angriff zielt, auch tatsächlich am Ort anwesend ist und Nichtkombattanten weder verletzt noch getötet werden können. Diese Voraussetzung kann ein Drohnenangriff auf Grund eindeutiger Identifizierung persönlicher Merkmale (sogenannte personality strike) eines auf der Tötungsliste erfassten Terroristen bei gewissenhafter Prüfung noch erfüllen, nicht aber mehr bei einem Identifizierungsprozess, der sich nur noch auf typische Bewegungs- und Verhaltensmuster beschränkt (sogenannte signature strike). Hier kann jeder, der sich nur im näheren Umfeld einer von Al-Kaida infizierten Einrichtung aufhält, zum Ziel eines Angriffs werden. Das zwingende Gebot, dass jede militärische Handlung zwischen zulässigen militärischen Zielen und unzulässigen zivilen Zielen, ob Objekte oder Menschen, zu unterscheiden hat (Art. 52 Abs. 2 ZP I), ist mit dieser summarischen Verdachtsmethode kaum mehr einzuhalten. Es wird deshalb immer wieder die unverhältnismäßig hohe Zahl ziviler Opfer beklagt, selbst wenn auf Grund der mangelnden Auskunftsbereitschaft der Regierungen präzise Zahlen nicht zu erhalten sind. Verboten sind Angriffe, bei denen Tote und Verwundete unter der Zivilbevölkerung sowie die Beschädigung ziviler Objekte zu erwarten sind, die in »keinem Verhältnis zum erwarteten konkreten und unmittelbaren militärischen Vorteil stehen« (Art. 51 Abs. 5a oder b ZP I). Allein die Datenmengen, die von den Drohnen übermittelt werden, überfordern die Möglichkeiten ihrer Auswertung in vielen Fällen und führen zu Fehlanalysen mit den immer wieder berichteten Irrtümern, denen Hochzeitsgesellschaften und zivile Feste und Versammlungen zum Opfer fallen.[19]

Schließlich sollen laut dem Merkblatt die zuständigen Regierungsstellen des Staates, in dem der Drohnenangriff geplant ist, nicht bereit oder in der Lage sein, »die gegen die USA gerichtete Bedrohung« zu beseitigen und es keine andere angemessene Alternative zur gezielten Tötung geben. Dies müsste in den vergangenen Jahren für Afghanistan, Pakistan, Sudan, Jemen und Somalia gegolten haben, die Hauptkriegsschauplätze für den Drohneneinsatz. Doch brauchen nach dem ausdrücklichen Dispens des Merkblattes alle diese Voraussetzungen nicht erfüllt zu sein, wenn der Präsident »unter außergewöhnlichen Umständen Drohnen-Angriffe anordnet, die legitim und notwendig sind, um die USA und ihre Verbündeten zu schützen«. Diese »außergewöhnlichen Um-

---

19. Vgl. Scott Shane, C.I.A. Disputed on Civilian Toll in Drone Strikes, in: New York Times v. 11. August 2012 bestreitet die Behauptungen von Obamas Antiterrorismus-Berater John O. Brennan und der CIA, dass es in den Jahren 2010 und 2011 keine zivilen Opfer bei Drohnenangriffen gegeben habe, und zählt nachweisbare Gegenbeispiele auf. Vgl. auch die Recherchen der Stanford University (Anm. 4).

stände« hat der Präsident selbst einzuschätzen. Sie müssen in den letzten Jahren permanent vorgelegen haben.

## Automatisierung der Kriegsführung

Der Kampfeinsatz mit Drohnen weist zudem eine technologische Besonderheit auf, die in Zukunft auch andere Waffensysteme auszeichnen könnte: die Automatisierung der Kriegsführung. Es ist nicht allein die räumliche Trennung des Zielerfassungssystems der Drohne von ihrem Piloten und Entscheider des Waffeneinsatzes, sondern die Automatisierung des Entscheidungsprozesses selbst. Die Abkopplung der Tötungsentscheidung vom menschlichen Entscheider und ihre Überantwortung an die Maschine ist das Problem. Nicht, dass dadurch der Tötungsakt nicht mehr völkerrechtlich zurechenbar wäre – er bleibt eine Handlung derjenigen, die die Drohne im Krieg einsetzen –, problematisch ist die Übertragung der Einsatzentscheidung auf den Algorithmus eines Computers, der die Tötung unabhängig von der menschlichen Bewertung vornimmt. Das ist technisch vorstellbar aber rechtlich unzulässig.[20] Eine Tötungsmaschine, die ohne Rückkopplung zu demjenigen, der sie im Krieg einsetzt, ihr Zielobjekt identifiziert, den Befehl zu seiner Vernichtung erteilt und ausführt, ist kein rechtlich akzeptables Waffensystem. Dabei spielt keine Rolle, dass der Pilot, getrennt vom Kriegsschauplatz, sich selbst keiner Gefahr des Kriegsgeschehens mehr aussetzen muss. Dies ist einer der größten Vorteile dieses neuen Waffensystems für denjenigen, der darüber verfügt, und rechtlich unproblematisch.

Der Vorteil ist allerdings begrenzt, wenn man bedenkt, dass Pilot und Bedienungspersonal selbst Kombattantenstatus haben, da sie Teil der Streitkräfte sind (Art. 43 Abs. 1 ZP I). Es ist gleichgültig, ob es sich um Militärpersonal oder Bedienstete ziviler Unternehmen handelt. Letztere genießen nur dann den Schutz des humanitären Völkerrechts als Zivilisten, »sofern und solange sie nicht unmittelbar an Feindseligkeiten teilnehmen« (Art. 51 Abs. 3 ZP I). Da sie aber trotz ihrer Entfernung von dem Einsatzort der Drohnen unmittelbar in die Abläufe des Kriegsgeschehens und der Truppen eingebunden sind, kön-

---

20. Vgl. Roman Schmidt-Radefeldt, Der Einsatz von Kampfdrohnen aus völkerrechtlicher Sicht, Wissenschaftlicher Dienst des Deutschen Bundestages, WD 2-3000-118//1212 v. 27. September 2012, S. 12f., der auf den automatisierten »Turbo«-Börsenhandel verweist, »wo Computerprogramme in Sekundenbruchteilen auf (vermeintliche) Kursdifferenzen mit massiven Kaufs- und Verkaufsaufträgen reagieren und dadurch (nicht beabsichtigte) Kurseinbrüche am Aktienmarkt provozieren können.«

nen sie wie jeder andere Soldat Ziel von Angriffen werden, sie sind Kombattanten.[21] Das gilt nicht nur für die Einsatzorte der Drohnen, sondern auch für die Bodenstationen (Art. 52 Abs. 2 ZP I), in welchem Land sie sich auch befinden.

## Selbstverteidigung...

Derzeit werden Kampfdrohnen vor allem in Afghanistan, Pakistan, Jemen, Somalia, Sudan und Gaza eingesetzt. Voraussetzung für die Anwendung des humanitären Völkerrechts ist, dass die USA bzw. Israel mit dem Land, in dem sie agieren, sich in einem bewaffneten Konflikt befinden. Ist das nicht der Fall, würden beide Staaten die Souveränität der Länder, die sie mit Drohnen angreifen, verletzen (Art. 2 Z. 7 UN-Charta). Zudem würden sie das Menschenrecht auf Leben (Art. 6 Internationale Pakt für bürgerliche und politische Rechte, Art. 2 Europäische Menschenrechtskonvention) verletzen und gegen das daraus resultierende absolute Tötungsverbot verstoßen. Gegenwärtig lässt sich zweifelsfrei ein internationaler Konflikt nur in Afghanistan feststellen. Er herrscht allerdings nicht zwischen den USA und Afghanistan, sondern zwischen den USA und den aufständischen Taliban. Einen vergleichbaren Konflikt konstruieren die USA mit Al-Kaida und anderen Terrororganisationen in allen anderen Einsatzländern. Israel erklärt, mit der Hamas in Gaza in einem bewaffneten Konflikt zu liegen. Diese Konstruktion ist notwendig, um den Waffeneinsatz als ein legitimes Recht auf Selbstverteidigung gem. Art. 51 UNCH zu rechtfertigen. Sie eröffnet ihnen allerdings auch die Möglichkeit, in allen Staaten, in denen sie Terroristen identifizieren oder vermuten, im Rahmen eines weltweiten Anti-Terrorkampfes zu intervenieren – eine bedrohliche Perspektive, die einem Freibrief für die Eröffnung beliebiger Kriegsschauplätze gleichkommt. Ein derart leichtes Eintrittsbillet in das Feld der gezielten Tötung widerspricht aber dem Sinn und Zweck des Gewalt- und Interventionsverbot (Art. 2 Z. 4 u. 7 UN-Charta) und seiner eng definierten Ausnahme des Selbstverteidigungsrechts (Art. 51 UN-Charta), es untergräbt die völkerrechtlichen Friedensregeln.[22] Die Selbstverteidigung wird zum Dauerzustand seit dem 11. September 2001, ohne dass ein

---

21. Vgl. IKRK, Interpretive Guidance (Anm. 11); ICRC, Nils Melzer, Interpretive Guidance on the Notion of Direct Participation in Hostilities under Humanitarian Law (2009); http//www.icrc.org/eng/resources/documents/publication/p0990.htm.
22. Vgl. Georg Nolte, Targeted Killing, in: Max Planck Encyclopedia of Public International Law, 2013, Rz. 6f.

Ende abzusehen ist, welches vollkommen in das Belieben der US-Administration gelegt ist.

## ...oder Verletzung der Menschenrechte und der Souveränität

Die Verfolgung von Terroristen ist die Aufgabe von Polizei und Justiz, die man nicht einfach zu einer Aufgabe des Militärs machen kann. Auf jeden Fall ist die Zustimmung des betroffenen Staates notwendig, wenn auf seinem Staatsgebiet die Jagd nach den Terroristen erfolgen soll (Art. 2 Z. 7 UN-Charta). Diese Zustimmung haben die USA nur von der afghanischen Regierung. Lange Zeit war die Zustimmung der pakistanischen Regierung unsicher. In letzter Zeit hat die Regierung ihre Zustimmung jedoch verweigert[23] und der High Court von Peshawar hat in einer Entscheidung vom Mai 2013 die Drohnen-Angriffe in Nord-Waziristan als grobe Verletzung der Menschenrechte und der UN-Charta verurteilt.[24] Sie seien Kriegsverbrechen und verletzten die Souveränität Pakistans. Die Situation in den von Drohnenangriffen betroffenen Staaten ist auf jeden Fall anders als in Afghanistan im Oktober 2001. Damals begründeten die USA ihre militärische Intervention als Selbstverteidigung gegen eine Aggression, die vom afghanischen Territorium erfolgt sei, wo die Täter mit Wissen der Regierung ihren Standort gehabt hatten. Der Angriff auf das World Trade Center wurde Afghanistan zugerechnet und der UN-Sicherheitsrat hat dies in seiner Resolution 1368 vom 12. September 2001 akzeptiert.

## CIA und das Tötungsverbot

Schließlich ergeben sich erhebliche rechtliche Bedenken gegen die gezielten Tötungen mit Drohnen durch die CIA. Sie bestimmt den Einsatz vor allem in Pakistan, Jemen und Somalia, eine Praxis, die kaum hinterfragt wird. Dabei ist die Geheimdienstorganisation eine zivile Behörde, deren Mitarbeiter nicht Angehörige der Streitkräfte des Staates sind. Für sie gilt das menschenrechtliche Tötungsverbot und es gelten nicht die Ausnahmen des humanitären Völkerrechts. Eine Verwischung dieser Grenze hätte fatale Folgen, da auch andere

---

23. Vgl. Knuth Mellenthin, »Tiefe Enttäuschung«. Pakistan kritisiert US-Drohnenangriff. In: Junge Welt v. 3. Juni 2013, S. 6.
24. Vgl. dpa, Pakistan: Gericht ordnet Stopp der US-Drohnenangriffe an, 9. Mai 2013; Robert Frau, Drone Strikes as a »War Crime« , BOFAXE Nr. 427E v. 13. 05. 2013 mit ablehnender Anmerkung.

zivile Organisationen mit staatlichen Aufgaben (USAID etc.) sich eine derartige Praxis aneignen könnten, die mit ihren eigentlichen Aufgaben nichts zu tun hat. Strafverfolgung und Strafvollstreckung gehören nicht zu den Aufgaben der Geheimdienste. Die Tötung zur Gefahrenabwehr ist nur dann gerechtfertigt, wenn von der Person eine unmittelbare und akute Gefahr ausgeht. Das ist jedoch bei den Opfern der gezielten Tötungen durch die CIA nicht der Fall. Es handelt sich um Personen, die lange zuvor ausgewählt und auf die Todeslisten gestellt worden sind, weil sie als generell gefährlich für die USA eingeschätzt werden. Zum Zeitpunkt ihrer Exekution geht von ihnen nur in den seltensten Fällen eine konkrete und so akute Gefahr aus, dass ihr nur mit der Liquidierung der Person begegnet werden kann. Die gesamte Praxis der gezielten Tötung durch die CIA ist daher ein eklatanter Verstoß gegen das Völkerrecht.[25]

## Erfolgreich, aber völkerrechtlich zu ächten

Drohnen, ob als Aufklärungs- oder Kampfdrohnen, sind inzwischen eines der erfolgreichsten und begehrtesten Kriegsmittel geworden.[26] Auch im zivilen, polizeilichen Bereich werden Drohnen zur Aufklärung eingesetzt. Als technologisch hochentwickeltes neues Waffensystem fällt es allerdings nicht aus den etablierten völkerrechtlichen Regeln heraus. Die oft geäußerte Kritik, dass die überkommenen Normen des humanitären Völkerrechts mit der Entwicklung des modernen Krieges nicht mehr Schritt halten können, stimmt nur begrenzt. Sie sind auf der Höhe der Zeit und reichen vollkommen aus, um die Kriegsführung und die aktuelle Waffentechnologie rechtlich zu erfassen und zu bewerten. Die Staaten sind allerdings nicht bereit, die notwendigen Konsequenzen daraus zu ziehen und den Waffengebrauch wirksam zu beschränken oder zu ächten. Dies wäre nur durch einen internationalen Vertrag möglich, der allerdings bei zahlreichen anderen gefährlichen Waffen von der Atombombe bis zur Streumunition bisher nicht abgeschlossen werden konnte.

Die völkerrechtlichen Bedenken gegen die Kampfdrohnen sind abgesehen von den zahlreichen moralischen und ethischen Problemen,[27] die sie verursa-

---

25. Vgl. auch Jane Mayer, The Predator War, in: The New Yorker, Oktober 2009, in einer detaillierten Analyse des Drohneneinsatzes in Pakistan.
26. Nähere Angaben und Zahlen in: IMI-Fact-Sheet, (Anm. 3), S. 3.
27. Vgl. Christian Schaller, Peter Rudolf, »Targeted Killing« – Zur völkerrechtlichen, ethischen und strategischen Bedeutung gezielten Tötens in der Terrorismus- und Aufstandsbekämpfung, in: SWP-Studie Januar 2012, S 01, S. 24 ff.; Zahlreiche Schilderungen der sozialen und psychologischen Auswirkungen

chen, so stark, dass sie vertraglich geächtet und aus dem Arsenal der Kampfmittel verbannt werden sollten. Die Versicherung, den Einsatz der Kampfdrohnen derart zu begrenzen und so auszurichten, dass er mit den Regeln des Völkerrechts vereinbar ist, wird durch die gegenwärtige Praxis widerlegt. Mit nationalen Absichtserklärungen, wie sie auch aus dem Bundesverteidigungsministerium zu hören sind,[28] ist eine Regelung des Einsatzes ohnehin sinnlos. Es käme nur eine internationale Konvention in Betracht, zu deren Verhandlung und Abschluss das IKRK die Initiative ergreifen sollte. Die Zeit drängt, da dieses Waffensystem in naher Zukunft schon sich nicht mehr nur in den Arsenalen weniger Staaten befinden wird, sondern auf dem internationalen Markt angeboten und frei verfügbar sein wird, auch für Aufständische und Terroristen.

---

der Drohneneinsätze in: Stanford International Human Rights and Conflict Resolution Clinic, (Anm. 4); Mary Dobbing, Amy Hailwood, Chris Cole, Convenient Killing: Armed Drones and the ›Playstation‹ Mentality, 2010, S. 8 schildern die traumatischen Auswirkungen auf die Bevölkerung in Gaza, wenn sie nur die Drohnen hören. Zur »Playstation Mentality« auch Philip Alston, (Anm. 13).
28. Vgl. Interview mit Verteidigungsminister de Maizière im Tagesspiegel v. 10. Februar 2013 sowie BT-Plenarprotokoll 17/219, S. 27110f.

Knut Mellenthin
# Von Afghanistan bis Somalia: Massenmord durch US-Drohnen

Barack Obama wird in die Geschichte eingehen als erster und vielleicht auf lange Zeit einziger Politiker, dem ein Friedensnobelpreis auf Vorschuss geschenkt wurde – und als US-Präsident, der die Drohnen zur »Waffe der Wahl« in einem weltweiten Krieg ohne Regeln und ohne Grenzen machte. Seit dem Ersteinsatz der neuen Waffe in Afghanistan am 4. Februar 2002 schlugen die USA mit ihren unbemannten Körpern vermutlich mehr als zweitausend Mal zu. Mehr als 90 Prozent der Angriffe fallen in die Amtszeit von Obama.

Das liegt nicht nur daran, dass dieser Präsident eine spezielle Vorliebe für das Hinrichten von Menschen ohne Prozess entwickelt hat und sich gern als oberster Henker seines Landes (»Justice is done«) in Szene setzt. Es hat vor allem mit der sich sprunghaft beschleunigenden quantitativen und qualitativen Entwicklung der Drohnen in der letzten Dekade zu tun. Allein die Zahl der verfügbaren ferngesteuerten Flugkörper bei den US-Streitkräften ist zwischen 2002 und 2010 von 167 auf mehr als 7.000 gestiegen. (Hearing des Unterausschusses des US-Abgeordnetenhauses für Nationale Sicherheit und Außenpolitik, 23. März 2010). Hinzu kommt eine nicht bekannte Zahl von »Unmanned Aerial Vehicles« (UAVs) unter Kontrolle des Auslandsgeheimdienstes CIA. Während es in der Anfangszeit der neuen Waffe noch ein Problem war, die wenigen Exemplare optimal auf die Kriegsschauplätze zu verteilen, besitzen die USA heute einen Überschuss, der geradezu nach weiteren Aufgaben zu verlangen scheint.

Bewaffnete Drohneneinsätze der USA gibt oder gab es bisher in Afghanistan, im Irak, in Pakistan, im Jemen, in Somalia und zur Unterstützung der Rebellion gegen Gaddafi in Libyen. Künftig wollen die USA auch UAV-Angriffe gegen »Terroristen« in Nordwestafrika vom Niger aus fliegen lassen.

Das Verbreitungsgebiet unbewaffneter Aufklärungsdrohnen aus amerikanischer Produktion ist selbstverständlich erheblich größer, zumal die USA einige Typen auch an Verbündete liefern. Die »Raven« beispielsweise, 1,9 Kilo schwer und nicht größer als ein Modellsegler, wird von 17 Staaten außerhalb der USA eingesetzt. Sie hat allerdings nur eine sehr kleine Reichweite bis zu zehn Kilometern und kann gerade mal 90 Minuten in der Luft bleiben. Große Drohnen wie die »MQ-1 Predator« schaffen bis zu 24 Stunden und haben einen Aktionsradius von mehr als 1000 Kilometern. Über welchen Ländern – außer den schon genannten – die US-Regierung ständig oder regelmäßig widerrechtliche Aufklärungsflüge mit Drohnen durchführen lässt, ist nichts bekannt. Nachweislich wurden mehrere dieser Spionageflieger von iranischen Streitkräften abgeschossen oder unter Kontrolle gebracht. Die *New York Times* berichtete am 29. Januar 2012, die irakische Regierung sei verärgert, weil die CIA auch nach dem offiziellen Abschluss des amerikanischen Truppenabzugs Ende 2011 weiterhin Drohnen über dem Land fliegen ließen.

## Geheimhaltung

Einsatzregeln, praktische Ergebnisse und sogar die Zahl der mit bewaffneten »Unbemannten Flugzeugen« (UAVs) durchgeführten Angriffe unterliegen absoluter Geheimhaltung. Alle Erkenntnisse beruhen ausschließlich auf inoffiziellen Quellen, insbesondere Medien und Behörden in den Einsatzländern, sowie auf Untersuchungen von Friedensinstituten wie dem Londoner Bureau of Investigative Journalism, das auf seiner Webseite die ausführlichsten und präzisesten Informationen liefert. Selbst diese Stelle weiß aber wenig über die ganz konsequent verschleierten Drohneneinsätze in Afghanistan, im Irak und in Libyen.

Vergleichsweise gut ist die Informationslage in Pakistan, wo wahrscheinlich kein einziger Angriff unentdeckt und unberichtet bleibt. Nach der laufend aktualisierten Zählung des Bureau of Investigative Journalism gab es bis zum 27. Juni 2013 insgesamt 370 UAV-Angriffe auf Ziele in Pakistan, davon 318 in der Amtszeit Obamas. Zwischen 2.548 und 3.549 Menschen seien dabei getötet, zwischen 1.177 und 1.480 verletzt worden. Letzteres ist ein Hinweis auf die außerordentlich große Sprengkraft der Hellfire-Raketen, von denen jede Predator zwei Stück trägt. Im Zielobjekt gibt es kaum Überlebende und oft werden auch benachbarte Gebäude vollständig zerstört. Der als Verteidigung der Angriffe gemeinte ständige Hinweis auf die hohe »Präzision« der UAVs, der »Kollateralschäden« nahezu ausschließe, ist angesichts der enormen Sprengkraft der abgeschossenen Raketen schlichtweg Unsinn: Sie vernichten mit großer Wahrscheinlichkeit alles Leben in einem erheblichen Umkreis, und das sind keineswegs nur »gesuchte hochrangige Terroristen«.

## Wahlloser Massenmord

Aufgrund einer sehr vorsichtigen Begriffsdefinition ging das Londoner Büro Ende 2013 davon aus, dass zwischen 411 und 890 der in Pakistan durch Drohnen Getöteten »Zivilisten« gewesen seien. Unter ihnen seien zwischen 168 und 197 Kinder gewesen. Die US-Regierung leugnet den Tod von Nichtkombattanten fast bis zum Nullpunkt herunter. Das ist jedoch ohne jeden Aussagewert, da Washington erstens keine eigenen Fakten oder auch nur Behauptungen präsentiert und zweitens selbstverständlich am Vertuschen der wirklichen Angriffsfolgen interessiert ist. Darüber hinaus ist eindeutig, dass selbst die als »militants« bezeichneten Opfer zumindest keine »hochrangigen Al-Kaida-Terroristen«, sondern nur einfache örtliche Stammeskrieger waren, die eine Bedrohung für die USA weder darstellen wollten noch konnten. Generell werden sowohl in Pakistan als auch in Afghanistan alle männlichen Opfer, die theoretisch eine Waffe führen könnten, als »militants« verbucht. Lediglich von zwei bis fünf Prozent der Getöteten sind überhaupt die Namen bekannt. Der gebräuchliche Begriff »targeted killings« beschönigt also den real stattfindenden wahllosen Massenmord und sollte von Journalisten, die ein bisschen über das Geschehen nachdenken, nicht verwendet werden, sofern es sich nicht ausnahmsweise einmal wirklich um eine gezielte Tötung handelt.

Dass es in erster Linie um Massenmord geht, wird durch die Einsatztaktik der »double-tap«-Angriffe unterstrichen. Dabei folgt nach dem ersten Angriff, in der Regel auf ein Haus oder einen Gebäudekomplex, seltener auch auf ein Fahrzeug, im Abstand von ungefähr 30 Minuten eine zweite Drohnenattacke, die sich nun gegen die Menschen aus der Nachbarschaft richtet, die herbeieilen, um nach Überlebenden zu suchen oder die Leichen zu bergen. In einigen Fällen ließ Obama auch Trauerfeiern für Drohnenopfer oder festliche Zusammenkünfte, wie die gemeinsamen nächtlichen Mahlzeiten während des Fastenmonats Ramadan, gezielt angreifen. Am 17. März 2011 wurden die Raketen mehrerer amerikanischer UAVs auf eine unter freiem Himmel tagende Stammesversammlung im Nordwesten Pakistans abgeschossen, die zur Vermittlung in einem Rechtsstreit um ein Stück Land einberufen worden war. 45 Männer – die Mehrheit der Anwesenden – wurden getötet, die übrigen zum Teil schwer verletzt. Die pakistanische Regierung protestierte angesichts der großen Empörung in den Stammesgebieten und im ganzen Land ungewöhnlich scharf. Von US-amerikanischer Seite jedoch gab es nicht einmal eine offizielle Stellungnahme, von einer Erläuterung oder gar Entschuldigung ganz zu schweigen.

Aktionen dieser Art, die darauf abzielen, möglichst viele Menschen zu töten, nur weil sie sich in großer Anzahl an einem bestimmten Ort befinden, der bequem und sicher zu treffen ist, unterscheiden sich in keiner Weise von Terroranschlägen.

Betrachten wir kurz noch die Entwicklung der Zahl der UAV-Angriffe in Pakistan. Im Jahr 2004 kam erstmals eine bewaffnete Drohne gegen pakistanisches Territorium zum Einsatz. Die Operationen hatten unter George W. Bush zunächst tatsächlich namentlich genannte »hochrangige« Ziele, wurden aber mit wachsender Zahl immer wahlloser und undifferenzierter. Der Anstieg erfolgte zunächst nur langsam. Insgesamt gab es in den Jahren 2004 bis Ende 2007 lediglich neun Angriffe. Dann jedoch folgte ein rascher Anstieg. Im letzten Amtsjahr von Bush, 2008 einschließlich der ersten Hälfte des Januars 2009, schlug der für diese Operationen verantwortliche Auslandsgeheimdienst CIA 35 Mal zu. Nur sieben dieser Angriffe lagen in der Zeit vor dem Rücktritt von General Pervez Muscharraf vom Präsidentenamt, den dieser unter starkem öffentlichen Druck am 18. August 2008 erklärte. Offensichtlich hatte Bush auf den mit ihm verbündeten Militärdiktator Rücksicht genommen, die er gegenüber der im Februar 2008 gewählten demokratischen Regierung nicht mehr für nötig hielt.

Obama veranlasste sofort nach seinem Amtsantritt im Januar 2009 eine massive Steigerung der Drohnen-Operationen gegen Pakistan. 2009 gab es 53 Angriffe, mehr als in den acht Regierungsjahren von Bush zusammengenommen. 2010 wurde die Zahl der Angriffe mit 118 mehr als verdoppelt. Seither ist sie rückläufig. 2012 lag sie nach einer eher vorsichtigen Berechnung bei 46, im Jahr 2013 bis zum Juni bei zwölf. Differenzen zwischen einzelnen Zählungen ergeben sich vor allem daraus, dass manche Statistiken zwei kurz aufeinander folgende Angriffe nur als eine einzige Operation betrachten.

## Jemen und Somalia

Weniger erforscht und übersichtlich ist die Situation im Jemen und in Somalia. Anders als in Pakistan setzten die USA in diesen beiden Ländern ihre bewaffneten Drohnen mit der offen erklärten Unterstützung der dortigen Regierungen ein. Oft ist nicht eindeutig zu unterscheiden, ob ein Angriff mit Drohnen, von Kriegsschiffen vor der Küste abgeschossenen Cruise Missiles oder Flugzeugraketen durchgeführt wurde. Das Bureau of Investigative Journalism nahm Ende Juni 2013 an, dass es insgesamt bis zu 155 solcher US-Operationen im Jemen gab, von denen bis zu 56 mit Sicherheit Drohnenangriffe gewesen seien. Die Zahl der Toten lag dieser Quelle zufolge zwischen 240 und 193, darunter bis zu 13 Kinder.

Sehr viel niedriger sind die Zahlen für Somalia. Das Londoner Büro ging Ende Juni 2013 von bis zu 23 US-amerikanischen Luftangriffen mit verschiedenen Waffen aus. Mindestens drei und höchstens neun davon seien Drohneneinsätze gewesen. Insgesamt seien bei den Luftangriffen zwischen 54 und 170 Menschen getötet worden, darunter bis zu 42 »Zivilisten«.

Seit Mai 2011 setzen die USA regelmäßig bewaffnete Drohnen gegen Jemen ein. Bis dahin hatte es nur einen einzigen Luftschlag im Mai 2002 gegen angebliche Al-Kaida-Angehörige gegeben. Anders als in Pakistan ist im Jemen, Presseberichten zufolge, für die Angriffe der unbemannten Flugkörper nicht die CIA, sondern das Joint Special Operations Command (JSOC), das Oberkommando der militärischen Spezialeinheiten, verantwortlich.

In Somalia führten die USA ihren ersten Drohnen-Angriff am 23. Juni 2011 durch. Er galt angeblich Kämpfern der islamistischen Organisation Al-Schabab, die mit einem Fahrzeug in der Nähe der südsomalischen Hafenstadt Kismajo unterwegs waren. Anschließend berichteten örtliche Medien über mehrere weitere Angriffe unbemannter Flugkörper in dieser damals noch von den Fundamentalisten beherrschten Region. Aufklärungsflüge US-amerikanischer Drohnen über Somalia finden schon seit mehreren Jahren statt. In der Vergangenheit gab es mehrfach konventionelle Luftangriffe der USA auf Ziele in Somalia. Einige waren mit dem unmittelbar folgenden Einsatz von Spezialtruppen am Boden verbunden.

Als Basis für die Drohnen-Einsätze rund ums Horn von Afrika nutzen die USA hauptsächlich ihr *Camp Lemonier* auf dem französischen Stützpunkt in Dschibuti am Roten Meer, der auch der NATO einschließlich der deutschen Bundeswehr zur Verfügung steht. Eine weitere Start- und Landbahn für unbemannte Flugkörper befindet sich auf einer Insel der Seychellen im Indischen Ozean, rund 1.000 Kilometer östlich von der afrikanischen Küste. Die USA haben dort seit September 2009 mehrere Drohnen des Typs »MQ-9 Reaper« stationiert. Der vorgebliche Einsatzauftrag: Aufklärungsflüge im Rahmen der Piratenbekämpfung. Aus von WikiLeaks veröffentlichten Depeschen geht jedoch hervor, dass die Drohnen auch regelmäßig das somalische Festland überfliegen, um dort Informationen zu sammeln. Außerdem wurde von US-Dienststellen bereits darüber diskutiert, diese Flugkörper auch mit Raketen auszurüsten.

Technisch ist das kein Problem, wurde aber bisher mit Rücksicht auf die Regierung der Inselgruppe unterlassen.

Auch in Äthiopien, dessen Regime mit den USA bei verdeckten Militär- und Geheimdienstoperationen im benachbarten Somalia schon lange eng zusammenarbeitet, soll eine Drohnen-Basis gebaut werden. Entsprechende Pläne und Diskussionen gibt es Pressemeldungen zufolge schon seit vier Jahren.

Darüber hinaus soll sich an einem unbekannten Ort auf der arabischen Halbinsel – vermutlich möglichst nahe an der nordostafrikanischen Region, also im Süden Saudi-Arabiens – ein großer Stützpunkt für den Einsatz unbemannter Flugkörper im Bau befinden oder bereits in Betrieb sein. Er könnte später auch als Ausgangspunkt für Drohnen-Einsätze gegen den Iran dienen.

Eine weitere UAV-Basis streben die USA angeblich im Südsudan an. Das sind auffallend viele Stützpunkte, gemessen am derzeit noch verhältnismäßig begrenzten Einsatz bewaffneter Drohnen in dieser Region. Das Unternehmen scheint durchaus noch ausbaufähig.

## Nächstes Ziel Nordwestafrika

Als kommender Einsatzraum für US-amerikanische Mörderdrohnen schon in naher Zukunft zeichnet sich Nordwestafrika ab. Das Gebiet, in dem es ohnehin eine Reihe tief verwurzelter Konflikte gibt, ist durch die mit Hilfe der NATO erfolgte Zerstörung des libyschen Staates nachhaltig destabilisiert worden. Über Libyen fliegen laut Pressemeldungen wieder bewaffnete Drohnen – oder sie wurden nie abgezogen. Ihr angeblicher Auftrag: Die Unbekannten, die am 11. September 2012 das amerikanische Konsulat in Bengasi stürmten, wobei Botschafter Christopher Stevens und drei weitere US-Amerikaner getötet wurden, sollen »der Gerechtigkeit zugeführt«, also ohne Prozess zur Strecke gebracht werden. Schon jetzt unterhalten die USA in der gesamten westlichen Sahelzone ein Netz von Flugplätzen, das sie mit Zustimmung der jeweiligen Regierungen für Aufklärungsflüge kleiner einmotoriger Zivilmaschinen nutzen dürfen. Das hat den Vorteil der Unauffälligkeit. Drohnen gelten aber wegen ihres größeren Radius und ihrer sehr viel längeren Flugzeit ohne Auftanken als erheblich leistungsfähiger.

Vor dem Hintergrund des Bürgerkriegs in Mali hat die Regierung des nordwestafrikanischen Staates Niger den USA im Januar 2013 die Erlaubnis zur Einrichtung eines Stützpunkts für Drohnenflüge über der Region erteilt. Verantwortlich wird dafür das in Stuttgart ansässige Regionalkommando Afrika der US-Streitkräfte sein. Die über Nordwestafrika eingesetzten Drohnen sollten zunächst unbewaffnet sein, doch werde nicht ausgeschlossen, sie später auch mit Raketen auszurüsten, »wenn die Gefahrenlage sich verschlimmert«, hieß es dazu am 28. Januar 2013 in der *New York Times*. Der »unmittelbare Anstoß« für die Drohnen-Pläne sei die Absicht der USA, die französischen Operationen in Mali durch Luftaufklärung zu unterstützen, schrieb *Times*-Autor Eric Schmitt unter Berufung auf einen anonymen »military official«. Dabei ist er ein erfahrener Journalist, der selbstverständlich weiß, dass diese Pläne schon fast so alt sind wie das 2007 gegründete Regionalkommando.

Grundlage des geplanten neuen UAV-Stützpunkts ist ein im Januar 2013 abgeschlossenes »Status-of-Forces Agreement« zwischen den USA und Niger. Anonymen amerikanischen Quellen zufolge war über das Abkommen, dessen konkreter Inhalt nicht bekannt ist und wahrscheinlich nie veröffentlicht werden soll, zuvor mehr als ein Jahr lang verhandelt worden. Vereinbarungen dieser Art sind in der Regel nur grobe Gerüste, deren Details noch auszuarbeiten bleiben oder einfach geheim gehalten werden. In erster Linie wird in dem Agreement wahrscheinlich die Immunität der in Niger stationierten US-Soldaten, also ihr absoluter Schutz vor der Rechtsprechung des Gastlandes, garantiert. Im Endstadium, für das allerdings noch kein Zeitplan bekannt ist, könnten Eric Schmitt zufolge in der zu errichtenden US-Basis bis zu 300 Amerikaner – Militärs und Mitarbeiter sogenannter Zivilfirmen – eingesetzt werden. Der britische *Guardian* wusste zu berichten, dass das *Status-of-Forces Agreement* nicht nur den Einsatz von Spionagedrohnen zulässt, sondern dass es sich um ein sehr breit gefasstes Abkommen handelt, das der militärischen Kooperation »keinerlei Beschränkungen« auferlegt. (www.guardian.co.uk, 29.01.2013.)

Niger liegt östlich von Mali, mit dem es eine über 800 Kilometer lange »poröse«, das heißt praktisch nicht wirksam zu schließende Grenze hat. Ein Teil der Rebellen, die sich 2013 aus Mali zurückziehen, werden voraussichtlich nach Niger ausweichen. Im Süden grenzt Niger an Nigeria, in dessen Norden ebenfalls militante Islamisten operieren. Einige Regionen Nigers befinden sich in der Hand von Aufständischen und sind für die Streitkräfte des Landes nicht zugänglich.

Vor diesem Hintergrund könnte die US-Regierung es trotz des Abkommens mit Niger letztlich vorziehen, sich wegen der Drohnen-Basis mit dem stabileren Burkina Faso zu arrangieren. Die USA unterhalten dort, wie die *Washington Post* am 28. Januar 2013 schrieb, ohnehin schon einen kleinen Luftwaffenstützpunkt am Rande des Flughafens der Hauptstadt Ouagadougou, der für diesen Zweck ausgebaut werden könnte. Überwachungsdrohnen vom Typ Predator operieren laut *Guardian* heute schon von Burkina Faso aus.

## Afghanistan: Drohnen statt Abzug

Von der internationalen Öffentlichkeit unbemerkt ist Afghanistan zum Schwerpunkt US-amerikanischer Drohneneinsätze geworden. Berichte darüber gibt es jedoch so gut wie nie. Anscheinend fällt es in diesem Land, wo die NATO seit zwölf Jahren Krieg führt, der Bevölkerung schwer, Drohnenattacken von anderen Operationen, beispielsweise Angriffen mit Kampfflugzeugen oder Boden-Boden-Raketen, zu unterscheiden.

Nach offiziellen Angaben der US-Luftwaffe stieg die Zahl der Drohnen-Operationen in Afghanistan, bei denen Raketen abgeschossen wurden, von 294 im Jahr 2011 auf 447 im Jahr 2012. Insgesamt wurden in Obamas ersten vier Amtsjahren dieser Statistik zufolge allein in Afghanistan 1.336 Drohnenangriffe geflogen. (Combined Forces Air Component Commander 2007-2012 Airpower Statistics, 31.12.2012) Das ist erheblich mehr als die Summe aller bewaffneten Drohneneinsätze gegen pakistanische Ziele seit 2004, die Ende Juni 2013 bei etwa 370 lag. Unbekannt ist, ob zusätzlich auch der Auslandsgeheimdienst CIA in Afghanistan bewaffnete Drohnen einsetzt.

Vor dem Hintergrund des teilweisen Abzugs der NATO-Truppen Ende 2014 und der geplanten Konzentration auf Spezialeinheiten und Kommandoeinsätze werden die Drohnen für die Aufstandsbekämpfung in Afghanistan künftig eine wachsende Rolle spielen. Dementsprechend ist mit einer deutlichen Erhöhung ihrer Zahl zu rechnen. Der amerikanische Botschafter in Kabul, Ryan Crocker, erklärte im Mai 2012 öffentlich, dass es sich dabei um »das Recht auf Selbstverteidigung« handele. Für die Praxis heißt das vor allem, dass die Drohnenangriffe aus US-amerikanischer Sicht nicht der Zustimmung der Regierung in Kabul bedürfen. Zur vereinheitlichten NATO-Propaganda, man sei dabei, sich militärisch aus Afghanistan zu verabschieden, und wolle sich ab 2015 im Wesentlichen auf die Ausbildung der einheimischen Streitkräfte beschränken, bildet die geplante Ausweitung des Drohnenkriegs einen seltsamen Kontrast.

Auch Großbritannien will in Afghanistan künftig verstärkt auf bewaffnete Drohnen setzen und die Zahl seiner dort stationierten unbemannten Flugkörper vergrößern. 248 Mal hatten britische UAVs bis zum März 2012 nach Angaben des Londoner Verteidigungsministeriums zugeschlagen. Bis zum Herbst 2012 verfügten die britischen Streitkräfte in Afghanistan über fünf US-amerikanische Reaper-Drohnen, die zwar von britischen Piloten, aber von einer Zentrale in den USA, weit vom Einsatzort entfernt, aus gelenkt wurden. Im Oktober 2012 gab das Londoner Verteidigungsministerium die Anschaffung von fünf weiteren Flugkörpern dieses Typs für den afghanischen Kriegsschauplatz bekannt. Sie sollten noch im Rest des Jahres ihre ersten Flüge absolvieren – und zum ersten Mal von einem Luftwaffenstützpunkt in Lincolnshire, also direkt von der Insel aus, gesteuert werden.

Die deutsche Bundeswehr, die sich jetzt schon auf einen unbegrenzt langen Verbleib am Hindukusch eingerichtet hat, wünscht sich für die künftigen Aufgaben ebenfalls bewaffnete Drohnen. Zur Zeit verfügt sie dort nur über drei Aufklärungsdrohnen des israelischen Typs »Heron«. Außerdem sind im nordostafghanischen Zuständigkeitsbereich der Bundeswehr vier bewaffnete Drohnen des amerikanischen Typs MQ-1C Grey Eagle stationiert, die aber unter Kontrolle der US-Streitkräfte stehen. Verteidigungsminister Thomas de Maizière plant für die Zeit nach dem Pseudo-«Abzug« die Anschaffung von bis zu 16 Drohnen »für mittlere Flughöhen und große Reichweiten«, die auch bewaffnet werden können. Die ersten fünf davon sollen bereits 2016 verfügbar sein. (Zeit Online, 17.5.2013 unter Berufung auf eine Vorlage für die Kabinettssitzung am 29. Mai 2013)

Die Entscheidung über den Kauf dieser 16 Drohnen soll bis Jahresende 2013 getroffen werden. Sie wird vermutlich zwischen der amerikanischen Predator B und dem bewaffneten israelischen Nachfolgemodell Heron TP fallen. Während die Predator B schon seit einigen Jahren im Einsatz ist und mit entsprechend vielen Flugstunden punkten kann, die eine Bewertung dieses Modells zulassen, ist die Heron TP noch nicht einmal fertig entwickelt. Trotzdem könnte die Bundesregierung aus politischen Gründen das israelische Modell bevorzugen.

Für welche geplanten Kriegsszenarien der Verteidigungsminister 16 bewaffnete Drohnen benötigt, ist eine unerklärte Frage, die von den Oppositionsparteien SPD und Grüne offenbar bewusst nicht gestellt wird. Wenn de Maizière sich dazu äußern soll, wird er pathetisch: »Wir brauchen die damit verbundenen Fähigkeiten zum Schutz unserer Soldaten und zum Schutz unserer Verbündeten«. (Spiegel Online, 13.6.2013) Auch Philipp Mißfelder, außenpolitischer Sprecher der Unionsfraktion im Bundestag, strapaziert das Fürsorge-Argument:

»Wir haben eine Verantwortung für unsere Soldaten in schwierigen politisch mandatierten, völkerrechtlich abgesicherten Einsätzen. Wer sich gegen die Anschaffung von Drohnen stellt, verweigert unseren Soldaten den größtmöglichen Schutz, der derzeit denkbar ist.« (Spiegel Online, 30.4.2013)

Nun sollte man jedoch, erstens, annehmen, dass die Angehörigen der Bundeswehr in Afghanistan, wenn sie künftig wirklich keine Kampfeinsätze mehr unternehmen und sich auf die Ausbildung einheimischer Soldaten beschränken sollen, nicht mehr, sondern erheblich weniger Schutz als gegenwärtig benötigen werden. Zweitens ist schon bisher nur ein sehr kleiner Anteil der Todesfälle und Verletzungen unter den deutschen Soldaten in Afghanistan auf Gefechte mit Aufständischen zurückzuführen. Unglücksfälle, Attentate und Minen, gegen die bewaffnete Drohnen nicht helfen, spielen eine sehr viel größere Rolle. Auch gegen kurze Überfälle aus dem Hinterhalt, für das Bundeswehrkontingent bei weitem die häufigste Form direkter »Feindberührung« in Afghanistan, nutzen bewaffnete UAVs nichts.

### Freiheit ohne Grenzen

Am 14. Mai 2013 starteten die US-Streitkräfte zum ersten Mal erfolgreich eine Drohne mit den Ausmaßen eines Düsenjägers vom Deck eines Flugzeugträgers aus. Die »X-47 B« ist ein eigens für diese Testreihe entworfener unbemannter Flugkörper, der vom Rüstungsunternehmen Northrop Grumman produziert wurde. Mit einer Flügelspannweite von knapp 18,92 Metern und einem Leergewicht von 6.350 Kilo ist sie größer und schwerer als die derzeitige Standard-Drone Predator. Deren entsprechende Daten sind 14,80 Meter und 512 Kilo. Ihr maximales Startgewicht ist mit 20.215 Kilo rund zwanzig Mal so groß wie das der Predator, die es »nur« auf 1.020 Kilo bringt. Das heißt unter anderem, dass sie eine weit höhere »Nutzlast« an Waffen – beim gegenwärtigen Stand rund 2.000 Kilo - mit sich führen kann. Angestrebt wird ein weiterentwickelter Typ mit einem Waffengewicht von 4.500 Kilo und einer Flügelspannweite von über 50 Metern.

Gegenwärtig ist die Reichweite der X-47 B mit fast 4.000 Kilometer mehr als drei Mal so groß wie die der Predator. Darüber hinaus wird an der Technik gearbeitet, um die Drohne der Zukunft in der Luft auftanken zu können, was ihre Reichweite noch mehr vergrößern würde. Ihre maximale Flughöhe liegt bei 12.200 Metern, die der Predator bei 7.600 Metern.

Die X-47 B ist ein nicht zu übersehendes Argument gegen Vorstellungen, dass die Zukunft der UAVs hauptsächlich in der Miniaturisierung, also in der Entwicklung von immer kleineren Drohnen liegt. Ein künstlicher Flugkörper von der Größe eines Kolibri kann zwar die Phantasie beflügeln und mag für Spezialaufgaben tauglich sein, aber beim heutigen Stand der Technik nicht als Waffe mit einem Massenvernichtungspotenzial taugen. Eine einzige Hellfire-Rakete hat immerhin ein Gewicht von 46 Kilo und eine Länge von gut 1,60 Metern.

Bei dem erfolgreichen Versuch im Mai 2013 wurde die X-47 B ganz wie ein traditionelles Kampfflugzeug mit einem Katapult vom Deck eines Flugzeugträgers gestartet, landete jedoch auf einem Stützpunkt der Marineluftwaffe. Die Landung auf einem sich bewegenden Flugzeugträger ist komplizierter und soll voraussichtlich im Sommer 2013 erstmals geprobt werden. Während herkömmliche Drohnen von Piloten in einer Zentrale ferngelenkt werden, soll die X-47 B ausschließlich computergesteuert sein.

Geplant ist, dass das aus der X-47 B zu entwickelnde Modell ab 2020 einsatzbereit ist. Die USA könnten dann weltweit Drohnen auch ohne Erlaubnis ausländischer Regierungen einsetzen. Zur Bedeutung dieser Neuerung zitierte die Nachrichtenagentur AP am 15. Mai 2013 den Kommandeur der Luftstreitkräfte der USA-Marine im Atlantik, Rear Admiral Ted Branch: »In einer Zeit, wo unser Zugang zu Häfen, Operationsstützpunkten und Lufträumen im Ausland rund um die Welt abnimmt, steigt der Wert der Flugzeugträger und ihre Flugkörper immer mehr. Deshalb ist heute – gemeint ist der erste Start der X-47 B von einem Flugzeugträger – ein historisches Datum.«

Chris Cole

# Nach fünf Jahren britischer Drohneneinsätze: Fundamentale Fakten, die wir nicht kennen sollen

In der letzten Maiwoche 2008 fand der erste britische Drohnen-Angriff – irgendwo in Afghanistan – statt. Wie bei den über 300 Angriffen seither bleiben die Details über diesen ersten Angriff in Geheimhaltung eingehüllt.

Obgleich wir den genauen Tag nicht kennen (alles, was das britische Verteidigungsministerium damals berichtete, war, dass die Attacke »in der vorausgegangenen Woche« stattgefunden habe), haben nachfolgende Berichte die Drohnen-Angriffe auf Ende Mai 2008 datiert. Der Ort des Angriffs, warum er erfolgte und ob jemand getötet wurde, all das wird nach wie vor geheim gehalten.

In den fünf Jahren seither hat sich das Verteidigungsministerium geweigert, Fragen über den Einsatz bewaffneter Drohnen zu beantworten. Anfragen und Fragen von Abgeordneten des Unterhauses, die sich auf das Informationsfreiheits-Gesetz (Freedom of Information Law) berufen, sind wiederholt zurückgewiesen worden, aus Gründen der Sicherheit oder weil die Antwort unsere Beziehungen zu einem anderen Staat gefährden würde (man braucht nicht dreimal zu raten, um zu wissen, um wen es sich dabei handelt).

Es gibt viele bedeutsame ethische und rechtliche Fragen über den wachsenden Einsatz bewaffneter Drohnen. Diese Palette von Fragen kann allerdings nur behandelt werden, wenn man Zugang zu grundlegenden Informationen hat, darüber, wie Drohnen tatsächlich Tag für Tag eingesetzt werden. Nun, da wir den wichtigen Meilenstein von fünf Jahren britischer Drohnen-Angriffe erreichen, sind hier grundlegende Fakten, die wir über den Einsatz bewaffneter britischer Drohnen nicht kennen dürfen.

## 1. Wo finden britische Drohnen-Angriffe statt?

Das ist eine ziemlich grundlegende Frage, aber wir wissen offiziell nicht, wo die britischen Reaper-Drohnen tatsächlich in Afghanistan eingesetzt werden. Einige Quellen haben uns inoffiziell berichtet, dass UK-Drohnen *(UK: United*

*Kingdom, offizielle Bezeichnung für Großbritannien)* nur innerhalb der Provinz Helmand operieren, wo britische Truppen stationiert sind. Andere Quellen allerdings haben uns auch berichtet, wiederum inoffiziell, dass sie überall in Afghanistan operieren. Das Verteidigungsministerium verweigert unsere Freedom of Information-Anfrage über die Orte der UK-Drohnen-Angriffe in Afghanistan.

Es sollte festgehalten werden, dass vielfältige Quellen berichtet haben, dass die UK-Reaper-Drohnen am Flughafen von Kandahar stationiert sind, der in der Provinz Kandahar liegt.

Eine der Hauptrechtfertigungen der britischen Regierung für den Einsatz bewaffneter Drohnen ist der Schutz britischer Truppen. Nun befinden sich zwar einige britische Truppen auf dem Luftwaffenstützpunkt in Kandahar und in der Hauptstadt Kabul, aber die überwältigende Mehrheit ist in Helmand stationiert. Wenn die UK-Drohnen außerhalb Helmands operieren, sind sie höchstwahrscheinlich mit etwas anderem beschäftigt als dem Schutz der Truppe. Und wenn sie nur innerhalb Helmands operieren, warum dürfen wir das nicht wissen?

## 2. Wie viele Menschen sind bei britischen Drohnen-Angriffen getötet worden und wer waren sie?

Es gibt keine veröffentlichten Zahlen über die Anzahl der von britischen Drohnen-Angriffen getöteten Menschen, und schon gar nicht Einzelheiten darüber, um wen es sich handelte und warum sie getötet wurden. Auf der anderen Seite der Grenze, in Pakistan, gibt es Opferzahlen, zusammengetragen vom Londoner Büro für investigativen Journalismus[1] aus verschiedenen verlässlichen Quellen, die besagen, dass bei 366 US-Drohnen-Angriffen zwischen 2500 und 3500 Menschen getötet worden seien. Allerdings gibt es wegen des Fehlens von Medien und unabhängigen NGOs am Boden in Afghanistan keine derartigen Berichte für dieses Land.

Im Dezember 2010 erzählte David Cameron angeblich Journalisten, dass 124 Aufständische durch britische Drohnen-Angriffe in Afghanistan getötet worden waren. Später berichtete das Verteidigungsministerium (MoD), dass es ihm nicht möglich sei, Unterlagen für eine derartige Aussage des Premier-

---

1. Das Bureau of Investigative Journalism ist eine 2010 gegründete britische Non-Profit-Organisation für »investigativen Journalismus im öffentlichen Interesse«. Netzadresse: www.thebureauinvestigates.com (Anm. d. Hrsg.)

ministers zu finden (obwohl das MoD auch feststellt, dass dies nicht bedeute, dass der Premier dies nicht gesagt habe, es gäbe nur keine Unterlagen darüber, dass er es gesagt habe).

Im Anschluss an Nachforschungen der NATO über einen Luftangriff im März 2011, bestätigte das MoD, dass eine von seinen Reaper-Drohnen abgefeuerte Waffe vier Zivilisten getötet und zwei weitere verwundet habe und auch zwei Aufständische getötet habe. Während das MoD regelmäßig äußert, dass es sich hierbei um den einzigen Vorfall handle, bei dem Zivilisten von Drohnen getroffen worden seien, so erklärt es genauso regelmäßig, dass es nicht wissen könne, wie viele Menschen bei seinen Drohnen-Angriffen getötet worden seien.

Bei der Antwort auf unsere Anfragen bestätigte das MoD, dass in der Tat nach jedem Drohnen-Angriff eine interne Auswertung vorgenommen würde (*post-strike assessment*). Allerdings weigert sich das MoD, Einzelheiten darüber mitzuteilen. Es beruft sich dabei auf Sicherheitsgründe: Das Ministerium sei »aus Gründen operationaler Sicherheit nicht bereit, die ausgewertete Anzahl von bei Reaper-Angriffen getöteten/verwundeten Aufständischen zu kommentieren.«

## 3. Wie ist die Relation zwischen im Voraus geplanten und »situativ« veranlassten Angriffen?

Eine Schlüsselrolle bezüglich des Einsatzes von bewaffneten Drohnen kommt vielleicht der Frage zu, ob diese die Schwelle zum Töten allgemein senken und insbesondere, ob ihre Fähigkeit, für lange Zeit über einem Gebiet zu schweben und nach verdächtigem Verhalten und sich zufällig ergebenden günstigen Zielen (*targets of opportunity*) Ausschau zu halten, zu mehr Luftangriffen führt.

Das MoD weigert sich kategorisch, Details über die Umstände und Gründe zum Auslösen von Drohnen-Angriffen zu geben. Es ist jedoch schwer einzusehen, warum das MoD keine Information herausgibt über die Relation von jenen Angriffen, die im Voraus geplante tägliche Aufträge erledigen, und jenen, die sich sozusagen dynamisch aus einer akuten Situation ergeben. Als wir Berufung einlegten gegen die Auskunftsverweigerung, hat das MoD in der Tat gegenüber dem *Information Commissioner*[2] darauf bestanden, dass es keinen

---

2. Eine Art Ombudsmann, der über Einhaltung des Freedom of Information Law aus der Perspektive der BürgerInnen wacht. (Anm. d. Hrsg.)

Grund dafür angeben würde, warum es uns keinen Grund nennen wollte. Wir werden diese Weigerung gerichtlich weiter verfolgen und bis zum dafür zuständigen Gericht (*Information Tribunal*) gehen.

## 4. Wie zielgenau sind die britischen Drohnen-Angriffe?

Befürworter der Drohnen-Angriffe argumentieren, dass sie ethisch gerechtfertigt seien, weil sie viel präziser sein können als Angriffe durch bemannte Flugzeuge. Ihre Fähigkeit, so argumentieren sie, lange Zeit über Zielen zu schweben und zu warten, bis potenzieller »Kollateralschaden« minimiert ist, mache sie besser geeignet als altmodische bemannte Flugzeuge. Dagegen wäre sehr schwer zu argumentieren, wenn es denn zuträfe. Das Problem ist aber, dass wir einfach nicht wissen, ob dies der Fall ist oder eben nicht. Viele Menschen scheinen das Argument, dass die Drohnen punktgenau und treffsicher seien, zu akzeptieren, ohne jegliche Daten oder Informationen.

Die Treffgenauigkeit von Waffen wird gemessen in Circular Error Probability (CEP). Unter Test-Bedingungen werden dabei eine Reihe von Waffen abgefeuert und es wird ein Kreis gezogen um die Einschlagpunkte von den 50 Prozent der Waffen, die am dichtesten am Ziel landeten (die 50 Prozent, die weiter abseits landen, werden ignoriert). Der Radius dieses Kreises wird als CEP dieser besonderen Waffe angegeben.

Der Unterhaus-Abgeordnete Tom Watson fragte den Verteidigungsminister im Januar 2013, wie oft von britischen Reaper-Drohnen abgefeuerte Waffen außerhalb ihres angegebenen CEP gelandet waren. Eine Antwort darauf wurde aber erneut verweigert. Darüber hinaus wurden alle Fragen zu den tatsächlichen CEP der Waffen, ihrem Explosionsradius und ob tatsächlich die thermobarische Variante[3] der Hellfire-Raketen von britischen Reaper-Drohnen abgefeuert worden war, geschlossen zurückgewiesen.

---

3. Thermobarische Bomben (auch Vakuum-Bomben genannt) zählen zu den stärksten konventionellen Waffen. Die Wirkungsweise besteht darin, dass zunächst durch eine Detonation ein Pulver oder eine Flüssigkeit freigesetzt wird, das bzw. die dann durch eine zweite Sprengladung gezündet wird. Der dabei eingesetzte Sprengstoff wird mit dem Sauerstoff der Luft verbrannt. Dabei wird ein ähnlich hoher Druck erzeugt wie von einer Mini-Atombombe. Russland hat solche Waffen in Tschetschenien, die USA gegen die Taliban in den Höhlensystemen Afghanistans eingesetzt. (Quelle: Spektrum der Wissenschaft, 12.09.2007, spektrum.de) (Anm. d. Hrsg.)

## 5. Hat Großbritannien in Afghanistan gezielte Tötungen mit Drohnen durchgeführt?

Innerhalb Afghanistans scheint es, dass die britische Armee ihre Reaper-Drohnen eingesetzt haben könnte, um gezielte Tötungen auszuführen, aber aufgrund der fehlenden Transparenz war es noch nicht möglich, dies zu bestätigen.

Wir wissen von veröffentlichten Updates der Luftwaffen-Operationen, dass UK-Reapers viele Stunden lang verfolgten, was sie als »hochwertige« Aufständische bezeichneten, bevor sie schließlich die Waffen abfeuerten. Obwohl die Anwendung von Gewalt in Afghanistan durch die UNO autorisiert ist und das Humanitäre Völkerrecht gilt, so sind doch Aufständische in Afghanistan nicht Mitglieder uniformierter Streitkräfte und ihr Status als Kombattanten unter dem Kriegsvölkerrecht bleibt unklar. So können Individuen, die in Afghanistan kämpfen, getötet werden, wenn sie unmittelbar an kriegerischen Handlungen beteiligt sind, aber es finden auch gezielte Tötungen außerhalb von Schlachtfeldern statt.

Auch wenn die britischen Vorschriften zur Kriegsführung geheim sind, so sollte es doch für die Regierung möglich sein zu bestätigen oder zu dementieren, ob gezielte Tötungen in Afghanistan durchgeführt wurden, insbesondere, ob die Regierung glaubt, dass sie rechtlich nach dem Kriegsrecht dazu autorisiert ist.

Fünf Jahre nach dem ersten britischen Drohnen-Angriff in Afghanistan setzt sich die immense Kontroverse um den Einsatz bewaffneter Drohnen immer noch fort, wie das MoD selbst in seiner Veröffentlichung »*The UK Approach to Unmanned Aircraft Systems*« bestätigt:

»Es ist von essenzieller Bedeutung, dass, bevor unbemannte Systeme allgegenwärtig werden (wenn es nicht bereits zu spät dafür ist), wir diesen Problemkomplex durchdenken und sicherstellen, dass wir, dadurch, dass wir etwas von dem Entsetzen beseitigen oder es zumindest auf Distanz halten, nicht in die Gefahr geraten, unsere dominierende Humanität zu verlieren und damit Kriege wahrscheinlicher machen.« (Paragr. 517)

Die Passage endet folgendermaßen:

»Was nötig ist, ist ein klares Verständnis der involvierten Probleme, sodass informierte Entscheidungen getroffen werden können.« Dieses »klare Verständnis der involvierten Probleme« kann doch nur unterstützt werden durch mehr Transparenz darüber, wie Großbritanniens Reaper-Drohnen tatsächlich in Afghanistan eingesetzt werden.

Bisher ist nur von drei Ländern bekannt – die USA, Israel und Großbritannien –, dass sie unbemannte Drohnen eingesetzt haben, um bewaffnete Angriffe auszuführen. Viele fürchten jedoch, dass es sich hierbei nur um die Spitze des Eisbergs handelt, und dass die Proliferation dieser Technologie dazu führen wird, dass künftig eine Vielzahl von Staaten ferngesteuerte Angriffe ausführen wird, mit klar erkennbaren Implikationen für den globalen Frieden und die Sicherheit.

Wir glauben, dass Großbritannien als eines jener Länder, die bewaffnete Drohnen einsetzen, eine moralische Verpflichtung hat, erheblich transparenter hinsichtlich des Einsatzes dieser Technologie zu sein.

Die britische Regierung muss unsere grundlegenden Fragen beantworten.

*Quelle: Der Originaltext »After five years of British drone strikes, five basic facts we are simply not allowed to know« erschien am 28. Mai 2013 auf dem vom Autor betriebenen Blog »Drone Wars UK« (dronewars.net).*

*Übersetzung: Eckart Fooken*

Lühr Henken
# Kampfdrohnen als zentraler Bestandteil der »Neuausrichtung der Bundeswehr«

Die deutsche Bundeswehr befindet sich nach dem Ende der Blockkonfrontation in einem permanenten Umrüstungsprozess, den sie nach 1999 wieder einmal »Neuausrichtung« getauft hat, und in dem es immer um dasselbe geht: Die Bundeswehr soll qualitativ auf- und umgerüstet werden, um die Effektivität ihrer weltweiten Angriffsfähigkeit zu steigern. Die Entscheidung, die Wehrpflicht ab Juli 2011 auszusetzen und den Verlust an Soldaten durch Freiwillige aufzufüllen, reduziert das Personal von 240.000 Soldatinnen und Soldaten auf 175.000/185.000 bis 2017, dem Abschlussjahr dieser Umstrukturierung. Der eigentliche Zweck der Reform ist die Verschlankung der Führungs- und Kommandostrukturen und die Möglichkeit, nicht wie bisher nur 7.000 Soldatinnen und Soldaten, sondern künftig 11.000 dauerhaft im Auslandseinsatz halten zu können.

Kern der Umstrukturierung ist die umfassende Implementierung der so genannten Vernetzten Operationsführung, einer Schlüsseltechnologie für eine schlagkräftige Bundeswehr. Sie dient dazu, im Einsatz die Entscheidungsprozesse zu beschleunigen. Das soll den entscheidenden Vorteil im Krieg bringen. Technisch bedeutet das: Alle Führungs- und Einsatzebenen verfügen gleichzeitig über dasselbe Lagebild auf ihrem Display. Entscheidend dafür sind Aufklärungsdaten, die von Unmanned Aerial Vehicles (UAVs, Drohnen) geliefert werden sollen. Die Einführung von Drohnen wird im offiziellen Sprachjargon der Bundeswehr als »Kristallisationspunkt für die Transformation in Bundeswehr und Luftwaffe« (Strategie & Technik 11/05: 41) angesehen. Der Inspekteur der deutschen Luftwaffe, Generalleutnant Müllner, sagt: »Unbemannte Flugzeuge werden in künftigen Einsätzen eine wichtige, wenn nicht gar überragende Rolle spielen.« (Europäische Sicherheit & Technik 9/12: 32) Und der für die konzeptionelle Weiterentwicklung im Luftwaffenkommando zuständige Fachmann, Oberstleutnant Winter, schreibt: »Unbemannte Luftfahrzeuge sind eine Schlüsseltechnologie des 21. Jahrhunderts.« (Winter: 32)

## Großdrohnen zur weltweiten Spionage und Zielerfassung

Dabei fällt zunächst den Großdrohnen der Baureihe Global Hawk der US-Firma Northrop Grumman die zentrale Rolle zu. Sie sollen die Plattformen für das NATO-eigene System Alliance Ground Surveillance (AGS) und das gescheiterte deutsche Projekt Euro Hawk bilden. Die Drohnen haben eine Spannweite von etwa 40 Metern und sind damit größer als ein Airbus A 320. Die Langstrecken-Großdrohne Global Hawk kann 30 Stunden ohne Pause in der Luft bleiben, in einer Höhe von 20 km verweilen und dabei 25.000 km zurücklegen.

Die Bundesregierungen, ob es »rot-grüne«, »schwarz-rote« oder »schwarz-gelbe« waren und/oder sind, verfolgen seit 2001 das Ziel, der Bundeswehr mit Großdrohnen eine nationale Spionagekapazität zu verschaffen, die es ihr erlaubt – anders als es mit den 2010 ausgemusterten Turboprop-Flugzeugen Bréguet Atlantic möglich war –, unbemerkt über fremden Ländern, weit entfernt von heimatlichen Grenzen, zu spionieren.

Die Absicht, in den USA insgesamt fünf Global Hawks zu kaufen, um sie mit »Signit«-Technik von EADS ausstatten zu lassen, wurde im Mai 2013 überraschend aufgegeben, weil eine Dauerzulassung der Euro Hawks für die zivile Luftfahrt in der Bundesrepublik angeblich nur gegen unverhältnismäßig hohe Mehrkosten zu erreichen gewesen wäre. Die Träume des Staatssekretärs im Verteidigungsministerium, Stéphane Beemelmans, sind damit erst einmal geplatzt. Großspurig hatte er 2011 verkündet, damit sei die Bundeswehr »der erste Betreiber eines unbemannten Flugzeugs dieser Größenordnung in Europa und übernehme damit eine Vorreiterrolle«. (Strategie & Technik 11/11: 36)

Allerdings konnte im Euro Hawk-Demonstrator die Signit-Technologie des EADS-Konzerns (ISIS) erfolgreich getestet werden. »Signit« steht für »Signals Intelligence« und ermöglicht elektronische Aufklärung aus der Luft. Im Verbund mit abbildender Aufklärung ergibt sich erst die eigentliche Qualität. Während ein Foto, ein Radar und ein Video die geografische Lage darstellt, kann »durch Abhören der Funksprüche und Befehlscodes sowie Feststellen der Betriebsmodi der Radare auf den Einsatzbefehl der im Bild dargestellten Einheiten, Fahrzeuge und Systeme geschlossen werden.«[1] Sigint kann Funk- und Handyverbindungen abhören und feindliche Raketen- und Radarstellungen aufspüren. Der Euro Hawk wäre in der Lage, die gesamte Kommando- und Befehlsstruktur eines Landes auszuspionieren

---

1. http://de.wikipedia.org/wiki/Signals_Intelligence, abgelesen 11.6.13

und zu analysieren. Ausgewertet werden sollen die Daten vom »Bataillon Elektronische Kampfführung 912« in Echtzeit in Nienburg an der Weser. Die gewonnenen Daten dienen zur weltweiten Zielerfassung. Beabsichtigt ist, die Signit-Technik in andere Plattformen zu integrieren. Es wird auch geprüft, den getesteten Euro Hawk-Demonstrator zu Spionagezwecken im Ausland einzusetzen.

Das NATO-System Alliance Ground Surveillance (AGS) besteht anfänglich aus fünf Großdrohnen Global Hawk. Damit »können bewegliche Ziele entdeckt und verfolgt werden, von stationären Zielen werden hochaufgelöste Radarbilder geliefert.« (Europäische Sicherheit & Technik 9/12:81) Das System, das ab 2017 im italienischen Sigonella auf Sizilien einsatzbereit sein soll, kostet insgesamt 1,4 Milliarden Euro. Deutschland beteiligt sich daran mit einem Festpreis von 456 Mio. Euro[2], was etwa einem Drittel der Gesamtkosten entspricht, die sich insgesamt 14 der 28 NATO-Staaten teilen. EADS Deutschland soll eine führende Rolle bei der Entwicklung der Bodenstationen übernehmen. Das AGS kann »Bewegungen über Zeiträume nachzeichnen.« (FAZ, 19.4.2012) Damit werden präzise Zielzuweisungen möglich. Mit den fünf Global Hawk wird die NATO in die Lage versetzt, »zwei operationelle Einsatzräume an unterschiedlichen Schauplätzen gleichzeitig aufzuklären und zu überwachen.« (Europäische Sicherheit & Technik 9/12:81) Angestrebt ist, diese Möglichkeit auf bis zu acht Kriegsschauplätze gleichzeitig auszubauen. Dafür sind die 14 NATO-Mitgliedstaaten, die sich an der AGS beteiligen, aufgefordert, weitere Global Hawks beizusteuern. Die deutsche Regierung überlegt, dafür vier weitere Global Hawks zu kaufen.

Die NATO-Global Hawk werden für die zukünftige Kampfführung essentiell sein, liefern sie doch auf jedes Display der Einsatz- und Führungsebene dasselbe Lagebild, welches den entscheidenden Kriegsvorteil im Kampf der Infanteristen um Haus, Straße und Ort verschaffen soll. AGS ist das zentrale Element der neuen »Vernetzten Operationsführung«. Ohne sie ist künftig ein Krieg außerhalb des NATO-Bündnisgebiets undenkbar. AGS ist das Schlüsselprojekt der neuen »smart defence« der NATO, der so genannten intelligenten Verteidigung. Ein irreführender Begriff, nicht wegen des Begriffs intelligent, sondern wegen des Begriffs Verteidigung.

---

2. Bundesminister der Verteidigung, Bericht der Ad-hoc-Gruppe Euro Hawk, 5.6.13, S. 64

## Minister will Kampfdrohnen

Im Juli 2012 wurde bekannt, dass das deutsche Verteidigungsministerium die Beschaffung von Kampfdrohnen prüft. »Derzeit (werde) ein Angebot für die Beschaffung des Reaper« eingeholt, war zu lesen. (FAZ, 7.7.2012) Die Bundesregierung hält »eine durchhaltefähige bewaffnete Aufklärung« für »unbedingt erforderlich.«[3] De Maizière sagt: »eine Auswahlentscheidung kann Ende des Jahres (2013) gefällt werden, so dass sie dem neuen Bundestag zur Bewilligung vorgelegt werden kann.«[4]

Schon 2008 hatte die Bundesregierung nach fünf unbewaffneten Reaper (auch Predator B) angefragt, den Kaufpreis von 205 Mio. Euro jedoch als unwirtschaftlich bewertet. Am 15. November 2012 wurde erstmals bekannt, dass seit Januar 2012 eine zweite Anfrage nach drei »unbewaffneten Aufklärungsdrohnen vom Typ Predator B« gestellt wurde.[5] Die positive Antwort erfolgte Ende April 2013.

Das Bundeskabinett billigte am 8. Mai 2013 den »Bericht zum Stand der Neuausrichtung der Bundeswehr«, in dem unter der Rubrik »Strukturrelevante Hauptwaffensysteme der Streitkräfte« die Anzahl 16 in der Zeile steht, in der es um »Systeme zur strategischen Aufklärung in der Tiefe des Einsatzgebiets« (SAATEG) geht.[6] Es ist nicht klar, wie viele davon bewaffnet werden sollen. De Maizière sagte, »es geht um fünf bewaffnungsfähige unbemannte Systeme ab etwa 2016. Sie sollen eine Überbrückungslösung sein bis zur Beschaffung eines neuen, möglichst europäischen Systems ab Mitte des nächsten Jahrzehnts.«[7] Dies sollen Kampfdrohnen »der nächsten Generation« sein und unter anderem gegenüber heutigen Modellen über »eine erhöhte Durchsetzungs- und Überlebensfähigkeit« (gemeint ist eine Bewaffnung zum Selbstschutz) verfügen und in den allgemeinen Luftverkehr integrierbar sein. (Winter: 32)

Aus Antworten der Bundesregierung auf weitere Anfragen aus den Fraktionen der »Linken« und der SPD geht hervor, dass auch die israelische Heron TP und eine bewaffnete Variante der reinen Späherdrohne Heron 1, von de-

---

3. Antwort der Bundesregierung auf die Kleine Anfrage der Fraktion »Die Linke«, Drucksache 17/12136, S. 14, vom 21.1.2013
4. Protokoll Deutscher Bundestag, 246. Sitzung vom 13.6.2013, S. 31348
5. Antworten des Parlamentarischen Staatssekretärs Christian Schmidt auf Fragen von Paul Schäfer (Die Linke), Drucksache 17/11612, S. 45,
6. Bericht zum Stand der Neuausrichtung der Bundeswehr, 8.5.13, S. 24
7. Protokoll Deutscher Bundestag, 246. Sitzung vom 13.6.2013, S. 31348

nen bereits drei für die Bundeswehr über Afghanistan im Einsatz sind, dafür in Frage kämen.

Reaper und »Heron TP« haben Einsatzradien von 3000 km[8] bzw. über 7000 km[9] und können ca. 30 Stunden in Höhen um 12 bis 15 km in der Luft kreisen. Als Waffensysteme trägt die US-amerikanische Reaper Raketen mit Reichweiten bis zu 20 km und Bomben mit einem Gewicht von bis zu 227 kg[10]. Die Waffen der Heron TP sind öffentlich nicht bekannt. Welche Bewaffnung für Bundeswehr-Kampfdrohnen ins Auge gefasst werden könnten, wurde Ende Mai 2013 auf einer Tagung der Deutschen Gesellschaft für Wehrtechnik in Bonn deutlich. Ein Luftwaffen-Oberst erklärte, deutsche Kampfdrohnen sollten mit »kleinen, agilen und angepassten Wirkmitteln« ausgestattet werden.[11] Also Bomben und Raketen, die nicht gleich ganze Häuser wegfegen, sondern gezielter töten. Der Raketenhersteller MBDA hat schon Raketen im Angebot, die zwischen 2,5 und 6 kg wiegen, und Bomben mit Gewichten zwischen 5 und 20 kg transportieren.[12]

Die Kampfdrohnen sind mit Video- und Infrarot-Kameras und SAR-Radar ausgestattet, so dass sie, unabhängig von Wetter und Tageszeit, in Echtzeit Aufnahmen vom überflogenen Gebiet an die Bodenstationen, die Tausende Kilometer entfernt vom Einsatzort liegen können, senden. Dort wird ausgewertet und via Joystick bzw. Tastatur, Bildschirm und Satellit der Drohneneinsatz geleitet. Zur Selbstverteidigung sind beide Kampfdrohnen nicht bewaffnet, so dass sie nur über Gebieten eingesetzt werden können, wo es keine gegnerische Luftabwehr und Luftwaffe (mehr) gibt. Allerdings kann die kleinere Schwester des Reaper, die Predator mit zwei infrarotgesteuerten Luft-Luft-Kurzstreckenraketen vom Typ Stinger bestückt werden. Warum sollte dies nicht auch bei der Reaper möglich werden?

---

8. http://de.wikipedia.org/wiki/General_Atomics_MQ-9
9. http://en.wikipedia.org/wiki/IAI_Eitan
10. http://de.wikipedia.org/wiki/Paveway
11. http://www.spiegel.de/wissenschaft/technik/drohnen-neue-waffen-sollen-bundeswehr-programm-retten-a-902449.html, 29.5.2013
12. MBDA hat die Enforcer-Rakete im Angebot, die mit nur sechs Kilogramm Gewicht deutlich leichter ist als die 46 kg schwere Hellfire; zudem die 20 kg schwere Bombe Viper-E und die je nach Variante 5 bis 15 kg schwere Bombe Saber. Aber es geht noch kleiner: Die Spike-Rakete wiegt nur 2,5 kg.

## Wozu braucht die Bundeswehr angeblich Kampfdrohnen?

Die Antworten der Bundesregierung fallen dazu bisher sehr allgemein aus: »Bewaffnete UAS (Unmanned Aerial Systems)[13] können über die Eigenschaften eines unbewaffneten UAS hinaus ein erkanntes Ziel (am Boden und gegebenenfalls auf See) reaktionsschnell, präzise und skalierbar bekämpfen.« Und: »Grundsätzlich sollen UAS einen Beitrag zum Schutz und zur Unterstützung der eigenen Kräfte am Boden leisten.«[14]

Der zuständige Minister Thomas de Maizière hat sich verschiedentlich zu denkbaren Einsatzoptionen geäußert. Eine der ersten Feststellungen machte er am 31. Januar 2013 im Bundestag: »Die Einführung von Drohnen ist auch sicherheitspolitisch und taktisch sinnvoll. [ ] Nehmen wir an, wir schicken eine Patrouille in eine gefährliche Gefechtssituation, oder nehmen wir an, wir haben einen KSK-Einsatz zur Verhaftung von Terroristen oder zur Rettung von Geiseln. Kein anderes Mittel ist so gut geeignet wie eine Drohne, diese Patrouille zu begleiten, aus der Luft zu beobachten, was passiert, und dann, wenn unsere Soldaten in Gefahr geraten, auch zu kämpfen und den Gegner zu bekämpfen und nicht erst Close Air Support anzufordern, der 10, 15 Minuten später kommt, gar nicht die Präzision hat und das Leben unserer Soldaten gefährdet. Das wollen wir nicht.«[15] De Maizière spricht hier ein Beispiel aus einem eher polizeilichen Einsatz an, der jedoch ausgerechnet KSK-Geheimoperationen betrifft, die der Öffentlichkeit völlig verschlossen sind. Zwar betont de Maizière an verschiedenen Stellen, dass er »Menschenjagd nach US-Muster« (tagesspiegel.de, 9.2.2013), also »gezieltes Töten«, aus verfassungsrechtlichen Gründen ablehnt – jedoch, wie sollen denn bitteschön Geheimoperationen kontrolliert werden, wo es Null Transparenz gilt?! Wie schwer es ist, Informationen aus einem Kriegsgebiet zu erhalten, zeigte sich zuletzt Mitte März 2013, als erst auf eine Kleine Anfrage des SPD-Abgeordneten Bartels hin die Bundesregierung eingestand, dass »es am 11. November 2010 ›auf Anforderung deutscher ISAF-Kräfte‹ zum Einsatz einer Kampfdrohne der US-Streitkräfte im Distrikt Chahar Darreh« gekommen sei. »Vermutlich« seien »vier Angehörige der regierungsfeindlichen Kräfte getötet« worden. (Der Spiegel, 18.3.2013.) Geschlagene zweieinhalb Jahre nach dem Geschehen bequemt sich die Regierung notgedrungen zu einer Antwort! Das Töten mit Killerdrohnen soll offensichtlich

---

13. UAV (Unmanned Aerial Vehicle) bezeichnet das einzelne Luftfahrzeug, UAS (Unmanned Aerial System) das gesamte Flugsystem.
14. Drucksache 17/12136, S. 14, vom 21.1.2013
15. Deutscher Bundestag, Protokoll der 219. Sitzung vom 31.1.2013, S. 27109 f.

im Stillen stattfinden. Rüstungsexperte Otfried Nassauer machte in einem Radiobeitrag darauf aufmerksam, dass ja bereits deutsche Spezialkräfte eingesetzt würden, um Taliban- oder Al-Kaida-Führer festzusetzen. Wenn sich beim unterstützenden Einsatz von Kampfdrohnen »die Gefahr eines Gefechts abzeichnet und wenn die abgefeuerte Rakete der Drohne die Zielperson tötet,« so fragt Nassauer zu Recht, »was unterscheidet dann diesen Einsatz noch grundsätzlich von einer amerikanischen Drohnenmission zur gezielten extralegalen Tötung von sogenannten Hochwertzielen?«[16]

Bei anderer Gelegenheit beschreibt de Maizière neben dem Schutz von Patrouillen im Gefecht zwei weitere Einsatzszenarien, in denen seiner Meinung nach Kampfdrohnen militärisch effektiver seien als Kampfflugzeuge. Kampfdrohnen könnten Lufthoheit schaffen, indem sie Luftabwehrstellungen ausschalteten. Damit seien im »Kosovokrieg« deutsche Tornados beauftragt gewesen; man hätte aber nie sicher sein können, ob sie im Luftraum sicher gewesen wären. Er sagte auf einer Podiumsdiskussion im April 2013, »natürlich ist die Durchsetzung einer Flugverbotszone unter Vermeidung der Gefährdung der eigenen Piloten auf der Basis der Umsetzung einer UNO-Resolution ein sehr denkbares Einsatzszenario. Ich darf daran erinnern, dass die Bundeswehr mit dem Tornado sehr gut dazu geeignet ist, Luft-Bodenziele zu bekämpfen und eine Flugverbotszone durchzusetzen und das könnten Drohnen übernehmen.«[17] An dieser Stelle muss ausdrücklich darauf hingewiesen werden, dass eben diese deutschen Tornado-Einsätze gegen Jugoslawien im Jahre 1999 völkerrechts- und damit grundgesetzwidrig erfolgt sind, weil jegliche Mandatierung durch den UN-Sicherheitsrat fehlte. Dies geschah zwar zu Zeiten einer »rot-grünen« Bundesregierung; Widerspruch aus den Reihen der CDU/CSU wurde jedoch nicht vernommen. Auch nicht, als die US-Regierung unter George W. Bush 2003 – am UN-Sicherheitsrat vorbei – den Angriffskrieg gegen den Irak vom Zaun brach. Gibt es eine Gewähr dafür, dass sich deutsche Regierungen und Parlamentsmehrheiten der UN-Charta unterwerfen?

Als weitere Einsatzoption nannte de Maizière, dass Kampfdrohnen in weitläufigen Gebieten, wie beispielsweise Mali, die Infrastruktur von Terroristen bekämpfen könnten. Der Vorteil der Kampfdrohnen bestünde gegenüber Bom-

---
16. Otfried Nassauer, Streitkräfte und Strategien, NDR Info am 20.4.2013, Transskript: http://www.ag-friedensforschung.de/themen/Drohnen/nassauer.html
17. Podiumsdiskussion in der Matthäi-Kirche Berlin, 24.4.2013, http://augengeradeaus.net/2013/04/dronewatch-eine-drohne-ist-keine-roboterwaffe/#more-11263, Transskript des Autors

bern darin, dass die Drohne weiter fliegen könne als der Jet, der in der Luft »dreimal betankt« werden müsse.

Zusammengefasst handelt es ich somit um Szenarien jenseits der deutschen Landesgrenzen. Mit Landesverteidigung hat das nichts zu tun, sondern mit der Effektivierung von Kriegseinsätzen in allen möglichen Gegenden der Welt. Kampfdrohnen kämen eher zum Einsatz als Kampfflugzeuge oder Kampfhelikopter, senken also die Schwelle zum Einsatz von Gewalt.

Über die von de Maizière beschriebenen Szenarien hinaus umreißt Oberst a.D. Wolfgang Richter in einem Grundsatzpapier für die Stiftung Wissenschaft und Politik (SWP) weitere Einsatzszenarien für Kampfdrohnen der Bundeswehr im Gefechtsfeld: »In der Landkriegführung können Kampfdrohnen das Gefecht verbundener Waffen optimieren, sind aber nicht imstande, eigenständig Gefechte zu führen, etwa Räume zu nehmen oder zu halten. Sie können jedoch weite Räume, in denen nur wenige eigene Kräfte zu Verfügung stehen, überwachen und gegnerische Aufklärungsvorstöße auf Distanz halten; sie können leichte Truppen, die nur über geringe Artillerie- und Luftunterstützung verfügen, mit Feuer unterstützen; und sie können für den Kampf in der operativen Tiefe eingesetzt werden, zum Beispiel, um gegnerische Verstärkungskräfte frühzeitig zu erkennen und zu verzögern.«[18] Darüber hinaus könnten in »asymmetrischen Szenarien« Kampfdrohnen »zur nachhaltigen Überwachung weiter Räume und zur reaktionsschnellen Feuerunterstützung« eingesetzt werden, »um etwa Raketenangriffe auf eigene Truppenlager zu unterbinden. [ ] Auch Führungskräfte, Logistik und Versammlungsräume könnten sie auf Distanz angreifen, bevor der Gegner selbst zum Angriff antritt.«[19] Fragt sich, wie weit sind wir dann noch vom »gezielten Töten« entfernt, wenn gegnerische Führungskräfte und Versammlungsräume von Kampfdrohnen ins Visier genommen werden. Wohl gemerkt, der Autor Wolfgang Richter bewegt sich mit diesem denkbaren Beispiel im asymmetrischen Szenario und nicht in konventionellen Kriegsszenarien. Wir sind mitten drin im angeblich so vehement abgelehnten US-Vorgehen des »gezielten Tötens«.

Bleiben wir bei der nachhaltigen Überwachung weiter Räume durch Kampfdrohnen und schauen uns die Verteidigungspolitischen Richtlinien an.

---

18. Wolfgang Richter, Kampfdrohnen, Völkerrecht und militärischer Nutzen, SWP-Aktuell 28, Mai 2013., S. 7
19. ebenda

## Bundeswehr kämpft für Wirtschaftsinteressen

Im Mai 2011 erließ Minister de Maizière neue Verteidigungspolitische Richtlinien (VPR), die nahtlos an die seiner Vorgänger anknüpfen. Schon in den Richtlinien von 1992 unter Verteidigungsminister Rühe wurde erstmals in einem offiziellen Dokument als »vitales Sicherheitsinteresse« Deutschlands »die Aufrechterhaltung des freien Welthandels und des ungehinderten Zugangs zu Märkten und Rohstoffen in aller Welt«[20] definiert. Auch de Maizière formuliert: »Zu den deutschen Sicherheitsinteressen gehört, [ ] einen freien und ungehinderten Welthandel sowie den freien Zugang zur Hohen See und zu natürlichen Ressourcen zu ermöglichen.« (VPR: 5) De Maizières Bundestagsfraktion, die CDU/CSU, hatte diese imperialistische Linie bereits im Mai 2008 in ihrer »Sicherheitsstrategie für Deutschland« präzisiert. Darin heißt es: »Die Herstellung von Energiesicherheit und Rohstoffversorgung kann auch den Einsatz militärischer Mittel notwendig machen, zum Beispiel zur Sicherung von anfälligen Seehandelswegen oder von Infrastruktur wie Häfen, Pipelines, Förderanlagen etc.«[21]

Also bieten Kampfdrohnen in einer durch Kriegshandlungen bereits eroberten Zone die idealen Waffen zur Sicherung arrondierten Gebietes mit Infrastruktureinrichtungen oder bei der Überwachung von Seeverbindungen und dem Angriff auf Piraten.

Oberstleutnant i.G. Winter, zuständig für »Konzeptionelle Grundlagen Weiterentwicklung« im deutschen Luftwaffenkommando, sieht das »operative Umfeld der Streitkräfte durch Konfliktsituationen mit einem unklaren nichtlinearen Gefechtsfeld und meist großen zu überwachenden Räumen geprägt. Urbane Umfelder und unterschiedlich motivierte Akteure, die nur schwer von Unbeteiligten zu unterscheiden sind, erhöhen die Komplexität des Einsatzumfelds zusätzlich. Im Rahmen der Fähigkeiten, ihren Auftrag zu erfüllen, kommt dem Schutz eigener Kräfte im Einsatz daher eine besonders hohe Bedeutung zu. In diesem Zusammenhang haben in den vergangenen Jahren unbemannte Systeme für die Streitkräfte kontinuierlich an Bedeutung gewonnen. Einen besonderen Stellenwert nehmen hierbei unbemannte Luftfahrzeuge und deren kontinuierlich wachsende Fähigkeiten für den Verbund Führung–Aufklärung–Wirkung–Unterstützung ein.« (Winter: 30) Im Klartext: Die Szenarien spielen

---

20. Verteidigungspolitische Richtlinien für den Geschäftsbereich des Bundesministers der Verteidigung vom 26. November 1992, in: Blätter für deutsche und internationale Politik, 9/1993, S. 1137 bis 1151, S. 1139
21. CDU/CSU Bundestagsfraktion, Eine Sicherheitsstrategie für Deutschland, 6. Mai 2008, Seite 6

sich zukünftig im städtischen Umfeld ab, wofür der Schutz der Bundeswehrsoldaten größere Bedeutung erhält und der kann am ehesten durch Kampfdrohnen gewährleistet wird, weil diese eine kontinuierliche Aufklärung bieten und den Gegner verzugslos töten können, »selbst dann, wenn dieser sich in unmittelbarer Nähe zu eigenen Kräften befindet«. (Winter: 31)

## Das deutsche Heer konzentriert sich auf den Stadtkampf

Krieg im urbanen Umfeld ist das zentrale Szenario für das deutsche Heer. Dem Heer als größte Teilstreitkraft kommt künftig auch die größte Bedeutung zu. Während schwere Waffen, wie Kampfpanzer und Artillerie im Zuge der »Neuausrichtung« abgebaut werden, bleibt die Infanterie personell unangetastet und erfährt eine Kampfkraftsteigerung durch komplett neue Waffen und Ausrüstungen.

Die Infanteristen erhalten 350 neue Schützenpanzer »Puma« als Hauptwaffensystem der Panzergrenadiere. Diese zählen im »abgesessenen Zustand«, das heißt, wenn sie sich außerhalb ihres Schützenpanzers befinden, zur Infanterie. Der Puma kann eingesetzt werden gegen Panzerungen, langsam fliegende Hubschrauber, Menschen und befestigte Stellungen. Die zwischen 31 und 41 Tonnen schweren, sehr wendigen und durchsetzungsstarken Puma, die wegen ihrer »Tarnkappenbauweise« schwer aufklärbar sind, sind klimatisiert. Zur Bewaffnung des Schützenpanzers zählt neben einem Maschinengewehr für den Nahbereich eine Maschinenkanone mit der Besonderheit einer variablen Munitionierung. Offiziere im Generalstabsdienst stellen zum Puma fest: Dies »verschafft dem neuen Schützenpanzer eine hohe Durchsetzungsfähigkeit auch in bebautem Gelände«[22]. Die Puma sind die ideale Waffe im Stadtkampf.

Dazu kommen für die Infanterie 125 neue, 33 Tonnen schwere geländegängige Radpanzer »Boxer«, die jeweils eine zehnköpfige Infanteriegruppe samt Waffenmix befördert. Die Boxer gelten als »Mutterschiff« für die Infanteristen.

Alle Infanteristen erhalten nach und nach vor allem zum Zwecke der verbesserten Führungsfähigkeit als neue Ausstattung das System »Infanterist der Zukunft – Erweitertes System« (IdZ-ES), das Gladius getauft wurde. Was ist

---

22. Oberstleutnant Gerd Engel und Oberstleutnant i.G. Jürgen Obstmeier, Dezernenten in der Gruppe Weiterentwicklung der Panzertruppe, Kampf im urbanen Umfeld – Neue Herausforderungen für Gepanzerte Kampftruppen, in SuT Januar 2006, S. 26 bis 30, S. 28

Gladius? Die Soldaten mit Gladius sind Teil der »Vernetzten Operationsführung«, deren Lagedaten über Aufklärungsdrohnen auf die Displays eingespeist werden. »Zum einen sieht der einzelne Soldat auf seiner digitalen Lagekarte neben seiner eigenen Position die der anderen Gruppenmitglieder und die des eigenen Fahrzeugs. Zum anderen erhält er Lageinformationen nahezu in Echtzeit. Besonders bei eingeschränkter Sicht zeigen sich die Stärken des Systems.« (Europäische Sicherheit & Technik 7/12: 59) Für Bekleidung, Schutz- und Trageausrüstung, Waffen, Optik und Optronik sowie Führungs- und Kommunikationsmittel werden pro Soldat 150.000 Euro in die persönliche Ausrüstung investiert. Gladius soll für 11.000 Soldaten angeschafft werden. Hier können Kampfdrohnen sowohl kontinuierlich Lagedaten liefern als auch mit Beschuss eingreifen.

Welche Einsatzszenarien sind für die Infanteristen vorgesehen? Trainiert werden die Infanteristen im Stadt-, Orts-, Straßen- und Häuserkampf. Die bestehenden Übungsanlagen reichen dafür nicht aus. Deshalb wird seit November 2012 auf dem Gefechtsübungszentrum (GÜZ) in der Colbitz-Letzlinger Heide (ca. 40 km nördlich von Magdeburg) mit dem Neubau einer ganzen Kampfstadt, »Schnöggersburg« genannt, begonnen. Wenn sie 2017 komplett fertiggestellt ist, und 100 Millionen Euro verbaut sind, werden dort 520 Bauten samt Kanalisation und Verkehrsknotenpunkten stehen, darunter ein Hochhaus, Regierungsgebäude, Sakralbauten, Einkaufszentren und Wohngebiete. Auf dem über 6 km² großen Areal wird es zudem ein Sportstadion, Industrieanwesen sowie Slumhütten und Müllhalden geben. Auch an ein Stück Autobahn ist gedacht, an einen U-Bahn-Tunnel und an einen 20 m breiten Fluss. Ab 2016 soll der Übungsbetrieb mit gleichzeitig 1.500 Soldaten möglich sein. Jährlich können hier insgesamt 25.000 Soldaten üben. Dieses Übungszentrum »Urbaner Ballungsraum« wird dann europaweit »das modernste Gefechtszentrum für Militärmissionen in Stadtgebieten«[23] sein.

Die Diskussion über »Urban Operations« im militärisch-industriellen Komplex ist en vogue. Sie ist so en vogue, dass dafür – wie es unter Militärs so üblich ist - schon eine Abkürzung gefunden ist: »UrbOps«. So fasst ein Bericht die Ergebnisse einer internationalen »UrbOps«-Konferenz in Berlin von Anfang des Jahres 2012 zusammen: »Schwere und weitreichende Wirkmittel von Artillerie, Unterstützungshubschraubern und sogar Luftnahunterstützung können in UrbOps unterstützen, soweit die angestrebte Punktzielbekämpfung

---

23. http://www.tagesspiegel.de/politik/bundeswehr-haeuserkampf-in-der-altmark/7136642.html, 15.9.2012

mit minimaler Kollateralwirkung jeweils erreicht wird. Die Truppe muss durch eine anteilige Ausbildung auf UrbOps vorbereitet werden.«[24] Der Einsatz von Kampfdrohnen zur Luftnahunterstützung mit Punktzielbekämpfung erweist sich damit als ein geradezu ideales Waffensystem im Krieg um kleine Städte bis hin zu Megacities.

Dazu können noch Fallschirmjägerregimenter und das Kommando Spezialkräfte (KSK) kommen, die mit neuen Kampfhubschraubern »Tiger« ausgestattet sind. Sie bilden die 8.400 Soldatinnen und Soldaten starke Division Schnelle Kräfte (DSK).

Die »Tiger« sind allwetter- und nachtkampffähig. Sie werden mit einem Mix aus vier Waffensystemen ausgerüstet. Die Tiger bekämpfen »Gegner in fester Infrastruktur, in bewaffneten Kleinfahrzeugen bis hin zu modernen Kampfpanzern auf Entfernungen bis 6.000 m.« (Europäische Sicherheit & Technik 9/12: 57) Auch Flächenziele sind mit ungelenkten Flugkörpern bekämpfbar. Die »Tiger« gelten als kampfstärkste Hubschrauber der Welt und sollen auch im Stadtkampf zum Einsatz kommen können. Voraussichtlich Anfang 2014 werden 40 Tiger ausgeliefert sein.

## Weltweiter Lufttransport, Kampfdrohnen und Kampfbomber

Weltweit transportiert soll das alles mit den neuen Transportflugzeugen des Typs Airbus A 400 M werden, die den Namen »Atlas« erhalten. Sie sind eigens so konstruiert worden, dass sie jeweils entweder zwei Kampfhubschrauber Tiger, einen Transporthubschrauber NH-90, einen Schützenpanzer Puma, einen GTK Boxer oder 116 Soldaten mit Ausrüstung weltweit transportieren können. Und auch Reaper und beide Heron-Drohnen passen in den Atlas[25]. Fallschirmspringer und Lasten können während des Fluges abgesetzt werden. Als Start- und Landebahn genügen Atlas weniger als ein Kilometer Sand- oder Lehmpiste. Sie gelten als »Kampfzonentransporter.« Der erste Military-Airbus für die Bundeswehr ist für November 2014 vorgesehen. (FAZ 8.11. 2010) Derzeit

---

24. Dietmar Klos, International Urban Operations Conference, ES&T April 2012, S. 104
25. HERON TP: 14 m lang, Spannweite 26 m, »Der Heron TP […] lässt sich im Militärtransporter Airbus A 400 M an jeden Einsatzort bringen.« http://www.rheinmetall-defence.com/de/rheinmetall_defence/public_relations/news/archive_2011/details_912.php (abgelesen 9.6.13). Reaper: 11 m lang, Spannweite 20 m. Die USA transportieren ihre Reaper, in sechs Komponenten zerlegt, in Transportmaschinen des Typs C-130 Hercules, http://www.luftpost-kl.de/luftpost-archiv/LP_13/LP06013_080513.pdf, (abgelesen 9.6.13) Die Bundeswehr verfügt nicht über C-130. Der Frachtraum der A 400 M (Länge 17,71 m, Höhe 3,85 m) ist größer als der der C-130 (Länge 16,9 m, Höhe 2,74 m)

wird davon ausgegangen, dass die A 400 M »für logistische Zwecke nicht vor 2016« einsetzbar sind. (Strategie & Technik 6/11: 46) Und das pünktlich zur Einführung von Kampfdrohnen. Stationierungsort aller Atlas wird Wunstorf (30 km westlich von Hannover).

Kampfdrohnen würden von der deutschen Luftwaffe eingesetzt werden. Sie sollen den Einsatz von Kampfflugzeugen ergänzen und mit den Truppen am Boden zusammenwirken. Die Luftwaffe sieht für sich einen Zuwachs an Bedeutung und spricht aktuell »von einem Jahrzehnt der Luftstreitkräfte.«[26] Insbesondere deshalb, weil »Luftstreitkräfte ein besonders geeignetes Mittel« seien, »um aufkommende Krisenherde einzudämmen und entscheidend zur Stabilität einer Region beizutragen, ohne dass große und kostenintensive Truppenkontingente in das Einsatzgebiet verlegt werden müssen.«[27]

Das Rückgrat der bewaffneten Luftmacht sollen neben Tornados die Eurofighter bilden, die nicht nur für die Luftverteidigung ausgelegt sind, sondern unter anderem auch für den Luftangriff. Sie erhalten dafür 1000 Pfund-Bomben (GBU-48) mit lasergeführtem Zielendanflug sowie GPS-Navigation. Über die militärische Funktion der Eurofighter informiert die Website der Luftwaffe: »Mit der Einführung der GBU-48 [ ] werden die Eurofighter der Luftwaffe erstmals zum Luft/Boden-Einsatz befähigt sein und damit frühestens ab 2016 auch in der Lage, Bodentruppen im Einsatz effektiv und zeitnah auch über große Entfernungen zu unterstützen. Mittelfristig wird der Eurofighter damit zum Träger des Luftangriffs.«[28] Fest bestellt sind bisher 140 Maschinen, wovon bis Ende Februar 2013 einhundert an die Bundeswehr ausgeliefert waren. Noch unter »Rot-Grün« im Jahr 2002 bestellt, verfügt die Bundeswehr seit Ende 2010 über 600 Marschflugkörper Taurus, die in Büchel in der Eifel stationiert sind und von Tornados transportiert werden. Tragversuche mit Eurofightern verliefen erfolgreich. Der deutsch-schwedische Marschflugkörper »Taurus« kann, aus einer Entfernung von über 350 Kilometer vom einprogrammierten Ziel abgesetzt, mittels der 500 Kilogramm schweren Gefechtsladung noch vier Meter dicken Beton durchschlagen. Seine Aufgaben: Er soll »verbunkerte Führungsgefechtsstände, Fernmeldezentren, Versorgungseinrichtungen, Brücken, Flugzeuge am Boden, Flugplatzinfrastruktur und Luftver-

---

26. Jörg Bartl (Oberstleutnant i.G., im Kommando Luftwaffe, Angehöriger des Referats Integrierte Kommunikation), Neustrukturierung und Auftrag der Luftwaffe, FS&T, 6/2013, S. 24 bis 29, S. 29
27. ebenda
28. http://www.luftwaffe.de/portal/a/luftwaffe/!ut/p/c4/NYqxDsIwDAX_yE4HAmIj6sIKQwmbaaMqIo-0jy22XfjzJwDvplnv4xkqmLc6kkTMlfKEf4_WzQ9qBvrqChMI4tN8UYOQctFlD1lg9CykLFBZNrawitUCc0Juud8aa_7rj8rTOW3s693f3wLIstx-6E8f2/ , abgelesen 11.6.2013

teidigungsstellungen präzise zerstören« können (Strategie & Technik 1/11: 6). Offensichtlich handelt es sich beim Marschflugkörper Taurus um eine Waffe, die ein aggressives Konzept in besonderem Maße verkörpert. Stückpreis der Taurus: 1 Million Euro.

## Die Marine vor fremden Küsten

Die Marine hat sich 2008 ein Grundsatzpapier mit dem Titel »Zielvorstellung Marine 2025+« (ZVM) als Handlungsrichtschnur gegeben. Die ZVM des damaligen Marineinspekteurs Wolfgang Nolting prognostiziert bis für die Zeit nach 2025, »dass das Potenzial für gewaltsame Konflikte weiterhin hoch (bleibt), wobei Auseinandersetzungen mit halbstaatlichen und nichtstaatlichen Gegnern durch asymmetrische Formen der Kriegführung gekennzeichnet sein werden. In Konflikten mit Beteiligung staatlicher Akteure können jedoch auch klassische militärische Mittel zum Einsatz kommen. Eine sich absehbar verschärfende Konkurrenz um den Zugang zu Rohstoffen und anderen Ressourcen erhöht das zwischenstaatliche Konfliktpotenzial. Konventionelle reguläre Seestreitkräfte regionaler Mächte können dabei den freien und ungehinderten Welthandel als Grundlage des deutschen und europäischen Wohlstands ebenso gefährden, wie kriminelle oder terroristische Bedrohungen der maritimen Sicherheit.« (ZVM: 1) Folglich »werden Versorgungs- und Energiesicherheit ein höheres Gewicht erhalten.« (ZVM: 1) Ein zweiter Kerngedanke aus der ZVM lautet: Da Deutschland »Bedrohungen und Risiken bereits dort begegnen können (muss), wo sie entstehen«, müsse die Marine zudem »in der Lage sein, dauerhaft, auch in großer Entfernung, im multinationalen Rahmen und unter Bedrohung vor fremden Küsten operieren zu können. Die Marine hat sich künftig noch stärker auf streitkräftegemeinsame Operationen auszurichten und ihre Fähigkeiten auszubauen, Kräfte an Land von See aus zu unterstützen. Die Weiterentwicklung der Marine zu einer Expeditionary Navy steht dabei im Vordergrund.« (ZVM: 3) Das Ansinnen der Marineplanung: Künftig sollen von Kriegsschiffen aus unter Beteiligung von Heer und Luftwaffe Landkriege geführt werden können (»Basis See«).

Die deutsche Marine hat sich mit dem »Center of Excellence for Operations in Confined and Shallow Waters« (COE CSW, Kompetenzzentrum für Operationen in küstennahen Seegebieten) in Kiel ein bei der NATO akkreditiertes Institut geschaffen, einen Think-Tank, der durch Beschreibungen neuer Aufgabenfelder die Zukunft der deutschen Marine sichern soll. Aus der Zunahme der Weltbevölkerung und dem entsprechenden Anstieg des Seeverkehrs leitet das COE CSW eine »zunehmende Abhängigkeit von Rohstoffen und fossilen Brennstoffen (ab), die heutzutage vermehrt im Küstenvorfeld abgebaut werden. [ ] Durch den Klimawandel werden zukünftig neue Schifffahrtsrouten, z.b. durch die Arktis, erschlossen und dort durch fortschreitende Exploration erstmals zugängliche Rohstoffvorkommen in internationales Interesse gerückt. Das entstehende rechtliche und politische Vakuum wird zukünftige maritime Operationen beeinflussen«, stellen Stabsoffiziere des COE CSW fest. Daraus leiten sie als Schwerpunkte zukünftiger maritimer Operationen ab: »Schutz von kritischer land- und seegestützter Infrastruktur, von Rohstoffvorkommen sowie deren Förderung und Transport und Sicherstellung von störungsfreien Zugriffen auf den maritimen Anteil der ›Global Commons‹[29] und die Fähigkeit des uneingeschränkten Agierens im definierten Gebiet.«[30]

Die deutsche Marinerüstung hat sich bereits auf eine weltweite Machtprojektion eingestellt.

### Korvetten für den Landbeschuss

Für die deutsche Marine sind fünf Korvetten im Dienst. Über sie ist im Weißbuch von 2006 zu lesen: »Mit den Korvetten K 130 verbessert die Marine künftig ihre Durchsetzungs- und Durchhaltefähigkeit. Diese Eingreifkräfte der Marine werden zur präzisen Bekämpfung von Landzielen befähigt sein und damit streitkräftegemeinsame Operationen von See unterstützen.« (Weißbuch: 113). Die hochseegängigen Korvetten haben »Tarnkappeneigenschaften« und können mit einem Tiefgang von nur 3,40 Metern küstennah fahren. Sie sind jeweils mit vier Marschflugkörpern bestückt, die aus 250 Kilometer Entfernung gestartet, (Strategie & Technik 11/11: 57) auch an Land treffen können. Selbst Salvenschuss ist möglich.

---

29. Global Commons = globale öffentliche Güter
30. Dierk Hansen (Fregattenkapitän), Volker Bruns (Korvettenkapitän), beide Stabsoffiziere Forschung und Technologie im Center of Excellence for Operations in Confined and Shallow Waters der NATO in Kiel, Maritime Sicherheit in zukünftigen Operationen, ES&T Februar 2013, S. 42 bis 44, S. 42

## Groß-Fregatten für Multi-Tasking und Landbeschuss

Zudem hat der Bundestag vier neue Fregatten in Auftrag gegeben. Diese 150 m langen Kriegsschiffe sind mit einer Einsatzverdrängung von 7.200 Tonnen die größte Fregattenklasse der Welt und aufgrund ihrer Größe und Rolle eigentlich im Bereich der Zerstörer anzusiedeln[31]. Komplett neu an diesen Fregatten ist ihr Antriebssystem, das einen ununterbrochenen Aufenthalt von bis zu 24 Monaten (bisher bis zu 9 Monaten) auf See ermöglicht. Auf den vier Kriegsschiffen werden sich acht Mannschaften im Rhythmus von vier Monaten ablösen. Die F 125 sind auf Multifunktionalität ausgelegt und haben »Tarnkappeneigenschaften«. Sie sollen mit je zwei Bordhubschraubern ausgerüstet werden, so dass sie sich vor allem zur Piratenbekämpfung eignen. Außenbords werden vier Speed-Boote angebracht, mit denen bis zu 50 Spezialkräfte (Kampfschwimmer und Boardingteams des »Seebataillons«) von Bord gelassen werden können, um an Land zu gehen oder Schiffe zu entern. Die vier F 125 erhalten jeweils ein 127 mm-Geschütz. Es stellt »das größte Rohrwaffenkaliber in der Marine dar«. (Europäische Sicherheit & Technik 12/12:6) Mit ihm »werden Reichweiten von 120 km erzielt. Das Geschütz eignet sich u.a. auch zur maritimen Feuerunterstützung gegen Land- und Küstenziele.« (Ebenda) Darüber hinaus können von den F 125 aus Landoperationen von Heer und Luftwaffe geführt werden. Die vier Fregatten sollen von 2016 bis 2018 ausgeliefert werden. Ihr Stückpreis liegt bei 707 Mio. Euro. Damit ist eine Fregatte etwa 100 Millionen Euro teurer als das größte Kreuzfahrtschiff der Welt, die Queen Mary 2.

Der Fantasie zum Einsatz von Kampfdrohnen gegen Seeziele sind in diesem von Seeseite aus eingeplanten Einsatzszenarien keine Grenzen gesetzt. Das reicht von der Dauerbeobachtung und eventuellen Bekämpfung von Piratenbooten auf hoher See über die Kontrolle von Küstenregionen von Ländern, die über keine Flugabwehr und Luftwaffe verfügen, über die Kontrolle von Seegebieten, in denen Rohstoffabbau betrieben wird bis hin zur Überwachung von »Choke Points«.

In sämtlichen möglichen Szenarien des Einsatzes von Kampfdrohnen, sei es an Land und auf See, zeigt sich, dass sie der gewaltsamen Sicherung von Macht, Einfluss und Rohstoffsicherung effektiver dienen sollen, als das mit herkömmlichen Kriegsmitteln bisher der Fall ist. Kampfdrohnen würden zukünftig ein zentrales Kriegsmittel darstellen, wenn sich die Vorhaben politisch durchset-

---

31. http://en.wikipedia.org/wiki/F125_class_frigate

zen. Das führt zu der Schlussfolgerung, dass sich diejenigen, die gegen Auslandseinsätze der Bundeswehr sind, verstärkt gegen den Einsatz von Kampfdrohnen engagieren sollten.

**Verwendete Literatur:**

Bundesminister der Verteidigung, Verteidigungspolitische Richtlinien, 27. Mai 2011

Europäische Sicherheit & Technik, ES&T, erscheint monatlich

Frankfurter Allgemeine Zeitung

Inspekteur der Marine, Zielvorstellung Marine 2025+ (ZVM), nur für den Dienstgebrauch, 6.11.2008

Strategie & Technik, S&T, erschien monatlich

Weißbuch 2006 zur Sicherheitspolitik Deutschlands und zur Zukunft der Bundeswehr, Online Ausgabe, 25. 10. 2006

Manuel Winter (Oberstleutnant i.G. Dipl.-Ing. Winter ist im Kommando Luftwaffe zuständig für konzeptionelle Grundlagen Weiterentwicklung), Zukunftsfeld UAS – Der Fähigkeitsausbau aus Sicht der Luftwaffe, in: Europäische Sicherheit & Technik 6/13, S. 30-33

Tom Barry
# Zur politischen Ökonomie von Drohnen

Das Pentagon, das Militär, die Geheimdienste und die Rüstungsunternehmen sind seit langem Befürworter von unbemannten Luftfahrzeugen (UAV: *Unmanned Aerial Vehicle*)[1] für Spionage, Überwachungs- und Aufklärungseinsätze (ISR: *intelligence, surveillance, reconnaissance*). In der Folge von Präsident Bushs Erklärung eines »globalen Kriegs gegen den Terrorismus« vom September 2001 wurde das Weiße Haus direkt involviert bei der Ausweitung des Drohnen-Einsatzes in auswärtigen Kriegen – insbesondere beim Einsatz von Drohnen-Angriffen.

Die hemmungslosesten Befürworter der Drohnen-Proliferation befinden sich allerdings im Kongress. Sie behaupten, dass Drohnen viele der Amerika am meisten bedrängenden Probleme lösen können – vom Ausschalten von Terroristen bis zum Schutz des Heimatlands vor unerwünschten Einwanderern. Allerdings hat es bisher wenig parlamentarische Beaufsichtigung beim Einsatz der Drohnen gegeben, weder im Inland noch im Ausland. Seit dem Interesse des Kongresses an Drohnen-Angelegenheiten als Folge des 11. September 2001 hat sich die Vermarktung von Drohnen im Kongress gegen jedwede anfängliche Beaufsichtigungs- oder Kontrollfunktion durchgesetzt. Im Senat traten Drohnen beispielsweise beim ersten Versuch der Umsetzung einer Einwanderungsgesetzesreform in Erscheinung, als am 28. Januar 2013 eine Gruppe von beiden Parteien angehörenden Senatoren argumentierte, ihr Gesetzesvorschlag würde »die Menge der unbemannten Fluggeräte und Überwachungsausrüstung anwachsen lassen ...«

Die Drohnen-Werbekampagnen durch US-Abgeordnete und Senatoren im Kongress tauchen an den unwahrscheinlichsten Orten auf. Jährlich treffen sich Abgeordnete mit Herstellern von UAS (Unmanned Aerial Systems) im Foyer und in den Vorzimmern des Rayburn-House-Bürogebäudes mit Ausstellungsstücken der neuesten Drohnen – eine Industrie-Show, die mit glühenden Reden vorgestellt wird, gehalten von äußerst einflussreichen Abgeordneten, insbesondere Buck McKeon, dem Republikaner aus Süd-Kalifornien, der den Vorsitz im *House Armed Service Committee* innehat und als zweiter Vorsitzender einer Arbeitsgruppe für unbemannte Systeme fungiert. Fortschritte in Kommunika-

---

1. Soweit nötig werden im folgenden Text englischsprachige Fachausdrücke oder Institutionen beibehalten und – soweit möglich – mit einer deutschen Entsprechung versehen.

tions-, Flug- und Überwachungstechnologie haben das Erscheinen von UAV an der Heimatfront beschleunigt. Und doch geht es bei Drohnen nicht allein um technologische Fortschritte. Geldflüsse und politischer Einfluss sind weitere Faktoren.

## Kongress-Arbeitsgruppen (*caucus*) für unbemannte Systeme

An der vordersten Front der Verknüpfungsstelle von Geld und Politik steht der Congressional Caucus[2] on Unmanned Systems (CCUS). Vor vier Jahren wurde der CCUS (damals bekannt als House Unmanned Vehicle Caucus) gebildet von einer kleinen Gruppe Kongressabgeordneter – hauptsächlich Republikaner, die zumeist aus Wahl-Bezirken mit Drohnen-Industrien oder -Standorten stammten.

Gegen Ende des Jahres 2012 umfasste diese Arbeitsgruppe 60 Mitglieder und hatte ihren Namen geändert, um alle unbemannten Systeme zu erfassen – gleich ob Luft-, See- oder Land-gestützte. Diese aus Mitgliedern beider Parteien bestehende Arbeitsgruppe hat seitdem – zusammen mit ihren Verbündeten in der Drohnen-Industrie – für die Verwendung von UAV im Inland wie im Ausland geworben, und zwar mittels Drohnen-Messen auf dem Kapitol, neuer Gesetzgebung und Drohnen begünstigenden Budgetierungen.

CCUS hat sich zum Ziel gesetzt, »Mitglieder des Kongresses und die Öffentlichkeit über den strategischen, taktischen und wissenschaftlichen Wert unbemannter Systeme zu unterrichten, deren weitere Entwicklung und den Erwerb zusätzlicher Systeme zu unterstützen und die zivile Luftfahrt effektiver in unbemannte Systeme und Sicherheit einzubeziehen.«

Ende 2012 umfasste die Arbeitsgruppe eine Ansammlung von Grenzschützer-Falken, Einwanderungs-Hardlinern und führenden Kongress-Sprechern für die Rüstungsindustrie. Die beiden Ausschuss-Vorsitzenden, Howard »Buck« McKeon, Republikaner aus Kalifornien und Henry Cuellar, Demokrat aus Texas, sind gut positioniert, um die Drohnen-Proliferation zu beschleunigen. McKeon, in dessen süd-kalifornischem Bezirk sich wichtige Drohnen-Produktionsstätten befinden, insbesondere General Atomics, ist der Gründer dieser Arbeitsgruppe und Vorsitzender des House Armed Services Committee *(ständiger Ausschuss des Repräsentantenhauses für die bewaffneten Streitkräfte)*. Cuellar,

---

2. Ein »Caucus« ist eine informelle Gruppe von für eine bestimmte Zielsetzung gleichgesinnten bzw. interessierten Abgeordneten; im Folgenden mit »Arbeitsgruppe« übersetzt (Anmerkung d. Hrsg.).

der den texanischen Grenzbezirk von Laredo vertritt, ist ranghohes Mitglied und ehemaliger Vorsitzender des House Subcommittee on Border and Maritime Security *(Unterausschuss für Grenz- und Küstensicherheit).*

Unter den anderen Arbeitsgruppenmitgliedern finden sich Brian Bilbray (Republikaner – Kalifornien), der die House Immigration Reform Arbeitsgruppe leitet; Candice Miller (Republikanerin – Minnesota), die das Homeland Security Subcommittee leitet, das die Luft- und Marine-Operationen des DHS *(Department of Homeland Security: Ministerium für Heimatschutz)* überprüft; Joe Wilson (Republikaner – South Carolina); Jerry Lewis (Republikaner – Kalifornien); Loretta Sanchez (Demokrat – Kalifornien); und Duncan Hunter (Republikaner – Kalifornien). Acht Arbeitsgruppenmitglieder waren auch Mitglieder des mächtigen Bewilligungsausschusses im 112. Kongress.

Die Arbeitsgruppe und ihre führenden Mitglieder haben eine Schlüsselrolle bei der Proliferation von Drohnen im Inland wie im Ausland gespielt, durch Zuweisungen von zweckgebundenen Mitteln an den Predator-Hersteller General Atomics, durch Antreiben des Department of Homeland Security zur Erstellung eines bedeutenden Drohnen-Programms, durch Einfügen von Ergänzungen in authorization bills *(Haushaltsmittelbewilligungs-Gesetzentwürfe)* für die Bundesluftfahrtbehörde *(FAA-Federal Aviation Administration)* und das US-Verteidigungsministerium (DoD), um eine schnellere Integration der UAV in den nationalen Luftraum und jährlich ansteigende Haushaltsmittel für das Verteidigungsministerium und das Department of Homeland Security zur Erforschung und Entwicklung sowie der Anschaffung von Drohnen sicherzustellen. Der Kongress verfügt über eine geradezu beispielhafte Erfolgsbilanz legislativer Maßnahmen zur Beschleunigung des Erwerbs und Aufstellens von Drohnen.

Wahlkampfspenden für Buck McKeon (2012)

*Spitzen-Spender:*

| | |
|---|---|
| Lockheed Martin | $65.750 |
| General Dynamics | $60.000 |
| Northrop Grumman | $50.000 |
| General Atomics | $38.800 |
| Boeing | $31.750 |

*Quelle: Opensecrets.org (schließt politische Aktions-Komitees von Konzernen, Konzernmanagern, Angestellten und Familienmitgliedern mit ein)*

Die parlamentarische Unterstützung für die Entwicklung und Beschaffung von Predators geht zurück bis ins Jahr 1996 und spiegelt sich in den Haushaltsmittel-Bewilligungsbeschlüssen für Verteidigung und Geheimdienste. Eine von der Luftwaffe gesponserte Studie über den Aufstieg der Predators erfasste von den House Armed Services und House Intelligence Komitees mandatierte Erhöhungen, die über die von der Luftwaffe selbst für die Predators angeforderten Haushaltsmittel hinausgingen. Zwischen 1996 und 2006 (dem Ende des in der Studie erfassten Zeitraums) »hat der Kongress im Budget für Predator über einen Zeitraum von beinahe 10 Jahren in Folge einen Anstieg empfohlen, der über die Anforderungen der Luftwaffe hinausging. Dies hat über die Jahre zu einem Anstieg in der Gesamtsumme von einer halben Milliarde Dollars geführt.«

## Vereinigung der unbemannten Fahrzeugsysteme
*(Association of Unmanned Vehicle Systems)*

Die »Kongress-Arbeitsgruppe für unbemannte Systeme« sponsert die jährlichen Drohnen-Festivitäten zusammen mit der Association of Unmanned Vehicle Systems International (AUVSI), einer Industriegruppe, die die führenden Drohnen-Hersteller und Universitäten mit UAV-Forschungsprojekten zusammenbringen. AUVSI repräsentiert das Interesse an der Expansion unbemannter Systeme, wie es von vielen der schätzungsweise 100 US-Gesellschaften und akademischen Einrichtungen vorgetragen wird, die in die Entwicklung und den Einsatz der gegenwärtig etwa 300 bestehenden UAV-Modelle involviert sind.

Die Drohnen-Vereinigung verfügt über ein jährliches Arbeitsbudget von 7,5 Millionen US-Dollar, einschließlich 2 Millionen Dollar pro Jahr für Konferenzen und Handelsausstellungen, um Regierungsstellen und Firmen zu ermutigen, unbemanntes Fluggerät zu verwenden.

AUVSI hat ein eigenes Kongress-Lobby-Komitee, das eng mit der Arbeitsgruppe verknüpft ist. Der Redner des Grundsatzreferats bei der Konferenz der Drohnen-Vereinigung Anfang des Jahres 2012 war der Abgeordnete McKeon. Er war auch Hauptredner auf dem AUVSI AIR Day 2011, in Anerkennung der Tatsache, dass der Abgeordnete McKeon, so der AUVSI-Präsident, »einer der größten Unterstützer der Gemeinschaft für unbemannte Systeme gewesen ist.«

Die enge Beziehung zwischen der Drohnen-Arbeitsgruppe und AUVSI spiegelte sich auch in einer ähnlichen Beziehung zwischen AUVSI und CBP/

OAM (*Customs and Border Protection / Office for Air and Marine* – beides Abteilungen im *Department of Homeland Security*) wider. Tom Faller, der CBP-Offizielle, der das UAV-Programm beim OAM leitete, trat dem 23 Mitglieder umfassenden Aufsichtsrat von AUVSI im August 2011 bei, einen Monat bevor die Vereinigung eine Technologie-Messe im Foyer des Rayburn-House-Bürogebäudes abhielt. OAM nahm ebenfalls an der Messe teil. Faller trat von dem unbezahlten Posten am 23. November 2011 zurück, nachdem die *Los Angeles Times* beim DHS wegen Fallers unbezahltem Posten in der Industrievereinigung anfragte. Faller ist gegenwärtig Gegenstand einer DHS-internen Untersuchung wegen Verletzung ethischer Richtlinien.

## Vertragsabschlüsse, Spenden, Bereitstellungen und Vergünstigungen

Der UAV-Entwicklungs- und Produktionssektor, der einst ein relativ bedeutungsloser Teil des militärisch-industriellen Komplexes war, expandiert schneller als jeder andere Bereich der Rüstungsindustrie. Drohnen-Bestellungen von verschiedenen Bundesbehörden und -abteilungen gehen massenweise bei den AUVSI-Konzernen ein, einschließlich solcher von führenden Rüstungslieferanten wie General Atomics, Lockheed Martin und Northrop Grumman. (Anders als die meisten Rüstungslieferanten handelt es sich bei General Atomics nicht um eine Aktiengesellschaft, sondern um eine Firma in Privatbesitz, bei der die zwei Hauptpersonen Lindon und Neal Blue sind, beide mit hohem Geheimnisträgerstatus.)

Drohnenkäufe der US-Regierung stiegen über die vergangenen fünf Jahre von jährlich 588 Millionen auf 1,3 Milliarden Dollar; dabei sind die Verträge für eine stattliche Reihe von verwandten UAV-Service-Leistungen und »Nutzlasten« nicht mitgezählt. Der Verteidigungshaushalt für das Jahr 2013 enthält 5,8 Milliarden Dollar für UAV (Unmanned Aerial Vehicle), wobei die Ausgaben für Drohnen durch die Geheimdienste, das Department of Homeland Security (DHS) oder andere Bundesinstanzen nicht mit einbezogen sind. Das Pentagon sagt, dass die »hohe Priorität« seiner Verpflichtung zu Ausgaben für Drohnen-Abwehr und Drohnen-Kriegsführung zu einer »verstärkten Finanzierung von unbemannten Fluggeräten geführt hat, die Spionage-, Überwachungs- und Aufklärungskapazitäten verbessern.«

Die Beziehung, die zwischen der steigenden Zahl von Drohnen-Kaufverträgen und den steigenden Summen von Wahlkampfspenden an Mitglieder der Drohnen-Arbeitsgruppe besteht, muss im Bereich der Spekulation bleiben. Allerdings sind die Arbeitsgruppenmitglieder bevorzugte Empfänger von Spenden der AUVSI-Mitglieder. In den Wahlkampagnen von 2010 und 2012 haben Drohnen herstellende Konzerne über das assoziierte politische Aktionskomitee (PAC) mehr als 2,4 Millionen Dollar an Mitglieder der Drohnen-Arbeitsgruppe des Kongresses gespendet.

Der führende Empfänger war McKeon, dichtauf gefolgt vom Abgeordneten Silvestre Reyes, dem einflussreichen Demokraten von El Paso (der seinen Sitz in der Wahl 2012 verlor). General Atomics befand sich unter den fünf größten Spendern für McKeon bei der letzten Wahl. Frank W. Pace, der Direktor der General Atomics Aeronautical Systems, spendete zusätzlich aus eigener Tasche während des Wahlkampfes 2012 an zwei Kandidaten: die Republikaner Buck McKeon (4000 Dollar) und Jerry Lewis (1000 Dollar)[3].

Wer waren 2012 die Spitzenempfänger der Wahlkampfspenden von General Atomics? Vier der fünf Spitzenempfänger waren Buck McKeon, Jerry Lewis, Duncan Hunter und Brian Bilbray, was keine Überraschung darstellt bei deren bisher geleisteten Unterstützung von UAV und jeder Art von Militär-Aufträgen und ihrer Position unter den einflussreichsten Mitgliedern der Drohnen-Arbeitsgruppe.

General Atomics, Wahlkampfspenden (2012)

*Individuelle Spitzenempfänger*
| | |
|---|---|
| Diane Feinstein (D) | $54.750 |
| Buck McKeon (R) | $38.800 |
| Jerry Lewis (R) | $22.400 |
| Duncan Hunter (R) | $16.450 |
| Brian Bilbray (R) | $13.250 |
| (D=Demokrat, R=Republikaner) | |

*Quelle: OpenSecrets.org*

Die Beziehungen, die sich seit den frühen 1990er Jahren zwischen General Atomics und der US-Luftwaffe gefestigt haben, wurden im Kongress durch einflussreiche Abgeordnete vermittelt und gefördert, angeführt vom südkalifornischen Abgeordneten Jerry Lewis, einem Mitglied des House Appropriation

---
3. www.OpenSecrets.org

Defense Committee *(Ausschuss zur Erstellung des Verteidigungshaushalts)* und Vize-Vorsitzenden des House Permanent Select Committee on Intelligence *(ständiger Sonderausschuss für Geheimdienste).*

Lewis, einer der bevorzugt bedachten Empfänger von Wahlkampf-Spenden von General Atomics, benutzte seinen Einfluss im Ausschuss, um sicherzustellen, dass die Luftwaffe bis 1998 die volle Kontrolle über das UAV-Programm erhielt. Laut Opensecrets.org hat Lewis, ein prominentes Mitglied der Drohnen-Arbeitsgruppe, mindestens 10.000 Dollar alle zwei Jahre an Wahlkampfspenden von General Atomics Politischem Aktionskomitee erhalten – 80.000 Dollar seit 1998. Während des Wahlkampfes 2012 war General Atomics der Top-Spender des Kongressabgeordneten.

Die an der Spitze der Wahlkampfspenden von General Atomics rangierende Empfängerin, Senatorin Diane Feinstein (Demokratin – Kalifornieren), ist kein CUSC-Mitglied. Spenden von General Atomics platzierten sie an die Spitze der Liste. Feinstein, die den Vorsitz im mächtigen Senate Intelligence Committee (Geheimdienstausschuss des Senats) innehat, wurde auch begünstigte Empfängerin von persönlichen Spenden von Linden Blue, dem Präsidenten von General Atomics.

Linden Blue, Präsident von General Atomics: Wahlkampfspenden (2012)

*Individuelle Spitzenempfänger*
| | |
|---|---|
| Buck McKeon | $7.100 |
| Duncan Hunter | $3.950 |
| Diane Feinstein | $3.500 |
| Mitt Romney | $2.450 |
| Jerry Lewis | $1.000 |

*Quelle: OpenSecrets.org*

2012 war General Atomics Feinsteins größter Wahlkampfspender, weitere führende Spender waren die Rüstungsunternehmen General Dynamics (aus dem heraus sich General Atomics gebildet hatte), die britische BAE Systems und Northrop Grumman. Feinsteins Verbindungen zu General Atomics reichen noch über ihre Rolle als Spitzenempfängerin von deren Wahlkampfspenden hinaus. Rachel Miller, eine ehemalige (2003–2007) parlamentarische Assistentin von Feinstein, hat als bezahlte Lobbyistin für General Atomics gearbeitet, war gleichzeitig direkt für die Firma (im Jahr 2011) und als General-Atomics-Lobbyistin von Capitol Solutions angestellt (von 2009 bis heute), einer der führenden von General Atomics verpflichteten Lobbyisten-Firmen.

Wahlkampfspenden und persönliche Verbindungen schaffen Goodwill und erleichtern Vertragsabschlüsse. General Atomics zählt aber auch auf Ergebnisse, die ein ständiger Fluss von Lobby-Dollars hervorbringt – der seit 2003 dramatisch angestiegen ist und sich im Durchschnitt seit 2005 auf jährlich 2,5 Millionen Dollar beläuft. 2012 gab General Atomics für Lobby-Arbeit im Kongress 2.470.000 Dollar aus.

Zweckbindungen von Mitteln durch den Kongress waren entscheidend für den Aufstieg des Predator, sowohl in seiner unbewaffneten Version als auch des späteren »Hunter-Killer«. Der verstorbene Senator Daniel K. Inouye, ein Demokrat aus Hawaii, der den Vorsitz des Senate Appropriations Committee (Finanzausschuss des Senats) innehatte, berichtete der *New York Times,* dass, wenn das Verbot der kommerziellen Zweckbindungen, das 2010 eingeführt wurde, schon früher in Kraft gewesen wäre, »wir den Predator heute nicht haben würden«. Mehrere zehn Millionen Dollar gingen vom Kongress zweckgebunden an General Atomics und andere Rüstungsbetriebe für die Entwicklung des Predator-Programms.

## Die verzweifelte Suche nach Aufsicht

In der Praxis gibt es mehr Vermarktung als effektive Beaufsichtigung im House Homeland Security Committee und seinem Subcommittee on Border and Marine Security, das das Voranstürmen des Department of Homeland Security (DHS) beim Einsatz von Drohnen zur Sicherung der Heimat beaufsichtigt. Das gleiche gilt für die meisten der über 100 anderen Komitees des Kongresses, die vorgeblich das DHS und sein Budget beaufsichtigen. Seit der Bildung des DHS hat der Kongress routinemäßig jährlich zusätzliche Budgets für Grenzsicherheit genehmigt, die höher ausfielen als die vom Präsidenten oder vom DHS verlangten.

Das CCUS-Mitglied und die Vorsitzende des House Border and Maritime Security Subkommittee, die Abgeordnete Candice Miller (Republikanerin-Michigan) ist überschwänglich und bedingungslos in ihrer Unterstützung von Drohnen. Bei der Anhörung des Unterausschusses über UAV am 15. Juli 2010 präsentierte Miller ihre persönliche Überzeugung, dass Drohnen die Antwort auf Unsicherheit an den Grenzen seien: »Sehen Sie, mein Ehemann war

Kampfflugzeug-Pilot auf dem Schauplatz in Vietnam, also – von einer anderen Generation, aber ich sagte ihm: ›Liebster, die glorreichen Tage der Kampffanatiker sind vorbei‹«.

»Die UAV, die unbemannten Fluggeräte, sind im Kommen«, fuhr Miller fort, »und nun siehst du unsere Soldaten in einer Kabine sitzen, manchmal in Nevada, einen Starbucks-Kaffee trinkend, die diese Geräte an den Schauplätzen leiten und dabei unglaublich, unglaublich erfolgreich sind.«

Die unkritische Vermarktung der Drohnen im Kongress wurde unterstrichen in einem Artikel der *Washington Post* über die Verwendung von Drohnen zur Sicherheit an der Grenze. In seinen Reisen zu den Anhörungen auf dem Kapitol sagte Generalmajor Michael Kostelnik vom Office of Air and Marine (OAM, einer Grenzschutz-Abteilung des Homeland Security Ministeriums), dass er niemals im Kongress kritisch befragt worden sei über die angemessene Verwendung von Drohnen für die Heimatsicherung. »Stattdessen kommt die Frage: ›Warum können wir nicht noch mehr von denen in meinen Wahl-Bezirk bekommen?‹«, bemerkte der Leiter des OAM.

Seit 2004 hat das UAV-Programm des DHS wachsende Kritik von regierungseigenen Überwachungs- und Forschungsbehörden auf sich gezogen, einschließlich des Congressional Research Service, des Government Accountability Office und des DHS-eigenen Office of Inspector General. Diese Regierungsstellen haben wiederholt Fragen über die Kostenrentabilität, den strategischen Fokus und die Arbeitsleistung der Drohnen für die Heimatsicherung vorgebracht. Anstatt jedoch die DHS-Beamten einer scharfen Befragung zu unterwerfen, haben die Kongress-Ausschüsse, die die Heimat- und Grenzsicherungsoperationen überwachen, zumeist bereitwillig und oft gar enthusiastisch die Gültigkeit nicht-dokumentierter Behauptungen der aussagenden CBP-Beamten akzeptiert. Das House Subcommittee on Border and Maritime Security ist dabei für seinen Mangel an kritischer Überprüfung besonders berüchtigt gewesen.

Als Teil des Mittel-Bewilligungs- und Überprüfungsprozesses haben die Ausschüsse des Repräsentantenhauses und des Senats nicht darauf bestanden, dass vom CBP Kosten-Nutzen-Evaluierungen vorgenommen, Ausführungsmaßnahmen erstellt, vergleichende Evaluierungen seiner High-Tech-Grenzsicherheits-Initiativen implementiert werden, oder dass dokumentiert würde, wie sein UAV-Programm auf realistische Bedrohungseinschätzungen reagiert. Anstatt eine angemessene Beaufsichtigung zu gewährleisten und sicherzustellen, dass das Drohnen-Programm des CBP/OAM (*Customs and Border Protection/*

*Office for Air and Marine* – beides Abteilungen im Department of Homeland Security) nachvollziehbar und transparent ist, scheinen Kongress-Mitglieder beider Parteien mehr auf eine Steigerung von Drohnen-Ankäufen und Drohnen-Einsätzen aus zu sein.

Als CBP dabei war, 2005 seine ersten Drohnen-Einsätze als Teil des Operation-Safeguard-Pilot-Projekts zu starten, bemerkte der Congressional Research Service[4]: »Der Kongress wird wohl eine Beaufsichtigung von Operation Safeguard durchführen, bevor eine weitere Implementierung dieser Technologie ins Auge gefasst wird.« Unglücklicherweise hat der Kongress nie die Ergebnisse des Operation-Safeguard-Projekts überprüft, und CBP lehnte Forderungen des Verfassers dieses Textes ab, den Bericht über dieses UAV-Pilotprojekt herauszugeben.

Der Kongress war sehr nachlässig bei seinen Beaufsichtigungsverpflichtungen. Zusätzlich zu den regierungseigenen Forschungs- und Überwachungseinrichtungen waren es hauptsächlich Nichtregierungsorganisationen – einschließlich der American Civil Liberties Union, der Electronic Frontier Foundation, des Center for Constitutional Rights und des Center for International Policy –, welche die Öffentlichkeit auf den Mangel an Transparenz und Nachvollziehbarkeit beim DHS-Drohnen-Programm hinwiesen.

Im September 2012 bildete der Senat eine eigene Drohnen-Arbeitsgruppe mit Vertretern beider Parteien, den Senate Unmanned Aerial Systems Caucus mit den beiden Vorsitzenden Jim Inhofe (Republikaner – Oklahoma) und Joe Manchin (Demokrat – West Virginia). »Diese Arbeitsgruppe wird dazu beitragen, eine verantwortliche Politik zu entwickeln und auszurichten, die den Interessen der USA bei der nationalen Verteidigung und für Notfall-Reaktionen dient, und sie wird damit beschäftigt sein, sich allen Sorgen von Senatoren, deren Personal und Wählern zu widmen«, erklärte Inhofe.

Es ist noch zu früh um festzustellen, ob die Drohnen-Arbeitsgruppe des Senats ihrem Gegenstück im Repräsentantenhaus in der fast ausschließlichen Konzentration auf die Förderung der Drohnen-Proliferation im Inland und im Ausland folgen wird. Es steht allerdings zu erwarten, dass die Arbeitsgruppen-Mitglieder einen wachsenden Zufluss von Wahlkampfspenden der Rüstungsindustrie erleben werden. Während Senator Manchin gerade seine erste Legislaturperiode in der Wahl 2012 antrat, wurde Senator Inhofe bereits mit

---

4. Congressional Research Service ist eine eigenständige Einrichtung der Library of Congress, vergleichbar dem »Wissenschaftlichen Dienst des Deutschen Bundestags«. (Anm. d. Hrsg.)

Wahlkampfspenden von Rüstungsbetrieben versorgt, einschließlich »General Atomics« (14.000 Dollar in 2012). Sein Spitzen-Spender war Koch Industries.

Zu diesem Zeitpunkt gibt es keine Bundesbehörde und keinen Ausschuss des Kongresses, die oder der für eine wirksame Kontrolle der Drohnen-Proliferation zuständig ist – weder von US-Drohnen-Exporten, vom expandierenden Programm des DHS, von Drohnen-bezogenen Gefährdungen der Privatsphäre, noch vom UAV-Einsatz durch private oder öffentliche Firmen und Stellen. Gerald Dillingham, Spitzenbeamter im *Government Accountability Office*, machte im Kongress zu diesem Kontrollproblem eine Aussage. Gefragt, welcher Teil der Bundesregierung im Interesse der öffentlichen Sicherheit und der Bürgerrechte verantwortlich sei für die Regulierung der Drohnen-Proliferation, antwortete der Direktor des Government Accountability Office: »Das einzige, was wir sagen können, ist, dass dies zu diesem Zeitpunkt noch nicht bekannt ist.«

*Originaltitel: »Drone Boosterism Trumps Oversight in Congress. The Political Economy of Drones. Zuerst veröffentlicht in »Counterpunch«, 1. Mai 2013*

*Übersetzung: Eckart Fooken*

Jürgen Altmann
# Rüstungskontrolle für unbemannte bewaffnete Fahrzeuge: ein ethisches Thema

Die Bewaffnung unbemannter Fahrzeuge (UF), insbesondere unbemannter Luftfahrzeuge (Unmanned Aerial Vehicles/UAVs) stellt einen wachsenden Trend dar. Eine weit verbreitete Stationierung kann Gefahren für Rüstungskontrollvereinbarungen und das Humanitäre Völkerrecht (HVR) mit sich bringen. Bewaffnete UF können die Lage zwischen potenziellen Gegnern destabilisieren. Kleinere Systeme können für Terrorismus eingesetzt werden. Unter Verwendung einer systematischen Definition werden die bestehenden internationalen Regelungen bezüglich bewaffneter UF in den Bereichen Rüstungskontrolle, Exportkontrolle und Verifikation behandelt. Diese erfassen bewaffnete UF teilweise, lassen aber große Lücken. Für präventive Rüstungskontrolle wäre ein generelles Verbot bewaffneter unbemannter Fahrzeuge am besten. Falls dies unerreichbar ist, sollten mehrere Maßnahmen getroffen werden. Ein explizites Verbot autonomer Angriffe, die ohne die Entscheidung eines Menschen durchgeführt werden, sollte dem HVR hinzugefügt werden. Bezüglich bewaffneter UF, die von einem Soldaten ferngesteuert werden, unterscheiden sich die Empfehlungen je nach Typ oder Einsatz. Neue Arten unbemannter Nuklearwaffen-Träger gehören genauso verboten wie Weltraumwaffen und kleine, unbemannte Fahrzeuge von einer Größe unter einem halben Meter. Größere ferngesteuerte bewaffnete UF, die nicht mit Massenvernichtungswaffen ausgerüstet sind, sollten zahlenmäßigen Beschränkungen in verschiedenen Kategorien unterworfen werden. Für diese ist der Vertrag über Konventionelle Streitkräfte in Europa ein wichtiges Modell.

## Einleitung

Wenn man an die ethischen Fragen denkt, die sich aus bewaffneten Fahrzeugen ohne menschlichen Bediener an Bord ergeben, kommen einem zuerst Argumente über das Recht des bewaffneten Konflikts (auch Humanitäres Völkerrecht genannt, oder *ius in bello* in der traditionellen Theorie des gerechten Krieges, Walzer *1977*) in den Sinn, und die wissenschaftliche Literatur hat sich zumeist auf diese Dinge fokussiert (z.b. Asaro *2008*, Sparrow *2007*, Lin et al. *2009*, Krishnan *2009*: Kap. 5). Dabei geht es um das Verhalten, während ein Krieg stattfindet. Allerdings gibt es eine wichtige weitere Dimension: die Verhinderung von Krieg überhaupt, als Konsequenz des Gewaltverbots zwischen Staaten, wie in der UN-Charta festgelegt,[1] und dem in zahlreichen internationalen Dokumenten enthaltenen Vorrang des Friedens.[2] (In dem *ius-ad-bellum*-Teil der Theorie des gerechten Krieges findet sich diese Dimension in den strengen Bedingungen, unter denen es gerechtfertigt sein kann, einen Krieg zu führen). In der Erkenntnis, dass die Vorbereitungen für einen Krieg diesen selbst wahrscheinlicher machen können (ein Aspekt des sogenannten Sicherheitsdilemmas)[3] hat die internationale Gemeinschaft seit langem die »allgemeine und vollständige Abrüstung unter strenger internationaler Kontrolle« zum Ziel erklärt.[4] Leider wurden die in der UN-Charta vorgeschriebenen Mechanismen zur Aufrechterhaltung des Friedens und zum Beenden von Aggression bisher größtenteils noch nicht umgesetzt,[5] und die Staaten verlassen sich weiterhin eher auf die in Artikel 51 erlaubte Selbstverteidigung: »Wenn ein bewaffneter Angriff gegen ein Mitglied der Vereinten Nationen erfolgt, bis der Si-

---

1. In den Absätzen 3 und 4 von Art. 2 der Charta der Vereinten Nationen (UN-Charter 1945) heißt es: »3. Alle Mitglieder legen ihre internationalen Streitigkeiten durch friedliche Mittel so bei, dass der Weltfriede, die internationale Sicherheit und die Gerechtigkeit nicht gefährdet werden.« »4. Alle Mitglieder unterlassen in ihren internationalen Beziehungen jede gegen die territoriale Unversehrtheit oder die politische Unabhängigkeit eines Staates gerichtete oder sonst mit den Zielen der Vereinten Nationen unvereinbare Androhung oder Anwendung von Gewalt.«
2. Zum Beispiel in der Präambel des Atomwaffen-Sperrvertrags (1968) und des Wiener Dokuments 1999 der Organisation für Sicherheit und Zusammenarbeit in Europa.
3. In einem im Grunde anarchischen internationalen System behalten die Staaten Streitkräfte für ihre Sicherheit, wodurch sie gegenseitige Bedrohungen erzeugen und insgesamt die Sicherheit aller vermindern. Ein Ausweg aus dem Sicherheitsdilemma ist vereinbarte Begrenzung der Streitkräfte (Rüstungskontrolle) mit angemessener Überprüfung von deren Einhaltung.
4. Verschiedene Resolutionen der UN-Generalversammlung (z.B. UN GA 1961); aufgenommen in die Präambeln vieler Rüstungskontroll- und Abrüstungsverträge, z.B. das Übereinkommen über Biologische und Toxin-Waffen (BTWC 1972).
5. Dies gilt für das Zur-Verfügung-Stellen von Streitkräften für den Sicherheitsrat, das Bereithalten von sofort einsetzbaren Kontingenten nationaler Luftstreitkräfte und die Einsetzung eines Generalstabsausschusses (Art. 43-47). In neueren Fällen, als der UN-Sicherheitsrat nicht durch ein Veto blockiert war, hat er nicht spezifizierte Staaten zu einem Militäreinsatz ermächtigt, z.B. durch die Autorisierung der International Security Assistance Force for Afghanistan (UN SC 2001). Friedenserhaltende UN-Einsätze sind etwas anderes, da sie mit der Unterstützung der betroffenen Parteien vorgenommen werden; sie werden in der Charta nicht erwähnt.

cherheitsrat Maßnahmen getroffen hat, die zur Aufrechterhaltung des internationalen Friedens und der Sicherheit erforderlich sind«.

Obwohl allgemeine und vollständige Abrüstung auf der rhetorischen Ebene verblieben ist, wurden während des Kalten Kriegs wie auch bald nach dessen Ende partielle Maßnahmen zur Rüstungsbeschränkung vereinbart. Bezüglich nuklearer Waffen wurden Rüstungskontrollverträge zwischen den USA und der UdSSR/Russland[6] geschlossen, andere Aspekte wurden durch multilaterale oder globale Verträge geregelt.[7]

Im Unterschied zur Ethik des bewaffneten Konflikts wird die Ethik der Rüstungskontrolle oft nicht explizit erörtert.[8] Sie spielte eine Nebenrolle in weiten Teilen der Debatte über die ethischen Dimensionen der nuklearen Abschreckung (z.B. Dean *1982;* Fisher *1985:* Kap. 9; Finnis et al. *1987:* Kap. XII, XIII). In den letzten Jahren ist die Erhöhung des ethischen Bewusstseins der Biowissenschaften ein Hauptanliegen der Mitgliedsstaaten des Biologische- und Toxin-Waffen-Übereinkommens geworden (z.B. Millet *2011*). Während es wenig Zweifel gibt, dass chemische und biologische Massenvernichtungswaffen zurecht verboten sind und die Überzeugung wächst, dass Nuklearwaffen ebenfalls verboten werden sollten, können doch konventionelle Waffen für sich genommen die Kriegswahrscheinlichkeit erhöhen. So lange Nuklearwaffen existieren, bringt ein konventioneller Krieg zwischen Nuklearmächten oder deren Verbündeten das Risiko der Eskalation zum Nuklearkrieg mit sich. Wenn neue Arten konventioneller Waffen aufkommen, wie es bei bewaffneten unbemannten Fahrzeugen der Fall ist, sollten diese in Hinblick auf folgende Fragen analysiert werden: Machen sie Krieg wahrscheinlicher? Erhöhen sie andere Gefahren? Ins Auge gefasste Vorteile müssen gegen wahrscheinliche langfristige Konsequenzen für die nationale und insbesondere die internationale Sicherheit abgewogen werden.

Mehrere Rüstungskontrollabkommen enthalten präventive Bestandteile, d.h. sie verbieten oder begrenzen potenzielle zukünftige Waffen oder Techniken, oft durch Einbeziehen nicht nur von deren Stationierung und Einsatz, son-

---

6. Zuletzt im Neuen Strategische-Waffen-Reduzierungsvertrag (New START) von 2010.
7. Multilateral: z.B. Vertrag über Konventionelle Streitkräfte in Europa (1990), zur Zeit schwer gefährdet; global: z.B. Übereinkommen über Biologische und Toxin-Waffen (1972), Chemiewaffen-Übereinkommen (1993), Vertrag über das umfassende Verbot von Nuklearversuchen (1996). Für eine systematische Darstellung siehe z.B. Goldblat (2002).
8. Man könnte anführen, dass das Kriterium »Krieg als letztes Mittel« des ius-ad-bellum-Teils der Theorie des gerechten Krieges (Walzer 1977) mit der Rüstungskontrolle verknüpft werden kann, wenn das Sicherheitsdilemma in die Überlegungen einbezogen wird.

dern auch von Entwicklung und Erprobung.[9] Solche präventive Rüstungskontrolle empfiehlt sich immer dann, wenn eine neue Militärtechnik den Frieden gefährden kann, insbesondere die Stabilität zwischen potenziellen Gegnern und das humanitäre Völkerrecht. Herauszufinden, ob solche Kriterien erfüllt sind, ist einer der Gegenstände von Militärtechnikfolgenabschätzung.

Unbemannte Fahrzeuge (UF) versprechen vielfältige militärische Vorteile.[10] Sie werden bereits breit genutzt, gegenwärtig zumeist als Luftfahrzeuge/Drohnen (UAV) für Überwachung und Aufklärung,[11] Boden- und Wasser-UF sind weniger weit fortgeschritten.[12] Der Trend zum Bewaffnen von UF breitet sich auf mehr und mehr Länder aus.[13] Gegenwärtig erfolgt das Abfeuern der Waffen über Fernsteuerung, mit einem Menschen in der Entscheidungsschleife. Das US-Militär diskutiert jedoch die Option des autonomen Maschinenangriffs (z.b. Canning *2006;* US DoD *2007,* 54; US DoD *2009,* 10) und finanziert Forschung in diese Richtung (Arkin *2009;* Lin et al. *2009*); kürzlich hat das US-Verteidigungsministerium eine Direktive über »Autonomie in Waffensystemen« herausgegeben (US DoD *2012*).

Daher besteht dringender Bedarf an Analysen über potenzielle Gefahren, die von bewaffneten unbemannten Fahrzeugen ausgehen, und an Optionen für präventive Rüstungskontrolle. Im Kontext der Militärtechnikfolgenabschätzung von Mikrosystemtechnik empfahl der Autor bereits 2001 (*2001:* Kap. 6-8) ein Verbot von Mini-/Mikrorobotern. Bei der Erörterung militärischer Nanotechnik-Anwendungen gemäß den Kriterien der präventiven Rüstungskontrolle ging es dem Autor und Gubrud (*2004; 2006:* Kap. 5-7) um ein allgemeines Verbot bewaffneter UF. Unter Zitieren zahlreicher Quellen liefer-

---

9. Die wichtigsten Beispiele: Nuklearwaffentests sind durch die Nuklearversuchs-Verbotsverträge verboten (teilweise 1963, umfassend 1996). Entwicklung ist in die Liste der verbotenen Aktivitäten ausdrücklich eingeschlossen im Übereinkommen über Biologische und Toxin-Waffen (1972) und im Chemiewaffen-Übereinkommen (1993).

10. Das US-Verteidigungsministerium (US DoD 2009: 19-20) nennt: Ersetzen von Menschen in eintönigen, schmutzigen oder gefährlichen Einsätzen; für UAV: höhere Überlebensfähigkeit, gesteigerte Ausdauer, Toleranz gegenüber erhöhten g-Werten, kleinere Größen und damit Signaturen; für See- und Boden-UF: Verstärkung der Kampfkraft und Reduzierung des Risikos.

11. Mehr als 75 Länder betreiben, entwickeln, produzieren oder exportieren unbemannte Luftfahrzeuge, die meisten davon unbewaffnet (US GAO 2012, s. auch Daly 2008, 2010).

12. Mit der Ausnahme kleiner unbemannter Bodenfahrzeuge zur Bombenentschärfung, ferngesteuert aus bis zu einem Kilometer (US DoD 2009; App. B).

13. Daly (2010) enthält 11 Länder (zusätzlich zur »internationalen« Kategorie) mit UAV-Typen, die bewaffnet sind oder werden könnten, einschließlich Entwicklungsprojekten. 2013 scheinen die USA, Großbritannien, Israel und Iran die einzigen Länder mit stationierten bewaffneten UAV zu sein; Großbritannien fliegt US-Typen (RAF 2012). Ein chinesischer Hersteller strebt den Export von »Angriffsdrohnen« an (Wan und Finn 2011).

te Sparrow (*2009*) eine Reihe von Argumenten für die Rüstungskontrolle für »robotische Waffen« und schlug vor, eine Diskussion darüber zu beginnen. Er empfahl Einschränkungen für Reichweite und Betriebsdauer oder ein Verbot der Aufstellung in Friedenszeiten in der Nähe anderer Länder; zumindest sollte die Zerstörungsfähigkeit von Langstrecken-UF begrenzt und dem Streben nach Autonomie widerstanden werden. Unter Hinweis auf gefährliche Szenarien, aber skeptisch gegenüber einem vollständigen Verbot bewaffneter militärischer Roboter, erörterte Krishnan (*2006:* Kap. 6) verschiedene Optionen für Beschränkungen autonomer Waffen; seine Argumente werden unten im Abschnitt »Optionen und Empfehlungen für Rüstungskontrolle von bewaffneten UF« behandelt. Das Internationale Komitee für Roboter-Rüstungskontrolle, 2009 gegründet, schlug die Erwägung eines Verbots für autonome Waffen und von Beschränkungen für Systeme mit einem Menschen in der Entscheidungsschleife vor (ICRAC *2009*). Der Internationale Experten-Workshop »Rüstungskontrolle für Roboter« forderte ein Verbot autonomer Waffen (plus neuer Arten von Nuklearwaffenträgern und Roboter-Weltraumwaffen) und quantitative wie auch qualitative Begrenzungen bei bewaffneten ferngesteuerten UF (Statement *2010,* mit unterzeichnet von A. Krishnan).

Eine Gruppe von US-Forschern hat auf den militärischen Druck zur Produktion autonomer todbringender Roboter hingewiesen und sich für eine Diskussion über politische Strategien und mögliche Beschränkungen ausgesprochen (Marchant et al. *2011*). Die Argumente von Arkin (*2009*) – einem Ko-Autor – wiederaufgreifend stellen sie fest: »Der Trend ist klar: Kriegsführung wird weitergehen, und autonome Roboter werden letztendlich bei der Kriegsführung eingesetzt werden.« Sie erwähnen mehrere enge wie auch breite ethische und politische Aspekte. Die Teile über die Regulierung ergeben ein Menü von Beschränkungen, die sich in internationalen Rüstungskontrollabkommen finden, und von weichem Recht, wie z.B. Verhaltenskodizes, Dialog zwischen Regierungen und Informationsaustausch. Als eine Mischform, die möglicherweise von weichem zu formellem Recht führen könnte, könnte man sich auf eine Rahmenkonvention verständigen, innerhalb derer schrittweise substanziellere Protokolle entwickelt werden könnten. Es wird keine spezifische Empfehlung gegeben, aber es scheint, dass ein Verbot autonomer todbringender Roboter sich nicht unter den ins Auge gefassten Lösungen befindet.[14]

14. Hier ist nicht der Ort für eine detaillierte Kritik, aber drei Aspekte sollten erwähnt werden: Der Text ist etwas unstimmig, wenn er akzeptiert, dass autonome todbringende Roboter aufgestellt werden, aber offen ist für jede andere Lösung, zu der die internationale Gemeinschaft kommen wird. Die Erörterung der bestehenden Rüstungskontrollverträge bewegt sich auf allgemeiner Ebene, insbesondere die Einbe-

Man kann feststellen, dass Argumente für Rüstungskontrolle für bewaffnete unbemannte Fahrzeuge in beträchtlicher Ausführlichkeit dargelegt worden sind und dass der größte Teil der vorhandenen Literatur zu einem gemeinsamen Satz von Forderungen tendiert, die meisten auf allgemeiner Ebene. Sie liefern wichtige Richtlinien, aber es fehlt noch an einer detaillierten Behandlung, wie bestehende Rüstungskontrolle bewaffnete UF betrifft und wie Lücken geschlossen werden sollten. Dieser Artikel zielt darauf ab, diese Themen zu untersuchen.

Ich nehme hierfür den Vorrang des Friedens, die UN-Charta, die Ziele von Abrüstung und Rüstungskontrolle und das Humanitäre Völkerrecht als ethisch-moralische Grundlage. Unter den Bedingungen des Sicherheitsdilemmas braucht die Beachtung moralischer Imperative in Bezug auf bewaffnete Streitkräfte und Kriegsvorbereitungen normalerweise rechtlich bindende internationale Verträge (Rüstungskontrolle im engeren Sinn), zumeist mit Maßnahmen zur Überprüfung von deren Einhaltung. Manchmal werden lediglich politisch bindende Vereinbarungen geschlossen (Rüstungskontrolle im weiteren Sinn, für Exportkontrolle oder Transparenzmaßnahmen).

Rüstungskontrolle hängt ab von klaren Vorstellungen über die fraglichen militärischen Systeme. Daher behandele ich im folgenden Abschnitt »Nomenklatur und Definitionsfragen« die Definitionsproblematik. Der Abschnitt »Gründe für Rüstungskontrolle von bewaffneten UF« fasst die Gründe für Rüstungskontrolle von bewaffneten UF zusammen. »Bestehende internationale Regelungen« erläutert, wie bewaffnete UF durch bestehende Rüstungsbegrenzungsabkommen, Exportkontrollverfahren und Transparenz/Vertrauen bildende Maßnahmen erfasst sind. »Optionen und Empfehlungen für Rüstungskontrolle von bewaffneten UF« präsentiert Optionen und Empfehlungen für präventive Rüstungskontrolle und »Schlussfolgerung« liefert eben diese.

## Nomenklatur und Definitionsfragen

Insbesondere bei unbemannten Fluggeräten sind bisher viele verschiedene Termini benutzt worden, z.B. Drohne, ferngelenktes Fahrzeug, Luft-Roboter, unbemanntes Luftfahrzeug. Für eine systematische Herangehensweise kann

---

ziehung bewaffneter UF im KSE-Vertrag wird nicht erwähnt. Der Vergleich mit vielen internationalen Technologie-Regulierungsmechanismen vernachlässigt die besonderen Bedingungen, die für Begrenzung militärischer Techniknutzung gelten (hauptsächlich Reibung mit dem Ziel des Sieges im Falle eines Krieges und mit der Notwendigkeit der Verifikation, während militärische Geheimnisse geschützt werden, siehe Altmann (2006: Sect. 5.1).

man der Nomenklatur des US-Verteidigungsministeriums (DoD) folgen, das in seinem Versuch, die Aktivitäten der Teilstreitkräfte zu vereinen, von »unbemannten Fahrzeugen« spricht, mit Unterkategorien entsprechend dem Medium: »unbemannte Luft-/ Boden-/ See- (Oberflächen- und Unterwasser-) Fahrzeuge«, mit den Abkürzungen (UAV/UBF/USF(UOF/UUF) [originale englische Abkürzungen: UAV/UGV/UMV/(USV/UUV)]. Der Begriff »unbemannte Systeme«, wie bei »unbemannte Luft-Systeme« usw., wird verwendet, um weitere Komponenten mit einzubeziehen, wie z.B. eine Bodenkontrollstation, eine Datenverbindung, einen Wartungssatz und, für einige, eine Startvorrichtung. Ich folge hier dieser Verwendung. Der Vollständigkeit halber müssen Weltraumfahrzeuge hinzugefügt werden, und man muss im Kopf behalten, dass es Fahrzeuge geben kann, die sich in mehr als einem Medium bewegen können, zum Beispiel transatmosphärische, wie sie auf Seiten der USA für den sogenannten »Prompten globalen Schlag« angedacht sind (z.B. Sanger und Shanker *2010*). Der Roboter-Begriff wird vermieden, da er zu unspezifisch ist – einerseits verbindet man ihn mit menschenähnlichen Formen und Autonomie, andererseits wird er auch für feststehende Industrieroboter verwendet.

Die hier verwendeten Definitionen folgen einem systematischen und allgemeinen Vorgehen:

- Ein *unbemanntes Fahrzeug* ist ein Fahrzeug, das keine menschliche Besatzung trägt. Normalerweise kann seine Bewegung gesteuert werden, und in den meisten Fällen hat es einen Antrieb.
- Ein *Fahrzeug* ist ein (wenigstens teilweise) künstliches Objekt, das sich bewegen kann – auf Land, auf See, in der Luft oder im Weltraum – und das etwas tragen kann.
- Ein unbemanntes Fahrzeug wird als *bewaffnet* bezeichnet, wenn es eine Waffe trägt oder als Waffe wirkt, wobei *Waffe* ein Gerät meint, das physischen Schaden oder Körperverletzung bewirkt.
- Ein *autonomes* bewaffnetes UF ist eines, das ohne menschliche Entscheidung oder Beteiligung (außer einer allgemeinen Autorisierung) Ziele auswählen und angreifen kann.

(Die Definition von unbemannten Fahrzeugen des US-Verteidigungsministeriums ist enger und schließt willkürlich bestimmte Kategorien aus, die eindeutig unbemannt und Fahrzeuge sind, wie ballistische Raketen und Marschflugkörper, Torpedos und Satelliten.[15] Sie ist ähnlich der hier für ein autonomes bewaffnetes UF gegebenen.[16] Die gewählte Definition schließt unbewegliche bewaffnete Roboter aus, wie sie z.b. in der entmilitarisierten Zone zwischen Nord- und Süd-Korea aufgestellt sind oder zukünftig an Umfriedungen von Standorten Verwendung finden könnten.[17]

Bei allem Bemühen um Systematik bleiben einige Grauzonen unvermeidlich,[18] und zusätzliche Klärung wird ab und zu nötig werden. Da es beim Trend zu bewaffneten UF meistens um neue Typen geht, ist es sinnvoll, Überlegungen und Beschränkung zumeist auf diese zu fokussieren, wobei man im Kopf behalten sollte, dass die anderen, bereits etablierten Typen in die Regulierung mit einbezogen werden müssen, um Schlupflöcher zu vermeiden.

---

15. Die Definition lautet (US DoD 2007: 1, Hervorhebung im Original): »Unbemanntes Fahrzeug, Ein angetriebenes Fahrzeug, das keinen menschlichen Bediener trägt, autonom oder ferngesteuert eingesetzt werden kann, einmalig oder wieder verwendbar, und eine tödliche oder nicht-tödliche Nutzlast tragen kann. Ballistische oder halb-ballistische Fahrzeuge, Marschflugkörper, Artilleriegeschosse, Torpedos, Minen, Satelliten und unbeaufsichtigte Sensoren (ohne eine Form von Antrieb) gelten nicht als unbemannte Fahrzeuge. Unbemannte Fahrzeuge sind die Hauptkomponente unbemannter Systeme.«
Das US-Verteidigungsministerium ist mit dem Auflisten von (antriebslosen) Fesselballons und dem Erwähnen von Manipulationsarmen für den Weltraum nicht völlig konsistent (US DoD 2007: 97-102, 43). Der Ausschluss von Artilleriegeschossen (ohne Möglichkeit, die Flugbahn zu ändern), Minen und unbeaufsichtigten Sensoren (beide stationär) ist technisch gesehen sinnvoll. Aber ballistische Raketen transportieren eine Nutzlast (wie es Weltraumstart-«Fahrzeuge« tun), es gibt deutliche Ähnlichkeiten zwischen Marschflugkörpern (in Zukunft mit Zieländerung während des Flugs) und einigen neuen Typen von UAV (mit Startlafette, einmalig verwendbar) wie auch zwischen Torpedos und neuen UUF. In Betrieb befindliche Satelliten müssen ihre Umlaufbahn aktiv steuern.
16. »Autonomes Waffensystem. Ein Waffensystem, das, einmal aktiviert, Ziele ohne weiteres Eingreifen durch einen menschlichen Bediener auswählen und angreifen kann. Das schließt von Menschen überwachte autonome Waffensysteme ein, die so entworfen sind, dass sie menschlichen Bedienern die Aufhebung der Operation des Waffensystems erlauben, aber nach Aktivierung Ziele ohne weitere menschliche Eingabe auswählen und angreifen können.« (US DoD 2012)
17. Die Probleme durch unbewegliche bewaffnete Roboter sind erheblich kleiner als die durch mobile (d.h. bewaffnete UF). Spezielle Regelung für erstere könnten der Regelung bewaffneter UF angefügt werden.
18. Zum Beispiel: Wo liegt der Übergang von einem ballistischen Projektil zu einem (gelenkten) Fahrzeug? Was ist die geringste Menge an implantiertem Gerät, die ein (natürliches) Tier zu einem Fahrzeug im gegenwärtigen Sinn machen würde?

# Gründe für Rüstungskontrolle von bewaffneten unbemannten Fahrzeugen (UF)

Bewaffnete UF bergen in vielerlei Hinsicht Gefahren; unter anderen wurden eine Playstation-Mentalität beim Bedienungspersonal genannt, eine gesteigerte Neigung vor allem von Demokratien zum Krieg, eine wachsende Wahrscheinlichkeit von Krieg aus Versehen, Verletzungen des Humanitären Völkerrechts oder der Internationaler Menschenrechte. Die Gefahren werden hier kurz zusammengefasst, entsprechend der systematischen Bewertung unter den Kriterien der präventiven Rüstungskontrolle durch Altmann (*2009, 2012*). Die Kriterien der präventiven Rüstungskontrollen können dazu genutzt werden, herauszufinden, ob Einschränkungen einer neuen Technik, eines neuen Systems oder Materials mit potenzieller militärischer Relevanz ins Auge gefasst werden sollen. Sie sind in drei Gruppen gegliedert: 1. Festhalten an und Weiterentwicklung wirksamer Rüstungskontrolle, Abrüstung und Völkerrecht; 2. Erhaltung und Verbesserung von Stabilität, 3. Schutz von Menschen, Umwelt und Gesellschaft (Altmann *2006:* Kap. 5 und Quellen).

Im Bereich von *Rüstungskontrolle und Abrüstung* könnten neue nuklear bewaffnete UAV die Regelungen für Marschflugkörper und Bomber im Neuen START-Abkommen (*Strategic Arms Reduction Treaty*) zwischen den USA und Russland unterminieren (New START *2010*). Nukleare Hypergeschwindigkeits-Flugkörper und transatmosphärische Fahrzeuge – die über einen erheblichen Teil ihrer Flugbahn aerodynamisch fliegen würden – könnten das gleiche bewirken bezüglich der ballistischen Raketen. Nukleare UAV mit Reichweiten zwischen 500 und 5.500 Kilometer würden den Vertrag über Mittelstrecken-Nuklearstreitkräfte (INF-Vertrag *1987*, zwischen den USA und der Sowjetunion/Russland) gefährden, der nukleare bodengestützte ballistische Raketen und Marschflugkörper in diesem Reichweitenbereich verbietet (INF Treaty *1987*) – das diese einführende Land würde vermutlich argumentieren, dass es sich bei diesen UAV nicht um Marschflugkörper handelt. Die Einführung nuklearer Mittelstrecken-UAV durch andere Länder – die nicht an den INF-Vertrag gebunden sind – würde die Frage aufwerfen, wie lange die USA und Russland den Vertrag am Leben halten könnten. Konventionell bewaffnete UF in Europa fallen unter den Vertrag über Konventionelle Streitkräfte in Europa (CFE Treaty *1990*), falls jedoch einige kleiner ausfallen als traditionelle Systeme wird vermutlich argumentiert, dass sie anders gezählt werden sollten, was zu Grauzonen und komplizierten Diskussionen führen würde. Ferner können Entwicklungen außerhalb Europas einen Beitrag zur Unterminierung von Rüstungskontrolle leisten.

Was Rüstungskontrolle im Weltraum betrifft, so schaffen unbemannte Satelliten für Andocken, Service und Manipulation Möglichkeiten für Antisatellitenangriffe, womit das allgemeine Verbot von Weltraumwaffen gefährdet wird, das die internationale Gemeinschaft seit Jahrzehnten fordert.

In Bezug auf das Humanitäre Völkerrecht dürfen unbemannte Fahrzeuge bei Versagen keine (zivilen) Schäden verursachen. Ein Positivum bezüglich Unterscheidung ist bei bewaffneten unbemannten Fahrzeuge und Luftfahrzeugen, dass ihre Angriffe besser gerichtet werden können als bei Artilleriegeschossen und Fliegerbomben und dass sie die Beurteilung einer Szene in Echtzeit ermöglichen mit sofortiger Reaktion auf Veränderungen; beides kann Kollateralschäden reduzieren. Andererseits zeigen die Erfahrungen mit US-Angriffen in Afghanistan, Irak und Pakistan, dass oft Zivilisten angegriffen und getötet werden; offensichtlich erlaubt es ein Videobild aus einer beträchtlichen Entfernung nicht, eine Person zu identifizieren oder eine Waffe verlässlich zu erkennen. Die Entfernung vom Ort des Geschehens und das einem Computerspiel ähnelnde Interface – in einer Büroumgebung im Heimatland – kann das Feuern erleichtern. Aber ein Kampfflugzeug-Pilot befindet sich ebenfalls in einiger Entfernung von seinem Ziel, und anders als letzterer kann der das UAV Bedienende die Ergebnisse seines Angriffs viel länger beobachten (zumindest in sehr asymmetrischen Situationen, in denen der Gegner keine Mittel hat, das UAV zu bedrohen). Soldaten vor Ort könnten offensichtlich viel sorgfältiger agieren – die Identität von Personen überprüfen, nach Waffen suchen, jemanden festnehmen – wohingegen ein Flugzeug – mit oder ohne Besatzung an Bord – nur über den Angriff als einzig mögliche Aktion verfügen.

Bewaffnete UF können die militärische Situation zwischen potenziellen Gegnern in mehrfacher Hinsicht destabilisieren – also den Druck steigern, anzugreifen oder schnell zu reagieren. Einige Unmanned Aerial Vehicles (UAVs) können für präzise Überraschungsangriffe tief in ein Gebiet eindringen, bei geringer Wahrscheinlichkeit, entdeckt oder abgewehrt zu werden. Ohne Personal an Bord könnten sie leichter und auf gefährlichere Missionen geschickt werden. Die Destabilisierung wäre noch stärker, wenn die Nutzlast aus Massenvernichtungswaffen bestünde.

In einer Krisensituation, in der beide Gegner über bewaffnete UF verfügen und wenn beide Flotten sich auf kurze Entfernung treffen, würden sie sich gegenseitig in hoher Alarmbereitschaft beobachten. Da ein koordinierter erster Angriff viele der gegnerischen UF zerstören könnte, könnte das Schießen bei jedem Anzeichen eines Angriffs beginnen, einschließlich bei falschen Signalen. So könnte ein Krieg durch unkontrollierte Rückkopplungs-Zyklen zwischen den zwei Warn- und Angriffssystemen beginnen, insbesondere, wenn sie im autonomen Modus operieren würden.

Instabilität auf den höchsten Ebenen wäre die Folge, wenn Schwärme hoch präziser konventionell bewaffneter kleiner UAV nuklearstrategische Ziele bedrohen, wenn kleine Satelliten andere Satelliten für strategische Frühwarnung, Überwachung und Kommunikation ausschalten, oder wenn – in späterer Zukunft – Mikro-Roboter verdeckt in militärische Systeme des Gegners eindringen könnten, um deren Elektronik jederzeit zu unterbrechen.

Ein technologisches Wettrüsten in qualitativer und quantitativer Hinsicht hat bei bewaffneten UAVs bereits begonnen und wird bald immer mehr Länder erfassen. Bewaffnete UF für Land und See werden folgen. Wenn mehr Länder bewaffnete UF stationieren, wird das Bemühungen zu ihrer Abwehr vorantreiben und umgekehrt.

Horizontale und vertikale Proliferation – also Verbreitung – bewaffneter UAVs hat ebenfalls schon begonnen und wird sich – in Ermangelung internationaler Beschränkungen – in gleicher Weise beschleunigen. Gegenwärtig gibt es international Besorgnis über Proliferation an nicht-staatliche Akteure, aber aufgrund ihrer Ressourcen und (internen) Macht werden Staaten wahrscheinlich größere Proliferationsprobleme erzeugen. In der Folge könnten nicht-staatliche Akteure bewaffnete unbemannte Fahrzeuge von Staaten erhalten, insbesondere weiter entwickelte, als sie selbst herzustellen in der Lage wären. Daher, selbst wenn nicht-staatliche Akteure keine Partner internationaler Vereinbarungen sein werden, wäre doch eine Beschränkung unter den Staaten ein wesentlicher Beitrag dazu, den Zugriff durch nicht-staatliche Akteure zu verhindern.

Bereits in Friedenszeiten könnten Gefahren für Menschen und ganze Gesellschaften die Folge sein, wenn bewaffnete UF in die Hände von Kriminellen fallen würden. Insbesondere kleine UAVs könnten ideale Werkzeuge für Terroristen werden, entweder zum gezielten Anschlag auf wichtige Persönlichkeiten oder für Massenvernichtung durch Verbreiten biologischer Kampfstoffe. Wenn militärische Systeme für solche Zwecke entwickelt würden, wären die Gefahren noch größer.

Mit einem Wort, es besteht große Besorgnis über bewaffnete UF. Unter Gesichtspunkten von Frieden und internationaler Sicherheit plus Sicherheit innerhalb der Gesellschaften sind die meisten der Sorgen wichtiger als die militärischen Vorteile, die sie für die Kampffähigkeit einzelner Streitkräfte bringen. Daher gibt es starke Argumente, die bewaffneten UF in (präventive) Rüstungskontrolle einzubeziehen.

## Bestehende internationale Regelungen

Bewaffnete unbemannte Fahrzeuge für Land, Wasser, Luft oder Weltraum existieren nicht in einem kompletten rechtlichen Vakuum; im Gegenteil, neben dem Humanitären Völkerrecht[19] sind sie bereits Gegenstand einiger Rüstungskontrollverträge, Exportkontroll-Regimes und Transparenz-Maßnahmen. Aber die bestehenden Bestimmungen lassen wichtige Lücken, die geschlossen werden sollten.

### Bestehende Rüstungskontrollverträge

Rüstungskontrollverträge werden gewöhnlich als rechtlich bindende Vereinbarungen geschlossen, deren Einhaltung durch die Vertragsparteien oder eine internationale Organisation überwacht wird. Von den bestehenden Verträgen müssen zuerst das *Biologische- und Toxin-Waffen-Übereinkommen* (BWÜ, BTWC *1972*) und das Chemiewaffen-Übereinkommen (CWÜ, CWC *1993*) – bei denen fast alle Staaten Mitglieder sind – genannt werden. Diese Übereinkommen verbieten alle derartigen Waffen einschließlich Träger- und Ausbringungssysteme, folglich dürfen UF nicht mit ihnen ausgerüstet werden.

Der *Vertrag über nukleare Mittelstrecken-Streitkräfte* (INF-Vertrag *1987*) ist ein bilateraler zwischen den USA und der Sowjetunion/Russland (INF Treaty 1987). Für diese beiden Länder verbietet er landgestützte Langstrecken-Marschflugkörper sowie landgestützte ballistische Raketen mit einer Reichweite zwischen 500 und 5.500 km. Seine Auswirkungen auf bewaffnete UF sind daher begrenzt (umso mehr, als dass das US-Verteidigungsministerium beide Typen nicht als unbemanntes Fahrzeuge/UF zählt).

Der *Strategic Arms Reduction Treaty* (New START *2010*) zwischen Russland und den USA erlaubt neue Typen von strategischen Nuklearwaffenträgern, es besteht nur die Verpflichtung, die andere Partei darüber zu informieren und sie der anderen Seite vorzuführen. In den USA gibt es eine Diskussion darüber,

---
19. Für eine Diskussion bewaffneter UAV unter dem Humanitären Völkerrecht siehe z.B. Boothby (2011).

ob die nächste Generation nuklearer Bomber unbemannt sein sollte (Lowther 2009). Dies würde durch den Vertrag nicht eingeschränkt.

Andererseits enthält der *Vertrag über Konventionelle Streitkräfte in Europa* (KSE-Vertrag 1990, angepasst 1999) relevante Einschränkungen. (CFE *1990, 1999*). Der Vertrag wurde zwischen den Mitgliedstaaten der Nordatlantischen Vertragsorganisation (NATO) und der früheren Warschauer Vertrags-Organisation (WVO, 1991 aufgelöst) geschlossen und gilt für das europäische Territorium vom Atlantik bis zum Ural.[20] Der KSE-Vertrag begrenzt fünf Hauptkategorien konventioneller Rüstung: Kampfpanzer, gepanzerte Kampffahrzeuge, Artilleriewaffen, Kampfflugzeuge und Angriffshubschrauber. Für jede Kategorie gibt es Begrenzungen für den Bestand in den Mitgliedsstaaten.[21] Als der Vertrag ausgearbeitet wurde, berücksichtigten die Unterhändler die mögliche zukünftige Entwicklung unbemannter Kampffahrzeuge. Bewusst entwarfen sie die Definitionen der Kategorien so, dass sie unabhängig davon sind, ob eine Besatzung an Bord ist oder nicht. Gemäß Artikel II Abs. 1 des Vertrags gilt:

»Kampfpanzer sind gepanzerte Kettenkampffahrzeuge, deren Leergewicht mindestens 16.5 metrischen Tonnen beträgt und die mit einer um 360 Grad seitlich schwenkbaren Kanone mit einem Mindestkaliber von 75 Millimetern ausgerüstet sind.« (Abschnitt (C)[22]

»Der Begriff ›Kampfflugzeug‹ bezeichnet ein Starrflügel- oder Schwenkflügelflugzeug, das für die Bekämpfung von Zielen durch den Einsatz von gelenkten Flugkörpern, ungelenkten Raketen, Bomben, Bordmaschinengewehren, Bordkanonen oder anderen Zerstörungswaffen bewaffnet und ausgerüstet ist, sowie jedes Modell oder jede Version eines solchen Flugzeugs, das andere militärische Aufgaben wie z.B. Aufklärung oder elektronische Kampfführung wahrnimmt.« (Abschnitt K)[23]

In ähnlicher Weise erwähnen die Definitionen eines »Kampffahrzeugs mit schwerer Bewaffnung« (Abschnitt (D)) und von Kampf-/Angriffshubschraubern (Abschnitte (L) – (O) keine Personen an Bord. Zusätzlich zu den Defi-

---

20. Heute ist die östliche Seite reduziert auf Armenien, Aserbeidschan, Weißrussland, Georgien, Kasachstan, Moldawien, Russland und die Ukraine, während sich mehrere frühere Warschauer-Vertrags-Staaten der NATO angeschlossen haben.
21. Zusätzlich zu den Begrenzungen in den fünf Kategorien fordert der Vertrag einen Informationsaustausch über andere Systeme wie: gepanzerten Mannschaftstransportwagen ähnliche Fahrzeuge, Brückenlegepanzer, Schulflugzeuge, Transporthubschrauber. Auch diese sind Inspektionen unterworfen.
22. Streng genommen sind Kilogramm und Tonnen Einheiten für Masse und nicht Gewicht, das eine Kraft ist, für die die Einheit Newton gilt. Daher verwende ich »Masse« außer in wörtlichen Zitaten.
23. Die Definitionen enthalten einige zusätzliche Erläuterungen.

nitionen gibt es ein Protokoll über vorhandene Typen konventioneller Waffen und Ausrüstungen, in dem die Staaten ihre Typen von vertraglich beschränkten Waffen und Trägern auflisten. Dieses Protokoll muss periodisch aktualisiert werden.

Die Definitionen der Landfahrzeuge enthalten Mindest-Massen und Mindest-Kanonenkaliber, so dass neue unbemannte Typen, die unterhalb dieser Schwellen liegen, nicht durch den Vertrag beschränkt wären und in unbegrenzter Anzahl stationiert werden könnten. Die Definitionen von Kampfflugzeugen und Kampf-/Angriffshubschraubern andererseits sind unabhängig von Masse oder Größe. Wörtlich genommen gelten sie auch für kleine und kleinste unbemannte Flugzeuge. Insofern würden alle derartigen Mini- oder Mikroflugzeuge gezählt, und die Staaten müssten für jedes neu aufgestellte kleine Kampfflugzeug ein großes entfernen.

Leider ist der KSE-Vertrag – der 1999 an die Lage nach dem Kalten Krieg angepasst wurde – seit 2007 suspendiert (Schmidt *2008*); sein Protokoll über vorhandene Typen konventioneller Waffen und Ausrüstungen (POET) wurde seit 1997 nicht mehr aktualisiert.[24] Der Vertrag sollte dringend reaktiviert oder modernisiert werden. (Schmidt and Hartmann *2011*). Insbesondere das POET sollte regelmäßig aktualisiert werden. Jedoch können unabhängig davon zukünftig in Europa eingeführte unbemannte Kampffahrzeuge notifiziert und Vor-Ort-Inspektionen unterworfen werden.[25]

Aber selbst wenn dies geschähe, bliebe diese Regulierung auf Europa beschränkt. Es gibt keine vergleichbaren Verträge in anderen Weltregionen, sodass bewaffnete UF dort in unbegrenzter Zahl eingeführt werden können.

Der *Weltraumvertrag (1967)* verbietet Massenvernichtungswaffen auf Objekten im Weltraum, unabhängig davon ob eine Besatzung an Bord ist oder nicht (OST *1967*). Andere Weltraumwaffen sind nicht verboten, und das Moratorium für Antisatellitenwaffen (ASAT), das die USA und Russland in den 1980ern und frühen 1990ern eingehalten haben, ist nicht mehr gültig.

---

24. Telefongespräch mit dem Zentrum für Verifikationsaufgaben der Bundeswehr, Geilenkirchen, Deutschland.
25. Dass die bewaffneten UAV Predator und Reaper von den USA und Großbritannien nicht gemeldet wurden, liegt an der Tatsache, dass sie im Nahen/Mittleren Osten stationiert sind und nicht in Europa vom Atlantik bis zum Ural.

## Exportkontrolle

Im Gegensatz zu Rüstungskontrollverträgen sind Exportkontroll-Vereinbarungen nicht rechtlich, sondern lediglich politisch verbindlich. Sie stellen eher Richtlinien auf. Die Entscheidung über Genehmigung oder Ablehnung einer Exportlizenz wird von dem betreffenden Staat getroffen, möglicherweise nach Beratungen mit anderen Staaten.

Im *Trägertechnologie Kontrollregime* (MTCR) haben 34 Länder vereinbart, Exporte möglicher Trägersysteme für Massenvernichtungswaffen zu beschränken Die Mitglieder sind hauptsächlich westliche Länder plus Russland und die Ukraine; weitere Raketenexporteure wie China, Israel, Indien, Iran, Nord-Korea oder Pakistan sind keine Mitglieder (China und Israel haben erklärt, dass sie sich an das Regime halten wollen). Die Kategorie I des MTCR enthält Dinge, die nicht exportiert werden sollten außer in seltenen Fällen; es enthält unter anderem »vollständige unbemannte Luftfahrzeugsysteme (einschließlich Marschflugkörpern, Zieldrohnen und Aufklärungsdrohnen), die in der Lage sind, eine ‚Nutzlast' von mindestens 500 kg über eine ‚Entfernung' von mindestens 300 km zu bringen« (MTCR *2011:* 1.A.2.). Kategorie II listet Dinge auf, die nach Prüfung von sechs Kriterien exportiert werden dürfen, die mit dem Missbrauchsrisiko zu tun haben. Hier sind unbemannte Flugsysteme mit einer Reichweite von mindestens 300 km eingeschlossen, unabhängig von der Nutzlast (MTCR *2011:* 19.A.2). Wenn es eine autonome Flugsteuerung oder Fernsteuerung jenseits der Sichtweite gibt und das Unmanned Aerial Vehicle (UAV) »ein Aerosol-Verteil-System mit einer Kapazität von mehr als 20 Litern eingebaut hat«, dann fällt es ebenfalls unter Kategorie II, unabhängig von seiner Nutzlast und Reichweite. Zusätzlich enthält die Liste Produktionsstätten und viele für UF relevante Technologien, z.B. Motoren, Autopiloten, Abschusssysteme, Windtunnel und Teststände.[26]

Viel mehr Länder nehmen am *Haager Verhaltenskodex gegen die Proliferation ballistischer Raketen-* (HCOC) teil. Die 130 Mitgliedsstaaten verpflichten sich zu Exportkontrolle und Transparenz-Maßnahmen, aber nur für ballistische Raketen (HCOC *2011*). Marschflugkörper und andere UAV sind nicht erfasst.

Im *Wassenaar-Arrangement* haben 40 Mitglieder vereinbart, Exporte von konventionellen Waffen und kritischen Dual-Use-Gütern und -Technologien »in Regionen und Staaten, deren Lage/Verhalten den Mitgliedern ernsthafte Sorgen bereitet«, zu kontrollieren, um »potenziell destabilisierende Anhäu-

---

26. Die UAV-Kategorie 19.A.2 wird an 30 verschiedenen Stellen erwähnt (MTCR 2011).

fungen konventioneller Waffen« zu verhindern. Ihre Listen nennen bestimmte Roboter,[27] militärische UAV (Wassenaar *2011:* ML 10), unbemannte Unterwasserfahrzeuge für Tiefen unterhalb 1000 m,[28] Unterwasser-Roboter,[29] UAV mit autonomer Flugsteuerung und Navigationsfähigkeit oder jenseits der Sichtweite reichender Fernsteuerung (Wassenaar *2011:* 9.A.12) sowie Ausrüstung und verschiedene Technologien für diese UF. Auch hier nehmen verschiedene wichtige Hersteller- und Export-Länder nicht teil.

Während die drei bisher erwähnten Regimes asymmetrisch sind – die Mitgliedsländer benutzen die jeweiligen militärischen Systeme und Technologien selbst, versuchen aber gleichzeitig, den Zugang (einiger) anderer zu blockieren – gibt es auch Exportkontrollen, die mit fast universellen Verträgen zusammenhängen.[30]

Zur Minimierung des Risikos der Proliferation biologischer und chemischer Waffen, ohne dabei »den normalen Handel mit Materialien und Ausrüstung zur Nutzung für legitime Zwecke« zu behindern, hat die *Australische Gruppe* (mit 41 zumeist westlichen Mitgliedern, alle Partner des Chemiewaffenübereinkommens und des Übereinkommen betreffend biologische Waffen) Richtlinien und Kontrolllisten erstellt. Die »Kontrollliste der doppelt verwendbaren biologischen Ausrüstung und verwandter Technologien und Software« nennt »Sprüh- oder Vernebelungssysteme, speziell entwickelt oder modifiziert für den Einsatz in Flugzeugen, Luftfahrzeugen leichter als Luft oder UAV« sowie »Aerosolgeneratoren« für dieselben, wenn sie »in der Lage sind, aus einer flüssigen Suspension ein anfängliches Tropfen-´VMD` von unter 50 Mikron bei einer Durchflussrate über zwei Liter pro Minute abzugeben«, und damit zusammenhängende Technologie (Australia Group *2011a, b:* I.8., II).[31]

Während Exportkontrollen die Proliferation bewaffneter UF verlangsa-

---

27. Roboter für militärischen Einsatz, Roboter, die gegen ballistische Fragmente geschützt sind, oder Roboter für den Einsatz in einer Umgebung mit elektromagnetischem Puls (Wassenaar 2011: ML 17.e).
28. Gefesselt: mit eigenem Antrieb oder Datenübertragung mit Lichtwellenleiter; ungefesselt: autonomer Kurs oder akustische oder optische Datenverbindung (Wassenaar 2011: 8.A.1.).
29. Mit spezifischem Computer, gesteuert durch Kraft-, Drehmoment- oder Entfernungssensoren, oder in der Lage, Kraft ≥250 N oder Drehmoment ≥250 Nm anzuwenden unter Verwendung von Titanlegierungen oder Verbundwerkstoffen (Wasssenaar 2011: 8.A.2.h).
30. Die zwei mit dem Nuklearen Nichtverbreitungsvertrag (NPT, von 1968) verbundenen Exportkontroll-Regime, die Nuclear Suppliers Group (NSG 2011) und das Zangger Committee (Zangger 2011) betreffen Nuklearmaterial und -ausrüstung und sind nicht direkt für UF relevant.
31. Die »Control List of Dual-Use Chemical Manufacturing Facilities and Equipment and Related Technology and Software«(Australia Group 2011a) ist spezifischer und erwähnt keine UF.

men können, bieten sie doch keine nachhaltige Lösung, weil die herstellenden Staaten bei ihrer eigenen Bewaffnung und Exporten an ihre Verbündeten und Freunde nicht eingeschränkt sind.

### Transparenzmaßnahmen/Vertrauens- und sicherheitsbildende Maßnahmen

Frieden und Sicherheit zwischen potenziellen Gegnern können durch Schaffung von Transparenz unterstützt werden. Vertrauens- und Sicherheitsbildende Maßnahmen enthalten zumeist keine Beschränkungen, können aber übertriebenen Bedrohungswahrnehmungen und daraus folgenden Aufrüstungszyklen und Instabilität entgegenwirken und zu größerer Zurückhaltung führen.

Am bemerkenswertesten ist das *Wiener Dokument 1999* (Neuausgabe leicht aktualisiert 2011) (VD *2011*), beschlossen im Rahmen der Organisation für Sicherheit und Zusammenarbeit in Europa (OSZE). Das Dokument ist politisch, nicht rechtlich verbindlich; es schließt Beschränkungen für Manövergrößen und Verifikation durch Inspektionen ein. Unter seinen vielen Regeln befindet sich ein jährlicher Austausch von Daten über Hauptwaffensysteme und Großgerät, einschließlich neuer Typen, sowie von Informationen über Stationierungspläne dafür (VD *2011*: Pars. 11-13). Dies gilt offensichtlich für zukünftige UF, die in Europa aufgestellt würden.[32]

Eine weitere Transparenz-Maßnahme ist das *Register über Konventionelle Waffen der Vereinten Nationen* (UN Register *2007*). Hier sind Daten über internationale Transfers (und nationale Bestände) von Waffen zu liefern seitens der exportierenden wie auch der importierenden Staaten. Nicht alle Staaten liefern Berichte, und nicht alle Berichte sind vollständig. Die Definitionen von Waffenkategorien, über deren Transfer und Besitz zu berichten ist, ähneln denen des KSE-Vertrags,[33] das heißt, sie gelten unabhängig davon, ob Personen an Bord sind oder nicht. Zusätzlich gibt es zwei Kategorien »Kriegsschiffe« und »Flugkörper und Flugkörper-Startgeräte«. Letztere enthält ausdrücklich »ferngesteuerte Fahrzeuge« mit den Eigenschaften von gelenkten oder ungelenkten

---

32. Auch hier haben die USA und Großbritannien keine Daten geliefert über ihre bewaffneten Predator- und Reaper-UAV, weil sie außerhalb Europas stationiert sind.
33. Z.B. »Kampfpanzer: selbst angetriebene, gepanzerte Ketten- oder Rad-Kampffahrzeuge mit hoher Geländebeweglichkeit und einem hohen Maß an Selbstschutz, mit wenigstens 16,5 metrischen Tonnen Leergewicht, mit Hauptkanone mit hoher Mündungsgeschwindigkeit zum direkten Feuern mit mindestens 75 mm Kaliber.« Die übrigen KSE-ähnlichen Kategorien sind: gepanzerte Kampffahrzeuge, großkalibrige Artilleriesysteme, Kampfflugzeuge und Angriffshubschrauber.

Raketen oder Marschflugkörpern, »die in der Lage sind, einen Sprengkopf oder eine Zerstörungswaffe in eine Entfernung von mindestens 25 km zu bringen.«[34]

Lücken in der internationalen Regulierung

Obwohl bewaffnete unbemannte Fahrzeuge in bestehende Rüstungskontrollverträge, Exportkontroll-Regimes und Transparenzmaßnahmen eingeschlossen sind, sind die Bestimmungen doch alles andere als zufriedenstellend. Es gibt wichtige Mängel in allen drei Bereichen, einige gelten allgemeiner als nur für UF. Begrenzungen bei nuklear bewaffneten Raketen und Marschflugkörpern gelten nur für die USA und Russland, andere ballistische Raketen und Marschflugkörper sind überhaupt nicht erfasst. Der KSE-Vertrag gilt nicht außerhalb Europas. Seegestützte Systeme sind überhaupt nicht erfasst. Exportkontrollen sind asymmetrisch und nicht umfassend. Transparenzmaßnahmen sind rechtlich nicht verbindlich und beziehen Begrenzungen von Waffen nicht mit ein.

## Optionen und Empfehlungen für die Rüstungskontrolle von bewaffneten unbemannten Fahrzeugen (UF)

Vollständiges Verbot bewaffneter UF

Wenn man bedenkt, dass bewaffnete UF die nächste Welle des Wettrüstens bringen, die Kriegswahrscheinlichkeit erhöhen können, das HVR gefährden und neue Möglichkeiten für terroristische Anschläge schaffen, gelangt man zu der Schlussfolgerung, dass es am besten wäre, zumindest die neuen von Anfang an vollständig zu verbieten. Zum Erreichen einer schnellen Übereinkunft über das dringende Problem sollte von den Staaten nicht verlangt werden, bereits verbreitet stationierte traditionelle Systeme zurückzuziehen. Wenn man die allgemeine, systematische Definition von UF aus dem Abschnitt »Nomenklatur und Definitionsfragen« verwendet, bräuchte man daher besondere Ausnahmen für bereits vorhandene Marschflugkörper und ballistische Raketen mit vorpro-

---

34. Daher können einige bewaffnete UAV doppelt erfasst sein. Großbritannien hat seine Bestände an Reaper-UAV seit 2007 berichtet unter Kategorie »IV. Kampf-/Militärflugzeuge«. Für 2007 berichtete es den Import von zwei Reapers aus den USA (was von den USA nicht als Export berichtet wurde) (UN SG 2008-2012).

grammierten Zielen.[35] Ausnahmen sollten auch erlaubt werden für Lenkwaffen mit einem automatischen Schuss- oder Startmodus oder solchen, die sich ihr Ziel suchen, wenn diese Waffen bereits 2000 vorhanden waren, wenn die Zielerkennung einfach ist und wenn menschliche Reaktion technisch ausgeschlossen ist oder zu lange dauern würde; diese Waffen sind vor allem Torpedos, Systeme zur Schiffs-Nahbereichsverteidigung und zur Luftabwehr. Unbewaffnete UF zur Aufklärung, Kommunikation usw. würden nicht begrenzt. Die Verifikation könnte auf Vor-Ort-Inspektionen von Orten mit UF und von Test- und Übungsgeländen beruhen, mit nahem Zugang zu und Vorführung der Fahrzeuge, so dass die Inspektoren bestätigen können, dass keine Bombenschächte und keine Aufhängepunkte unter dem Rumpf oder den Tragflächen der UAV vorhanden sind, und dass Waffenbetätigung weder getestet noch geübt wird.

Für die meisten Länder wäre dieses Vorgehen rein präventiv – die USA, Israel, Großbritannien und Iran müssten einige erst kürzlich eingeführte bewaffnete UAV-Typen abschaffen (bisher sind nur sehr wenige boden- und seegestützte Systeme stationiert). Allerdings ist es bei der großen und wachsenden Bedeutung, die die USA und Großbritannien, plus Israel, Angriffen durch bewaffnete UF im Nahen/Mittleren Osten beimessen, unwahrscheinlich, dass sie einem derartig umfassenden Verbot in naher Zukunft zustimmen werden. Dann würden auch Länder der zweiten Reihe wie Russland und China, aber auch europäische NATO-Staaten, nicht gewillt sein, die Option bewaffneter UF auszuschließen. Die fehlende Bereitschaft der USA ist der Hauptgrund, warum Krishnan (*2009*: 157) ein Verbot bewaffneter Roboter verwarf.[36] Mit einem pragmatischen Akzeptieren der Schwierigkeiten beim Erreichen eines vollständigen Verbots bewaffneter UF hat der Berliner Experten-Workshop von 2010 seine Forderungen auf ein Verbot autonomer Angriffe und verschiedene Beschränkungen bei ferngesteuerten bewaffneten UF eingeschränkt (Statement *2010*).[37] Auf der anderen Seite ist der Abzug ausländischer Truppen aus Afghanistan für 2014 angekündigt worden, so dass Motive für militärische UAV-Angriffe zum Schutz der US- und britischen Truppen schwinden

---

35. Im besten Fall würden Langstrecken-Marschflugkörper verboten und zusammen mit ballistischen Raketen global auf null reduziert werden, wodurch auch Argumente für Raketenabwehr entfallen würden. Aber das ist auf lange Sicht – die Verhinderung neuer bewaffneter UF (einschließlich neuer Marschflugkörper) sollte Vorrang haben.
36. Ferner argumentierte er gegen westliche Zurückhaltung, weil sich nicht alle Länder anschließen würden, was Druck erzeugen würde, Robotern/autonomen Waffen etwas entgegenzusetzen, so dass der Westen besser in Führung liegen sollte.
37. Der Autor ist Ko-Entwerfer und Ko-Unterzeichner der Berliner Erklärung: Er bevorzugt ein totales Verbot.

werden.[38] Prinzipiell ist es denkbar, dass, wenn die USA und Großbritannien lange und gründlich über ihre eigene Sicherheit nachdenken, diese Länder zu dem Schluss kommen könnten, dass ein Verbot in ihrem langfristigen Interesse liegt, aber ein derartiger Wandel träte wohl erst nach einer längeren Zeit ein (und vielleicht erst nach einem katastrophalen Angriff).

Wenn ein umfassendes Verbot nicht erreicht werden kann, dann werden quantitative Begrenzungen für verschiedene Kategorien nötig. Die Hauptkategorien sind UF für autonome Angriffe und solche, die ferngesteuert werden.

### Begrenzung oder Verbot von autonomen bewaffneten UF

Krishnan (*2009:* 162) argumentierte, ein Verbot autonomer Waffen mit der Forderung nach menschlicher Steuerung des Abfeuerns einer Waffe sei keine effektive Strategie für erfolgreiche Rüstungskontrolle, weil es unwahrscheinlich ist, dass sich Staaten darauf verständigen würden und weil die Verifikation, die Zugang zur Roboter-Steuerungssoftware und zum Roboter-Speicher erfordern würde, zu aufdringlich wäre. Gleichwohl sollten zur Vermeidung einiger der Gefahren durch autonome Waffen letztere auf verschiedene Weise eingeschränkt werden (Krishnan *2009:* 161-165)[39]:

- Eine »kill-box« könnte durch Koordinaten definiert werden, nachdem Aufklärung bestätigt hätte, dass die Box nur militärische Ziele enthält. Die Waffe könnte nur innerhalb der Box angreifen.
- Autonome bewaffnete UF sollten nicht zwischen Zivilisten eingesetzt werden
- Die Feuerkraft und Reichweite sollten begrenzt sein.
- Ein Sicherheitsschalter sollte die Waffe nach einiger Zeit oder bei dauerhaftem Kommunikationsverlust abschalten.
- Ein Roboter-Antiroboter-Rüstungswettlauf, der zu immer mehr Autonomie bei abnehmender Vorhersagbarkeit und menschlicher Kontrolle führe, sollte durch ein Verbot sich selbst entwickelnder oder selbst lernender Software vermieden werden.

---

38. Gezielte Tötungen in Pakistan und anderswo sollten nicht als akzeptable Rechtfertigung zum Behalten bewaffneter UAV dienen (Heyns 2012: Sect. IV D, V and refs.).
39. Seine weiteren Empfehlungen (bezüglich Polizei, privater Gesellschaften, defensiver Ausrichtung, Entmilitarisierung der Forschung über künstliche Intelligenz, Weltuntergangsmaschinen) werden hier aus Platzgründen nicht erörtert.

Unter der Annahme, dass autonome bewaffnete unbemannte Fahrzeuge nicht verhindert werden können, wäre es besser, derartige Einschränkungen zu haben. Allerdings würden die ersten beiden Vorschläge viele der militärischen Vorteile, die autonome UF versprechen, durch die Forderung beseitigen, dass eine Streitkraft erst sicherstellen müsse, dass ein bestimmtes Flächen- und Volumengebiet frei von Zivilisten ist – vielleicht sogar durch einen Menschen, der eine Videoübertragung eines Aufklärungs-UF in Echtzeit beobachtet, denn die Situation in der definierten »Kill-Box« kann sich ändern, z.B. kann sich ein militärisches Ziel von einem legitimen zu einem nicht-legitimen wandeln, wenn sich eine Gruppe von Flüchtlingen nähert. Der letztgenannte Vorschlag wäre schwer im Detail zu definieren (und läuft in gewissem Maße der ausdrücklichen Anforderung zuwider, aus Fehlern zu lernen, die für tödliche autonome Roboter vorgeschlagen worden ist).[40] Zusätzlich wäre die Verifikation, dass die Steuerungs-Software sich nicht selbst weiterentwickeln kann, sehr schwierig, und der Zugang zu der Software in einem bestimmten UF würde ein Ausmaß an Aufdringlichkeit erfordern, das unrealistisch erscheint – ein Argument, das besser hierher passt als zu autonomen Angriffen im Allgemeinen, wo Krishnan es verwendete, um deren Verbot zu verwerfen.

Arkin (*2009*) hat über autonome todbringende Roboter mit dem Ziel geforscht, dass sie das Humanitäre Völkerrecht einhalten und sich ethisch besser verhalten als ein menschlicher Soldat. Er stellt fest, dass »es zu früh ist, um sagen zu können, ob dieses Unterfangen erfolgreich sein wird« und er listet mehrere »verbleibende beängstigende Probleme« auf (S. 211). Unter Bezug auf die Grundanforderungen des Humanitären Völkerrechts (HVR) schreibt Sharkey (*2010*), dass »gegenwärtig und für die vorhersehbare Zukunft keine autonomen Roboter oder Künstliche-Intelligenz-Systeme die erforderlichen Eigenschaften haben werden, um eine Unterscheidung zwischen Kombattanten und Zivilisten vornehmen zu können oder Entscheidungen über Verhältnismäßigkeit zu treffen.« Da militärische Motive zusammen mit internationalen Wechselwirkungen auf der schlüpfrigen schiefen Bahn abwärts zu autonomen Angriffen führen könnten, erscheint ein ausdrückliches Verbot erforderlich, zumindest für die nächsten Jahrzehnte. Aber es gibt auch die grundlegende Frage, ob man eine Maschine mit der Autorität ausstatten sollte, menschliches Leben auszulöschen.[41]

---

40. Arkin (2009: Sect. 10.3) sieht für die Zukunft einen »ethischen Anpasser« voraus, der seine ethische Grundlage durch Reflexion nach der Aktion verändert, allerdings nur auf immer restriktivere Art.
41. Dies kann als ein wichtiger Bestandteil davon angesehen werden, sicherzustellen, dass Menschen die Kontrolle über Roboter behalten. Auf einer anderen Ebene kann man das Erfordernis einer interperso-

Aus beiden Gründen sollte eine einfache, grundlegende Regel in das HVR eingeführt werden: Entscheidungen autonomer Maschinen darüber, wer oder was angegriffen wird, sollten gänzlich verboten werden, mit einer unbedingten Forderung nach einem Menschen in der Entscheidungskette für jedes einzelne Abfeuern einer Waffe. Dies war das Vorgehen der Berliner Erklärung (2010)[42] und kann auch als eine Maßnahme zur Aufrechterhaltung der grundlegenden ethischen Forderung gesehen werden, sicherzustellen, dass Menschen die Kontrolle über Roboter behalten. Ausnahmen könnten gelten für automatische Waffen, die bereits vorhanden sind. Diese allgemeine Regel würde die Personal sparenden militärischen Vorteile der Steuerung einer Vielzahl bewaffneter UF durch nur einen Soldaten ausschließen, und sie müsste gegen militärischen Druck zu schnellerer Reaktion aufrechterhalten werden, aber sie erscheint gerechtfertigt durch wichtige Argumente höherer Priorität. Dass allgemeine Prinzip würde für alle Medien einschließlich des Weltraums gelten, und würde offensichtlich Nuklearwaffen mit einbeziehen.

Da ferngesteuerte unbemannte Fahrzeuge durch einen einfachen Softwareschalter in einen autonomen Modus geändert werden könnten, wäre die Verifizierung des Fehlens eines autonomen Angriffsmodus im Vorhinein schwierig. Hinweise könnten durch systematische Beobachtung von UF-Tests und dem Übungsbetrieb gewonnen werden. Aber selbst wenn dies unmöglich wäre: Es gibt viele Völkerrechtsregelungen, die sich eher mit dem Verhalten in der Schlacht beschäftigen als mit technischen Eigenschaften von Waffen – wie etwa das allgemeine Prinzip der Unterscheidung oder das Verbot, Brandwaffen gegen Zivilisten einzusetzen –, und dies kann nur nach der Tat überprüft werden, z.B. durch forensische Analyse. Forensische Analyse wird im Falle (neuer) bewaffneter UF unterstützt durch die große Anzahl von Sensor- und Kommunikationsdaten, die zwischen dem UF und der Kotrollstation fließen. Als Zusatzregel zum Verbot autonomer Angriffe sollte es eine Verpflichtung geben, alle Sensor-, Kommunikations- und Steuerungsdaten um jeden Angriff eines bewaffneten UF herum aufzuzeichnen und diese kurz danach der für das Humanitäre Völkerrecht verantwortlichen Organisation, nämlich dem Internationalen Komitee des Roten Kreuzes (IKRK), zur Überprüfung der Einhaltung der Pflicht zu menschlicher Fernsteuerung zugänglich zu machen.[43] Das IKRK ist eine strikt neutrale Institution, und die Staaten sind an seine Besu-

---

nalen Beziehung zwischen dem angreifenden Menschen und seinem Opfer erwähnen (Sparrow 2011 and ref.).
42. Das auch von A. Krishnan unterzeichnet wurde.
43. Dies Konzept wurde auf dem Berlin Workshop 2010 von P. Asaro vorgestellt.

che in Kriegsgefangenenlagern und andere, normalerweise vertrauliche Aktivitäten gewöhnt. Daher ist Akzeptanz solcher Untersuchungen – die keinen Zugang zur UF-Steuerungs-Software erfordern – vorstellbar.[44]

## Beschränkungen von ferngesteuerten bewaffneten unbemannten Fahrzeugen

*Spezielle Kategorien*

Einige Unterkategorien ferngesteuerter bewaffneter UF sollten durch spezielle Regelungen abgedeckt werden: Bewaffnete UF für den Weltraum müssen nicht einfach quantitativ begrenzt werden – angesichts der besonderen Schwierigkeiten im Weltraum und des früheren Moratoriums für Antisatellitenwaffen ist ein vollständiges Verbot ein realistisches Ziel. Da die meisten Waffen im Weltraum oder für den Weltraum sowieso unbemannt wären, werden bewaffnete UF für den Weltraum am besten durch ein allgemeines Verbot von Weltraumwaffen erfasst, das seit Jahrzehnten vorgeschlagen wird (z.B. Altmann und Scheffran 2003). Misstrauen in Bezug auf Andock-Satelliten sollte durch Verkehrsregeln und gesteigerte Transparenz verhindert werden.

Bezüglich mit Nuklearwaffen bestückter UF sollten die vorhandenen mit vor-programmierten Zielen – also (land- und seegestützte) ballistische Raketen und (luft- und seegestützte) Marschflugkörper – im Prozess der nuklearen Abrüstung verringert werden, und es sollten keine neuen Arten nuklear bewaffneter UF eingeführt werden. Die dritte Kategorie von Nuklearwaffenträgern, bewaffnete Bomber, sollte nicht durch unbemannte Flugzeuge ersetzt werden. Solche Regeln können in das START-Folgeabkommen zwischen den USA und Russland eingefügt werden. Die anderen Nuklearwaffenstaaten sollten dieselben Verpflichtungen durch ihre baldige Einbeziehung in nukleare Abrüstungsverträge eingehen.

Bewaffnete unbemannte transatmosphärische Fahrzeuge würden aufgrund ihrer kurzen Flugzeiten über sehr große Entfernungen, und weil sie eine Nuklearwaffe tragen könnten, Instabilität herbeiführen. Konventionell bewaffnet, hätten sie eine sehr begrenzte Wirkung bei relativ hohen Kosten. Daher erscheint ein vollständiges Verbot machbar und sollte angestrebt werden, entweder durch einen globalen Vertrag oder durch einen zwischen den Weltraummächten.

---

44. Viele Details müssten definiert werden, und man kann intensive Diskussionen voraussehen, um dieses Konzept arbeitsfähig und annehmbar zu machen.

Sehr kleine bewaffnete UF – mit Zentimeter-, Millimeter- oder noch kleineren Größen – würden besondere Gefahren terroristischer Nutzung bringen und würden sehr schwierige Verifikationsprobleme stellen. Unbewaffnete Typen könnten zu bewaffneten umgewandelt werden, ohne dass dies leicht erkennbar wäre. Daher wird ein allgemeines Verbot von UF für alle Medien, die kleiner sind als 0,2-0,5 m, egal ob bewaffnet oder nicht, militärisch oder nicht, empfohlen.[45] Strikt begrenzte Ausnahmen sollten für zivile Zwecke wie die Erkundung zerstörter Gebäude gelten.

Für die übrigen Kategorien bewaffneter UF (größer als 0,2-0,5 m, nichtnuklear, für Land, Wasser oder Luft oder hybride Formen) sollten quantitative Begrenzungen eingeführt werden, optimal im globalen Maßstab, möglicherweise mit einiger Differenzierung je nach Region, wie in den folgenden Unterabschnitten diskutiert wird.

### Weiterentwicklung des KSE-Vertrags

In Europa lautet die Mindestanforderung, den KSE-Vertrag aufrechtzuerhalten (und wiederzubeleben) und die bewaffneten Land- und Luft-UF in den entsprechenden Kategorien zu zählen. Insbesondere das Protokoll über vorhandene Typen konventioneller Waffen und Ausrüstungen sollte regelmäßig aktualisiert werden und den Prozess der Einführung bewaffneter UF reflektieren, wie er sich entwickeln mag.

Ein paar Schlupflöcher müssen geschlossen und Grauzonen minimiert werden: Die Landfahrzeug-Definitionen enthalten Minimalkriterien für Gewicht im unbeladenen Zustand und Kaliber (16,5 Tonnen für Kampfpanzer, 6,0 Tonnen für gepanzerte Kampffahrzeuge mit schwerer Bewaffnung, 75 mm Kaliber für beide). Bewaffnete Land-UF unterhalb dieser Schwellen sind laut Vertrag nicht begrenzt. Hier sollten neue Kategorien eingeführt werden mit maximalen Beständen, wenigstens für leichtere UF, die eine Kanone haben, vielleicht sogar ein schweres Maschinengewehr.[46]

Die Definitionen von Kampfflugzeugen und -hubschraubern sind andererseits unabhängig von Gewicht oder Größe. Streng genommen würde jedes kleine und sehr kleine bewaffnete Unmanned Aerial Vehicles (UAVs) zählen, und die Staaten müssten abwägen, auf welches größere Flugzeug sie für jedes

---

45. Dies Verbot sollte allgemein gelten, auch für den Fall, dass autonome bewaffnete UF nicht verboten werden. Krishnan (2009: 165) hat diese Forderung aufgegriffen.
46. Kleinwaffen und leichte Waffen sind nicht durch den KSE-Vertrag begrenzt, aber wenn sie in großer Zahl in UF genutzt würden, könnten sie zu einer Quelle von Bedrohung und Instabilität werden.

neu eingeführte kleine verzichten müssten. Das ist allerdings etwas unwahrscheinlich. Wenn kleinere bewaffnete unbemannte Flugzeuge eingeführt werden sollen, werden die Staaten wahrscheinlich argumentieren, dass diese neue Kategorien darstellen, für die zusätzliche zahlenmäßige Begrenzungen ausgehandelt werden müssten; diese könnten dann viel höher sein (Tausende oder vielleicht Zehntausende) als für traditionelle große Kampfflugzeuge (von Hunderten bis zu ein paar Tausend) und Kampfhubschrauber (Dutzende bis mehrere Hundert) ( siehe Tabelle). Die zahlenmäßigen Grenzen sollten relativ eng sein und die in der Präambel des KSE-Vertrags formulierten Ziele reflektieren: » (...) in Europa ein sicheres und stabiles Gleichgewicht der konventionellen Streitkräfte auf niedrigerem Niveau als bisher zu schaffen, Ungleichgewichte, die für Stabilität und Sicherheit nachteilig sind, zu beseitigen und – besonders vorrangig – die Fähigkeit zur Auslösung von Überraschungsangriffen und zur Einleitung großangelegter Offensivhandlungen in Europa zu beseitigen.«

| Mitgliedsstaat | Kampfpanzer | Gepanzerte Kampffahrzeuge (gesamt) | Artilleriewaffen | Kampfflugzeuge | Angriffshubschrauber |
|---|---|---|---|---|---|
| Armenien | 220 | 220 | 285 | 100 | 50 |
| Belgien | 300 | 989 | 288 | 209 | 46 |
| Tschechien | 957 | 1.367 | 767 | 230 | 50 |
| Deutschland | 3.444 | 3.281 | 2.255 | 765 | 280 |
| Norwegen | 170 | 275 | 491 | 100 | 24 |
| Russland | 6.350 | 11.280 | 6.315 | 3.416 | 855 |
| Türkei | 2.795 | 3.120 | 3523 | 750 | 130 |
| Ukraine | 4.080 | 5.050 | 4.040 | 1.090 | 330 |
| Großbritannien | 843 | 3.017 | 583 | 855 | 350 |
| USA | 1.812 | 3.037 | 1.553 | 784 | 396 |

*Tabelle 1: Nationale Begrenzungen für Hauptwaffensysteme für zehn ausgewählte Länder im angepassten KSE-Vertrag (1999) (nicht in Kraft) (CFE Treaty 1999: Protokoll über nationale Obergrenzen) Obergrenzen für Unterkategorien »Schützenpanzer« und »Kampffahrzeuge mit schwerer Bewaffnung« unter »Gepanzerte Kampffahrzeuge« und Fußnoten für Untergrenzen in aktiven Einheiten wurden entfernt. Die vollständige Tabelle enthält 30 Länder.*

### Neue Begrenzungen außerhalb Europas

Die Ziele des KSE-Vertrags sind für andere Weltregionen ebenfalls nützlich. Im Prinzip sollten dem KSE-Vertrag entsprechende Begrenzungen der konventionellen Rüstung außerhalb Europas eingeführt werden, insbesondere in potenziellen Krisenregionen wie dem Nahen/Mittleren Osten und Süd-Asien, unter Einbeziehung bewaffneter Land- und Luft-UF, im Sinne der für Europa vorgeschlagenen. Allerdings würde dies die Lösung von sehr komplizierten politischen/militärischen Problemen erfordern, und maritime Themen müssten wahrscheinlich parallel angegangen werden. Die Entwicklung bewaffneter UF schreitet zu schnell voran, als dass man auf umfassende Begrenzungen konventioneller Kräfte warten könnte. Daher ist ein spezifisches Vorgehen ratsam, das sich nur auf bewaffnete UF fokussiert. Elemente dieses Vorgehens werden im Folgenden beschrieben. Bewaffnete UAVs sind am weitesten fortgeschritten und stellen die stärkste Bedrohung dar, sodass sie erste Priorität haben sollten.

### Neue Begrenzungen für bewaffnete Unmanned Aerial Vehicles (UAV)

Für eine Begrenzung unbemannter bewaffneter Luftfahrzeuge/Drohnen (UAV) ist es sinnvoll, sie in verschiedene Kategorien zu unterteilen: Flugzeuge mit starren/schwenkbaren Tragflächen und Hubschrauber, plus spezielle Typen wie z.B. Luftschiffe oder Lastensegler.

Für bewaffnete unbemannte Flugzeuge mit starren/schwenkbaren Tragflächen und Hubschrauber sollten global oder regional nationale Begrenzungen vereinbart werden. Eine Vorstellung über nationale Begrenzungen außerhalb Europas geben die Obergrenzen des Angepassten KSE-Vertrags (*1999*) (der nicht in Kraft ist). Idealerweise würden die Begrenzungen für bewaffnete UAV deutlich niedriger liegen, sodass die Gesamtzahl der bemannten und unbemannten Kampfflugzeuge und Kampfhubschrauber im selben Bereich bleibt.

Für global agierende Militärmächte würden Begrenzungen in mehreren Regionen parallel gelten. Für den Fall, dass unbemannte schwere Bomber eingeführt werden, sollten diese eine eigene Kategorie bilden, mit speziellen Begrenzungen, die niedriger sind als die für die anderen Kampfflugzeuge. Für eine globale Lösung werden die bemannten und unbemannten Luftfahrzeuge der Marinen ebenfalls reguliert werden müssen.

Für den Fall, dass Länder ein starkes Gewicht auf bewaffnete UAV legen, die erheblich kleiner sind als traditionelle Kampfflugzeuge oder Kampfhubschrauber (deren Leermassen im Bereich von 10-20 Tonnen beziehungsweise 1-8 Tonnen liegt),[47] ist es unrealistisch zu erwarten, dass diese genauso gezählt werden sollten wie die großen Modelle. Um diesen Motiven entgegenzukommen, könnten neue Unterkategorien eingeführt werden, mit Schwellen für die Leermassen von z.B. 100 und 1.000 kg für Kampfflugzeuge und 50 und 500 kg für Angriffshubschrauber. Wenn man berücksichtigt, dass kleinere UAVs billiger sind, kann man Argumente für viel höhere maximale Anzahlen erwarten als für die größeren/schwereren. Wenn man allerdings in Rechnung stellt, dass höhere Zahlen spezifische Möglichkeiten für Überraschungsangriffe und Destabilisierung bringen, sollten die maximalen Anzahlen in den Leichtgewichtskategorien bewaffneter UAVs ein kleines Vielfaches der Obergrenzen der Normal-gewichtsklassen nicht überschreiten.

Um militärische Stabilität zu bewahren und zu erhöhen, könnte es ab einem bestimmten Punkt ratsam werden, qualitative Kriterien einzuführen, über die Abflugmasse hinaus, die implizit eine ungefähre Grenze der Waffennutzlast gibt. Weitere Kriterien, die bei der Definition verfeinerter Kategorien bewaffneter UAVs verwendet werden können, sind hauptsächlich Nutzlast, maximale Reichweite und Einsatzdauer; jedoch sind diese weniger klar definiert und weniger leicht zu überprüfen. Besondere Arten bewaffneter UAVs brauchen ihre eigenen Begrenzungen, sobald deren Einführung wahrscheinlich wird. Zum Beispiel können die Begrenzungen für bewaffnete unbemannte Luftschiffe sehr niedrig liegen, vielleicht bei Null. Bewaffnete Gleitschirme könnten relevante Bedrohungen werden, weswegen ihre Anzahl eng begrenzt werden sollte.

Um Mehrdeutigkeiten zu verringern und die Überprüfung zu unterstützen, sollten Typen und Bestände unbewaffneter militärischer UAVs notifiziert werden.

### Neue Begrenzungen für bewaffnete unbemannte Bodenfahrzeuge

Die Einführung unbemannter bewaffneter Bodenfahrzeuge wird der Bewaffnung von UAV mit mehreren bis vielen Jahren Verzögerung folgen, aber die Begrenzung sollte bald ins Auge gefasst werden. Ähnlich wie beim für UAV empfohlenen Vorgehen sollten nationale Begrenzungen für unbemannte Kampfpanzer und gepanzerte Kampffahrzeuge definiert werden, sodass die Gesamtzahl (einschließlich der bemannten Versionen) zu dem Herangehen des an-

---

47. Maximale Startmassen sind im Bereich von 15-40 t für Kampfflugzeuge und 2-10 t für Angriffshubschrauber. Strategische Bomber haben Leer- und Startmassen von 70-110 t beziehungsweise 150-300 t.

gepassten KSE-Vertrags passt.[48] Wie beim KSE-Vertrag beschrieben, könnten Kategorien und Begrenzungen für kleinere bewaffnete unbemannte Bodenfahrzeuge benötigt werden. Schwellen für Leermassen könnten 100 bzw. 1.000 kg sein. Ähnlich wie im Fall der UAV könnten die Nutzlast, Reichweite und Einsatzdauer als zusätzliche qualitative Kriterien verwendet werden. Wie bei den UAV sollten Typen und Bestände unbewaffneter unbemannter Bodenfahrzeuge notifiziert werden.

## Neue Begrenzungen für bewaffnete unbemannte Oberflächenfahrzeuge und unbemannte Unterwasserfahrzeuge

Was See-UF betrifft, so ist es unwahrscheinlich, dass große Schiffe wie auch U-Boote ohne menschliche Besatzungen an Bord betrieben werden. Bei unbemannten Oberflächenfahrzeugen (UOF), die zur Stationierung bereitstehen oder in Entwicklung sind, handelt es sich zumeist um Motorboote, mit einigen zusätzlichen Halbtauchern. Die Länge beträgt weniger als 15 m, mit leichten Waffen und vielleicht einer kleinen Kanone an Bord (z.B. US-Verteidigungsministerium *2009:* App. C.1). Verglichen mit Schlachtschiffen und Flugzeugträgern bieten sie nur begrenzte militärische Fähigkeiten, mit geringen Auswirkungen auf militärische Stabilität. So lange diese Situation besteht und ihre Anzahlen begrenzt bleiben, ist die Begrenzung von unbemannten Oberflächenfahrzeugen von sekundärer Bedeutung. Allerding wird zur Vermeidung einer Nutzung durch Terroristen wenigstens informelle Zurückhaltung empfohlen.

Unbemannte Unterwasserfahrzeuge (UUF) andererseits könnten die Lage auf See verändern, insbesondere wenn sie Schiffe und U-Boote deutlich wirkungsvoller angreifen könnten als derzeitige Torpedos. Die Begrenzung von (neuen Typen von) UUF bereitet schwierige Probleme bei der Kategorisierung und Überprüfung und ist eng verknüpft mit dem Problem der maritimen Rüstungskontrolle im Allgemeinen. Daher wäre eine separate Übereinkunft, die sich auf UUF konzentriert, nicht sehr nützlich für die Lösung des Problems der Stabilität auf See, und Staaten mit Marinestreitkräften werden kaum einem solchen Vorgehen zustimmen. Die Proliferation an nicht-staatliche Gruppen ist keine dringende Sorge. In der Konsequenz bedeutet dies, dass UUF am besten

---

48. Auch hier sollte, wo erreichbar, eine gemeinsame Höchstgrenze für bemannte und unbemannte bewaffnete Bodenfahrzeuge verwendet werden, mit Notifikation der Typen und Bestände unbewaffneter militärischer Bodenfahrzeuge, die bewaffneten ähnlich sind.

behandelt würden innerhalb umfassender Regulierung der Seestreitkräfte. Solche Regulierung wäre schwierig auszuhandeln und würde einen langen Zeitraum erfordern.

Verifikation

Die Überprüfung der Einhaltung der vorgeschlagenen Begrenzungen für bewaffnete unbemannte Fahrzeuge (UF) kann sich größtenteils auf etablierte Methoden und Mittel stützen, nämlich nationale technische Mittel der Verifikation (zumeist Satelliten), kooperative Überflüge mit Kameras[49] und vor allem Vor-Ort-Inspektionen mit Zutrittsrecht nicht nur zu den Orten mit Beständen der begrenzten Fahrzeuge, sondern auch zu Test- und Übungsgeländen. Auch für Orte mit Beständen unbewaffneter Fahrzeuge, die den bewaffneten ähneln, muss es ein Zutrittsrecht geben. Inspektionsgerät sollte ähnlich wie bei den KSE-Vertrags-Regeln gestattet sein.[50] Wenn neue Kategorien, die Massenschwellen verwenden, benutzt werden, sollten tragbare Waagen hinzukommen.[51] Um auf eine Zeit vorbereitet zu sein, wenn kleine und kleinste bewaffnete UF machbar werden und/oder kleine und kleinste UF für zivile Zwecke eingeführt werden, sollten Inspektionsprotokolle die Nutzung von Vergrößerungsgerät gestatten sowie Verdachtsinspektionen an nicht-militärischen Orten vorsehen.[52] Als Vorbedingung für erfolgreiche Inspektionen sind Notifikationen der vorhandenen Typen bewaffneter UF und ihnen ähnelnder unbewaffneter mit regelmäßigen Aktualisierungen und der Bestände an den verschiedenen Orten erforderlich.

Um die Einhaltung der Forderung nach menschlicher Steuerung der Angriffe bewaffneter UF zu überprüfen, sollte das IKRK auf Antrag Zugang zu den aufgezeichneten Sensor-, Kommunikations- und Steuerungsdaten haben.

---

49. Wie in Europa plus USA und Kanada unter dem Offener-Himmel-Vertrag (1992) (Open Skies Treaty 1992).
50. Tragbare passive Nachtsichtgeräte, Ferngläser, Video- und Fotokameras, Diktiergeräte, Maßbänder, Taschenlampen, Magnetkompasse und Laptop-Computer; andere Ausrüstung bedarf der Billigung der inspizierten Partei (CFE Treaty 1999: Protokoll on Inspections).
51. Der START-I-Vertrag erlaubt die Verwendung von »Wiegevorrichtungen« (neben vielen anderen Dingen, z.B. Strahlungsnachweisgerät) (START I 1991).
52. Die Anforderungen würden sich erhöhen mit sinkender Größe der Mini-/Mikro-Roboter, oder wenn Insekten Elektronik implantiert würde, schon jetzt ein Gegenstand der Forschung (z.B. Bozkurt et al. 2009).

### Exportkontrollen und Transparenzmaßnahmen

Im Bereich der Exportkontrollen sollten UF systematischer erfasst werden. Insbesondere sollte der Haager Verhaltenskodex um Marschflugkörper (Gormley 2008) und andere UAV erweitert werden. Das Wassenaar-Arrangement sollte verbreitert werden, um auch UBF, USF und UUF zu erfassen.

Was Transparenzmaßnahmen betrifft, so wären vertrauens- und sicherheitsbildende Maßnahmen, wie z.b. das Wiener Dokument für Europa, auch in anderen Regionen nützlich, indem sie bewaffnete UF zusammen mit allen anderen Waffensystemen erfassen. So lange derartige umfassende Vereinbarungen nicht erreichbar sind, wären spezielle Notifikations-Regime über bewaffnete UF hilfreich, vielleicht auch als erster Schritt in Richtung auf substanzielle Begrenzungsvereinbarungen.

Im Waffenregister der Vereinten Nationen sollte geprüft werden, ob die Definitionen seiner Kategorien ergänzt werden sollten durch Erklärungen, dass bewaffnete UF eingeschlossen sind.

### Abschließende Bemerkungen über Empfehlungen

Tabelle 2 fasst die Rüstungskontroll-Optionen und die Empfehlungen mit den erforderlichen Verifikationsmethoden zusammen. In den Verhandlungen selbst werden viele Details über Kategorien, Begrenzungen, Ausnahmen, Überprüfungsmethoden erörtert und entschieden werden müssen. Für viele solche Fragen können der KSE-Vertrag und das Wiener Dokument nützliche Ideen liefern. In anderen Bereichen wird man Neuland betreten müssen, z.B. hinsichtlich der Einbeziehung ziviler UF bei Transparenzmaßnahmen und Verifikation, oder hinsichtlich des Verbots autonomer Angriffe.

*Tabelle 2: Rüstungskontroll-Vorschläge*

| Begrenzung | Vereinbarung | Verifikation durch |
|---|---|---|
| Keine bewaffneten UF | Neuer globaler Vertrag | NTM, VOI (inkl. Tests, Übungsbetrieb) |
| Keine autonomen Angriffe | Neue HVR-Regel mit Verpflichtung zur Aufzeichnung aller UF-Angriffsdaten | IKRK nachträglich, forensisch |
| Keine unbemannten Satelliten als/mit Waffen | Allgemeines Weltraumwaffen-Verbot | NTM, Inspektion vor Start |
| Keine neuen Arten unbemannter nuklearer Träger | START-Folge-Vertrag, Einbeziehung der anderen NWS | NTM, VOI |
| Keine bewaffneten transatmosphärischen Fahrzeuge | Neuer Vertrag (global oder Weltraummächte) | NTM,VOI (inkl. Tests) |
| Keine UF < 0,2 – 0,5 m | Neuer globaler Vertrag | VOI (mit Vergrößerungsausrüstung, inkl. Verdacht) |
| Zahlenmäßige Begrenzung ferngesteuerter bewaffneter UAV, UBF | Europa: KSE-Vertrag Anderswo: neue Verträge (regional oder global) Beides mit neuen Kategorien | NTM, VOI (inkl. Tests, Übungsbetrieb) |
| Zahlenmäßige Begrenzung ferngesteuerter bewaffneter UOF, UUF | Neue Verträge über Seestreitkräfte (regional oder global) | NTM, VOI |

*HVR* Humanitäres Völkerrecht; *IKRK* Internationales Komitee des Roten Kreuzes; *NTM* nationale technische Mittel der Verifikation; *NWS* Nuklearwaffenstaat; VOI Vor-Ort-Inspektion, *START* Strategic Arms Reduction Treaty; *UF* unbemanntes Fahrzeug, *UAV* unbemanntes Luftfahrzeug, *UBF* unbemanntes Bodenfahrzeug, *USF* unbemanntes Seefahrzeug, *UOF* unbemanntes Oberflächenfahrzeug, *UUF* unbemanntes Unterwasserfahrzeug

Mit der Verwendung des Begriffs »Fahrzeug« sind nicht-mobile bewaffnete Roboter (Waffen, die an einem Ort fixiert sind ohne menschlichen Bediener in unmittelbarer Nähe) aus den vorgelegten Empfehlungen ausgeschlossen. Weitere Forschung sollte untersuchen, ob deren internationale Begrenzung nützlich ist und wenn ja, wie dies erreicht werden kann.

Die Aussicht für Akzeptanz der Empfehlungen ist gemischt. Bei dem starken Anstieg der UAV-Angriffe während des vergangenen Jahrzehnts und dem ausdrücklichen Ziel der Ausweitung bewaffneter unbemannter Fahrzeuge in den USA und der Absicht vieler weiterer Länder, diesem Vorbild zu folgen, ist ein vollständiges Verbot gegenwärtig nicht realistisch. Zusätzliche Schwierigkeiten entstehen aus der Neigung von Demokratien zu Kriegsführung mit geringerem Risiko für ihre Soldaten (Sauer und Schörnig *2012*). Andererseits eröffnet die demokratische Gesellschaft die Möglichkeit für regierungsunabhängige Organisationen und Expertengruppen, ein öffentliches Problembewusstsein zu schaffen. In den Fällen der Antipersonen-Landminen und der Streumunition wurden militärische Interessen an diesen Systemen schließlich überstimmt, und Verbotskonventionen wurden beschlossen, hauptsächlich wegen der zivilen Opfer. Gegenwärtige UAV-Angriffe verursachen deutlich weniger zivile Opfer, aber deren Zahl ist nicht unbedeutend (z.B. Woods and Ross *2012*). Hinsichtlich des vorgeschlagenen Verbots von autonomen bewaffneten UF hat die einflussreiche NGO »Human Rights Watch« diese Forderung aufgegriffen (HRW/IHRC *2012*). Hinsichtlich Begrenzungen für ferngesteuerte bewaffnete UF ist schon jetzt politisches Handeln nötig, um einige der bestehenden Regulierungen zu bewahren und wiederzubeleben, erst recht um sie auszudehnen. Aber die vorhandenen Vereinbarungen schaffen wichtige Präzedenzfälle, auf die NGOs sowie unterstützende Staaten aufbauen können.

## Schlussfolgerung

Bewaffnete UF werfen ethische Probleme nicht nur hinsichtlich ihrer Verwendung im bewaffneten Konflikt auf, sondern auch bezüglich der Verhinderung von Kriegen. Um Gefahren für Rüstungskontrolle, das Humanitäre Völkerrecht, für militärische Stabilität wie auch für die Gesellschaft zu verhindern, sollten bewaffnete UF begrenzt werden, einige Kategorien sollten überhaupt verboten werden. Bestehende Regulierungen, insbesondere der KSE-Vertrag, erfassen bereits bewaffnete UF, aber zusätzliche Maßnahmen der präventiven Rüstungskontrolle werden empfohlen.

Diese Analyse hat Ideen für solche Maßnahmen vorgelegt. Am dringendsten ist der Bereich der bewaffneten UAV. Konkrete Verhandlungen erfordern ein detaillierteres Entwerfen von Kategorien, Begrenzungen und Verifikationsmethoden. Mit politischem Willen können die Gefahren von bewaffneten UF durch die Nutzung etablierter Methoden der (präventiven) Rüstungskontrolle eingedämmt werden.

## Dank

Der größte Teil dieser Forschung geschah während eines Projekts, das von der Deutschen Stiftung Friedensforschung (DSF) gefördert wurde. Ich möchte der DSF für die Unterstützung danken. Dank geht auch an Hans-Joachim Schmidt (Hessische Stiftung Friedens- und Konfliktforschung) und an das Zentrum für Verifikationsaufgaben der Bundeswehr für Informationen über den Status des KSE-Vertrags. Weiterhin bin ich drei anonymen Gutachter(inne)n für wertvolle Kommentare dankbar.

*Originalartikel: Jürgen Altmann, Arms Control for Armed Uninhabited Vehicles – An Ethical Issue, Ethics and Information Technology, 15 (2), 137-152, 2013; DOI 10.1007/s10676-013-9314-5, http://link.springer.com/article/10.1007%2Fs10676-013-9314-5.*

*Übersetzung: Eckart Fooken, Jürgen Altmann*

Franz Sölkner

# »Fähigkeitslücken« des Bundesheeres und die österreichische Drohnenwirtschaft

Der aus der Militärgeschichte bekannte erste Einsatz von unbemannten Kampfdrohnen gilt als österreichische »Leistung«:[1] 1849 hatten die Bewohner von Venedig die österreichischen Truppen aus der Stadt geworfen und die Republik Venedig ausgerufen. Bei der Planung der Wiedereroberung zeigten sich aufgrund der Topographie Schwierigkeiten beim Einsatz schwerer Artillerie. Ein Leutnant Uchtaius hatte die »Lösung«. Gebaut in Treviso, kam es am 22. August zum Einsatz von 7 m langen Heißluftballons aus Papier. Mit 16 kg schweren Bomben und einem Schmelzzünder ausgestattet, wurden sie bei günstigem Wind so gestartet, dass sie ihre tödliche Fracht über dem Zentrum der Stadt abwerfen konnten. Zum Glück für Venedig ging der Einsatz teilweise schief. Der Wind drehte und trieb etliche Ballone wieder hinter die österreichischen Linien zurück

## Das Bundesheer kauft Drohnen

165 Jahre später soll das österreichische Bundesheer mit Drohnen/UAVs (Unmanned Aerial Vehicles) aufgerüstet werden. Freilich nicht mit Kampfdrohnen, sondern nur mit solchen »zur Aufklärung«. Mit der ersten Ankündigung durch Verteidigungsminister Norbert Darabos (SPÖ) im Juni 2012 sorgte das Projekt zunächst für einen regierungsinternen Konflikt mit Innenministerin Johanna Mikl-Leitner (ÖVP). Dabei waren es nicht die Drohnen selbst, welche die Innenministerin erregten, sondern der von Darabos angekündigte, mit ihr aber nicht abgesprochene Einsatz zum Aufgriff von Flüchtlingen und zur Bekämpfung der grenzüberschreitenden Kriminalität entlang der ungarischen Grenze – also im zentralen Kompetenzbereich des Innenministeriums.[2] Die Ausschreibung für die ersten sechs Systeme in der *Wiener Zeitung*, dem offiziellen Amtsblatt der Republik, erfolgte dann gleich einem Weihnachtsgeschenk am

---

1. http://www.ctie.monash.edu/hargrave/rpav_home.html#
2. http://derstandard.at/1338558701801/Darabos-Vorschlag-Assistenzeinsatz-mit-Drohnen-Innenministerium-erteilt-Absage

18. Dezember 2012.³ Der Zeitpunkt war gut gewählt, die öffentliche Debatte blieb zunächst aus. Gegenstand des Auftrags des Amtes für Rüstung und Beschaffung des österreichischen Bundesheeres war der Ankauf von sechs tag- und nachtsichtfähigen, durch zwei Personen tragbare Aufklärungsdrohnensysteme kurzer Reichweite. Diese UAS (Unmanned Aerial Systems) sollen als Leistung zumindest 10 km Reichweite und 45 Minuten ununterbrochener Flugdauer erbringen.⁴ Als Einsatzzweck wurde die Lage-, Ziel- und Wirkungsaufklärung für Aufklärungstrupps, Aufklärungszüge und Spezialeinsatzkräfte benannt. Als Erfüllungsort wurden Linz-Hörsching und Wels angegeben.

Erst Anfang April 2013 wurde die österreichische Öffentlichkeit vom neuen Verteidigungsminister Gerald Klug über die Dimension des Gesamtprojekts informiert:⁵ Das Österreichische Bundesheer werde noch 2013 18 Aufklärungs- und Überwachungs-Drohnen und von 2016 bis 2018 weitere 50 Stück kaufen. Gesamtkosten: 16 Millionen Euro. Die Drohnen-Systeme werden der Heerestruppenschule sowie den Aufklärungs- und Artillerie-Bataillonen zugewiesen werden.⁶ In Österreich würden die Drohnen hauptsächlich im Katastrophenschutz im Einsatz sein. Durch die Nachtsichtfähigkeit können Glutnester bei Waldbränden oder auch Hangrutschungen und Murenabgänge schneller erkannt werden. Im Ausland sollen die unbemannten Flugzeuge »die UNO-Truppen bei der Raumüberwachung unterstützen. Die Drohnen fliegen da einige Kilometer vor den Konvois und erkennen damit Gefahrenpotenziale rechtzeitig«. Was der Minister nicht in den Vordergrund rücken wollte, ergänzte der für das Beschaffungsprojekt zuständige Offizier, Oberst Reinhard Zmug: Natürlich seien sie auch im Ausland »zur Überwachung von Räumen, aber auch zur Bewachung von Demonstrationen von oben gut zu gebrauchen«. Das hätte gleich zwei Vorteile: »Einerseits würde man die Kräfte am Boden schonen, von denen man oft ohnehin zu wenige hätte«. Bei Menschenansammlungen würden die Drohnen deeskalierend wirken: »Sie beobachten die Leute von oben, und am Boden sieht man nicht allzu viele Soldaten.« So würden auch weni-

---

3. Wiener Zeitung. Amtsblatt der Republik Österreich vom 18. 12. 2013, S. 36f., http://www.wienerzeitung.at/showpdf/?ID=9117 .
4. Die ausgeschriebenen Geräte gehören also in die Kategorie der MUAV (Mini Unmanned Aerial Vehicle). Solche Geräte haben eine Einsatzhöhe von max. 250 m, einer Reichweite von 10 km, eine Flugdauer von max. 1 Std. und ein Gewicht von weniger als 20 kg., siehe dazu Dominik Heider, Drohnen im zivilen und militärischen Einsatz (Februar 2006), http://euro-police.noblogs.org/gallery/3874/drohnen.pdf
5. http://diepresse.com/home/politik/innenpolitik/1385164/Heer-kauft-Drohnen-um-16-Millionen-Euro?from=suche.intern.portal
6. Email von OberstdG Mag. Reinhard Zmug vom 10. 07. 2013 an den Verfasser.

ger schnell Konflikte entstehen.»Denn wenn eine Drohne 300 Meter entfernt von Ihnen fliegt, sehen Sie sie nicht mehr. Sie ist so klein und hell, man hört sie auch kaum mehr«, erklärt Zmug. Die Menschen würden demnach auch gar nicht merken, dass sie beobachtet würden.

Unerwähnt blieb das in diesem Zusammenhang naheliegende Faktum, dass diese diskreten technischen Flug-Spionagegeräte nicht nur bei Demonstrationen im Ausland, sondern wohl auch bei politisch unerwünschten Ansammlungen demonstrierender oder streikender Menschen in Österreich gut einzusetzen sind. Und dass damit auch diese »Fähigkeitslücke«[7] unseres Militärs geschlossen werden kann.

Der angegebene Gesamt-Systempreis von ca. 235.000 Euro je Drohne weist darauf hin, dass es sich dabei innerhalb der Kategorie der Kleindrohnen um kein billiges Gerät handelt, sondern um eines, das hohe militärische Aufklärungsanforderungen erfüllt. Die Auswahl und Entscheidung für den Ankauf der ersten sechs Stück soll zwischen Produkten aus Deutschland, Israel[8], den USA und Österreich vorgenommen werden. Offensichtlich ist daran gedacht, zunächst mehrere einzelne Drohnen-Typen-Systeme anzukaufen und erst nach einer Phase der vergleichenden Praxiserprobung sich für die Großbestellung auf ein oder zwei Typen festzulegen.[9] Und erst in dieser Phase dürfte dann hinsichtlich der Möglichkeit einer gemeinsamen Beschaffung und der zukünftigen logistischen Kooperation im Sinne des »pooling&sharing-Konzepts« der EU-Militärkooperation auch eine Abstimmung mit den europäischen Militärkooperationspartnern erfolgen.

### Ein Mitbieter aus Linz?

Die Frage, welche Firmen welche Drohnen-Typen anbieten, kann derzeit aufgrund der Geheimhaltungsregelungen des Bundesvergabegesetzes nicht abschließend beantwortet werden. Einige Indizien verweisen aber auf die in Linz ansässige Firma AeroSpy. Auf deren Website[10] findet man unter dem Link »Partners & References« auch die Logos des österreichischen Bundesheeres und der französisch-britischen Rüstungsschmiede Thales. Und geht man hierauf den

---

7. http://www.bmlv.gv.at/cms/artikel.php?ID=3820
8. Gegen den für 2015 geplanten Ankauf israelischer Drohnen richtet sich eine im Zuge der«Boykott, Desinvestitionen, Sanktionen«/BDS-Kampagne initiierte online-Petition in der Schweiz, siehe https://www.change.org/de/Petitionen/nein-zum-kauf-von-drohnen-aus-israel
9. Email von Oberst Reinhard Zmug vom 10. 07. 2013 an den Verfasser.
10. http://www.aerospy.at/company/about/about-aerospy

link »Awards«, so erfährt man, dass die Firma im Jahr 2010 vom französischen Rüstungskonzern Thales für seine »AeroSpy Sense & Avoid Prototype« eine besondere Auszeichnung erhielt, den »Thales UAS Innovation Award«. Die Firma selbst verweist auf die hohe Sensorqualität und das sehr gute Ausweichverhalten ihres Systems AP1. Die Einsatzdauer der serienreifen Weiterentwicklung ihres Prototyps AeroSpy Fixed Wing[11] entspricht genau den in der Ausschreibung geforderten 45 Minuten.

Hinzu kommt ein weiteres Indiz, das in Deutschland zum politischen Desaster rund um den Ankauf der Drohne Euro-Hawk geführt hat – die Gewährleistung einer Technik, die auch außerhalb des Sichtflugbereichs einen Zusammenstoß mit einem zivilen Flugzeug ausschließt. In den Ausschreibungsunterlagen des Bundesheeres findet sich auch die Anforderung eines technischen Systems, dass diese Qualifikation erfüllt, was beim AeroSpy Gerät weitgehend gegeben zu sein scheint. In Anbetracht dieser Fakten ist es naheliegend anzunehmen, dass der Linzer Drohnen-Spezialist zumindest als Teilanbieter mit im Boot ist.

### Österreich will »dabei sein« – auf Kosten der Neutralität

Nun sind solche Rüstungsentscheidungen natürlich nicht spontane Eingaben eines politischen Shootingstars oder kurzfristige Einflüsterungen einer Gruppe von hohen Militärs, sondern sie haben eine systemisch verwobene Vorgeschichte: In einem wachsenden Widerspruch zu einer strengen Auslegung seiner Neutralitätsverpflichtungen hat sich die österreichische Sicherheitspolitik und Militärstrategie nach 1990 zunehmend den Verlockungen und Zwängen des siegreichen transatlantischen Systems und der sich herausbildenden Großmacht EU angepasst.[12] Bei den eng verschränkten wirtschaftlichen und politischen Eliten Europas erkenntnisleitend war dabei die neoliberale Ideologie der vorgeblich »notwendigen« Zurüstung sämtlicher Lebensbereiche auf die Interessen einer gesteigerten Kapitalakkumulation der herrschenden Kapitalfraktionen und Konzerne. Als Mittel dazu sollten eine gesteigerte Wirtschaftseffizienz und eine im globalen Kontext konkurrenzfähige Exportwirtschaft dienen. Dass der Abbau sozialer Sicherungssysteme, die Privatisierung von ertragreichem Gemeineigentum, die Deregulierung von wettbewerbshemmenden Ge-

---

11. http://www.aerospy.at/en/products_demonstrators.html
12. Zur Herausbildung einer imperialen EU-Militärmacht siehe jüngst Gerald Oberansmayr, Denn der Menschheit drohen Kriege, in »Denn der Menschheit drohen Kriege…«. Neutralität contra EU-Großmachtswahn, Hg. Solidar-Werkstatt Österreich, Linz 2013, S. 8-70.

setzen auf Kosten von Mensch und Umwelt sowie eine wachsende Umverteilung von unten nach oben zu verschärften Konflikten sowohl innerhalb der nationalen Gesellschaften als auch zwischen den stärkeren und den schwächeren EU-Mitgliedsstaaten führen würden, war absehbar. Ebenso die Notwendigkeit, die geplante Durchsetzung von wirtschaftlichen und politischen Abhängigkeitsstrukturen in den zu schaffenden neokolonialen Hinterhöfen auch militärisch absichern zu können.

## Im Kontext der EU-Militärpolitik

Die Straffung der Kontrolle gegenüber der Zivilgesellschaft nach innen und die Entwicklung eines droh- und durchsetzungsfähigen Militärprojekts nach außen lagen dabei primär im Interesse des deutsch-französischen EU-Tandems, fügten sich aber ebenso in die Interessenslage der dominanten Kreise Österreichs ein. Im Mainstream der europäischen Entwicklung kam es auch in Österreich über die Grenzen der einzelnen im Parlament vertretenen Parteien hinweg zu einer EU-konformen Angleichung der Außen-, Sicherheits- und Militärpolitik. Der mehrjährige, dem EU-Beitritt von 1995 vorausgegangene, von Politikern unter Zuarbeit von hohen Beamten und darunter auch von Militärs, geführte Verhandlungsprozess sowie der EU-Beitritt selbst und die eingegangenen Verpflichtungen im Rahmen der NATO-«Partnerschaft für den Frieden« (PfP) führten 1998 zu einer Änderung der österreichischen Bundesverfassung. Indem sich Österreich mit seinem Heer in der Bundesverfassungsbestimmung Art.23f[13] – entsprechend den sogenannten Petersberger Aufgaben (1992) – auch zur Durchführung von friedensschaffenden Kampfeinsätzen bekannte, wurde die Neutralität in ihrem Kern entsorgt. Die schrittweise Entwicklung der Gemeinsamen Außen- und Sicherheitspolitik (GASP) bzw. der Europäischen Sicherheits- und Verteidigungspolitik (ESVP) etwa in den EU-Ratstreffen von Köln und Helsinki (beide 1999) führte über den Vertrag von Nizza (2001) schließlich zum Verfassungsvertrag von Lissabon (2007), der auch der österreichischen militärischen Strategie- und Rüstungsplanung neue Rahmenbedingungen vorgab: Die »ständig strukturierte Zusammenarbeit« (SSZ), die »permanente Aufrüstungsverpflichtung«, die Solidaritätsklausel der gegenseitigen Unterstützung bei einer (auch inneren) Bedrohung der Sicherheit eines Mitgliedsstaates, die derzeit noch nicht zwingende Teilnahme an nur EU- und nicht UN-mandatierten Militärinterventionen von Battlegroups in den äuße-

---

13. Inzwischen ersetzt durch B-VG Artikel 23g.

ren EU-Interessenszonen, eine koordinierende »EU-Rüstungsagentur« und ein »Pooling and Sharing«-Konzept, das über die EU hinaus auch mit der NATO abgestimmt werden sollte. Welcher Ehrgeiz da auch die österreichische Militärpolitik treibt, zeigt die am 3. Juli 2013 im Nationalrat beschlossene neue Sicherheitsdoktrin: »Unser Ziel ist es, auch in Zukunft zu den Top-Truppenstellern in der EU zu zählen«, betonte der Verteidigungsminister. International werden deshalb mindestens 1.100 Soldaten dauerhaft im Auslandseinsatz stehen.[14]

### Der Wunsch nach Drohnen in Österreichs Politik und Militär

Bei zahlreichen Treffen der vergangenen 20 Jahre fand nicht nur für den obersten Kreis der österreichischen Sicherheits- und Verteidigungspolitiker und ihre hochrangigen militärischen Berater eine militärphilosophische, sicherheitsstrategische und rüstungstechnische Konformitätsprägung ihres Denkens statt.[15] Derselbe Prozess vollzog sich selbstverständlich auch bei den zahlreichen nachgeordneten praktischen Planungs-, Übungs- und Einsatzkooperationen von österreichischen Offizieren und Soldaten mit Angehörigen anderer Armeen. Allein im 1. Jahrzehnt der NATO-PfP (1995-2005) haben ca. 10.000 Angehörige des österreichischen Bundesheeres an deren »verschiedensten Aktivitäten im Rahmen der PfP teilgenommen, einschließlich der Truppengestellung für von der NATO geführte Operationen.«[16] Etliche dieser kooperierenden Truppenkörper hatten schon UAVs in Verwendung. Hohe österreichische Offiziere arbeiten in Projektgruppen zum European Capabilities Action Plan (ECAP) zur Vermeidung von Einschränkungen und Engpässen im militärischen Bereich der EU mit. Drohnen standen dabei mit auf der Tagesordnung.[17] Der 18. Generalstabslehrgang des Bundesheeres war bei der Übung »Nord 08« der deutschen Bundeswehr zu Gast und sah dort den »eindrucksvollen Einsatz« von

---

14. http://www.bmlv.gv.at/journalist/pa_body.php?id=3011&timeline=; vergleichsweise bescheiden dagegen wirkt der ebendort festgeschriebene Beitrag »zum Zwecke der Konfliktprävention soll darüber hinaus zusätzlich ein Pool von 100 Experten aufgestellt werden.«
15. Dieser Aspekt der Angleichung des Denkens Einzelner innerhalb starker Strukturen und mächtiger Institutionen wird in der Analyse von politischen Entwicklungen oft zu wenig berücksichtigt. Für die Ebene der »hohen« Politik sehr gut beschrieben, finden sich diese äußerst wirksamen sozial- und gruppenpsychologischen Prägungsmechanismen in Hermann Scheer, Die Politiker, München 2003, vor allem S. 187ff.
16. http://www.bundesheer.at/truppendienst/ausgaben/artikel.php?id=297
17. http://www.bmlv.gv.at/cms/artikel.php?ID=2593

modernsten Drohnen.[18] Die teilweise in Kriegseinsätzen wie etwa in Afghanistan mit Drohnen gewonnenen Erfahrungen wurden von Referenten aus NATO-Staaten bei Tagungen für Österreichs höchste militärische Führungskräfte »nach oben« weitergereicht.[19]

So ist es mehr als nur ein hypothetisches Konstrukt, wenn man annimmt, dass auch im Hinblick auf die mentale Zurüstung des Denkens für die aktuelle Beschaffung von Aufklärungsdrohnen für das österreichische Bundesheer zunächst auch banal erscheinende Zusammenhänge eine Rolle gespielt haben. Z.B. hat die in Westösterreich und Kärnten stationierte 6. Jägerbrigade des österreichischen Bundesheeres eine Partnerschaft mit dem Gebirgsaufklärungsbataillon 230 der deutschen Bundeswehr in Füssen/Bayern. Österreichische Soldaten »als Spezialisten für den Einsatz in schwierigem hochalpinen Gelände« werden sich bei dieser Zusammenarbeit zwar einerseits stolz als den deutschen Kollegen ebenbürtig verstanden haben. Dies gilt vor allem für jene Kompagnien, die die einzigen gebirgsbeweglichen Kaderpräsenzeinheiten (KPE) der Kräfte für internationale Operationen (KIOP) des österreichischen Bundesheeres stellen.[20] Andererseits aber mussten sie wohl neidvoll gesehen haben, wie ihre deutsche Partnereinheit mit Überwachungsdrohnen ausgestattet ist und deren Feldnachrichtenkräfte in der Lage sind, damit ohne Eigengefährdung die Spähaufklärung auch im Hochgebirge und unter extremen klimatischen Bedingungen zu betreiben.[21] Und natürlich wurden parallel dazu die neuen Möglichkeiten der UAVs von Spezialisten des österreichischen Bundesheeres aufmerksam verfolgt. Die Zeitschrift *Truppendienst*, das offizielle Organ des Bundesheeres, hob die Drohnen in ihrer Ausgabe 6/2002 erstmals auf das Titelbild[22] und handelte sie in zwei ausführlichen Artikeln ab.[23]

Bei verschiedenen Anlässen, etwa beim EU-geführten Übungseinsatz »European Advance 2010« in Allentsteig/NÖ[24] hatten österreichische Soldaten Gelegenheit, die Zusammenarbeit mit in Österreich nicht verfügbaren Systemen,

---

18. http://www.bmlv.gv.at/karriere/generalstabslehrgang/galerie.php?id=1570&currRubrik=145&slideshow=
19. http://www.bmlv.gv.at/cms/artikel.php?ID=4887
20. http://www.bmlv.gv.at/sk/lask/brigaden/jgbrig6/index.shtml
21. http://www.bmlv.gv.at/sk/lask/brigaden/jgbrig6/partner.shtml
22. http://www.bmlv.gv.at/truppendienst/ausgaben/ausgabe.php?folge=267
23. Arnold Staudacher, UAVs im militärischen Einsatz (I), http://www.bmlv.gv.at/truppendienst/ausgaben/ausgabe.php?folge=267, und ders., UAVs im militärischen Einsatz (II), http://www.bundesheer.at/truppendienst/ausgaben/artikel.php?id=1252
24. So wie etwa bei der auch »im Rahmen eines EU-geführten Einsatzes siehe: http://www.bundesheer.at/archiv/a2010/europeanadvance2010/index.shtml

wie etwa der französischen Drohne »Tracker« und der italienischen UAV »Strix-C« zu trainieren. Das »Manöverjournal« schwärmte: »Beinahe lautlos und genauso zielsicher wie Raubvögel auf Beutefang kreisten unbemannte High-Tech-Flugkörper während der EURAD10 über dem Truppenübungsplatz. Nicht die geringste Bewegung am Boden entging ihren Sensoren und Kameras. Jeder Meter wurde minutiös abgetastet und via Funk an den Monitor des Flightcontrollers übermittelt. Die Rede ist vom Schrecken aller Bodentruppen – den »Unmanned Aerial Vehicles« (UAVs), auch Drohnen genannt« und all das natürlich auch im Einsatz »gegen Terrorgruppen« und »ohne dabei eigene Truppen gefährden zu müssen«.[25] Auch bei gemeinsamen Einsätzen in Konfliktgebieten[26] konnten wirklichkeitsnahe Erfahrungen mit UAVs gemacht werden. Im Juli 2011 kehrte Brigadier Alois Hirschmugl von seinem 10. Auslandseinsatz aus Zypern zurück. Dabei konnte er nach der Explosion einer Munitionsfabrik den Einsatz modernster Minidrohnen durch deutsche Spezialisten beobachten. Mit ihrer Hilfe konnten die Schäden erfasst und der Zugang zu Gebäuden gefunden werden, deren Betreten zu gefährlich gewesen wäre.[27]

## Österreich ist bei Aufklärungsdrohnen ein relevanter Akteur

Unabhängig vom aktuellen militärischen Beschaffungsvorgang ist Österreich in Sachen Drohnen ein durchaus relevanter Akteur. Die Alpenrepublik ist über mehrere wissenschaftliche Institutionen und Firmen in die Forschung, Entwicklung, Produktion, den Handel und den Einsatz dieser Fluggeräte involviert. Überwiegend hervorgebracht wurde dabei der Typus der mit Kameras ausgestatteten Mico- und Mini-Drohnen für gewerbliche Dienstleistungen.

Ohne Anspruch auf Vollständigkeit seien nachfolgend einige dieser Kleindrohnen genannt:

---

25. http://www.bmlv.gv.at/archiv/a2010/europeanadvance2010/pdf/uebungszeitung_eurad10_ausgabe2.pdf
26. http://www.bmlv.gv.at/ausle/kfor/artikel.php?id=2657: Bei ihrem sechsmonatigen Einsatz im Kosovo waren die Soldaten des Aufklärungszuges des Jägerbataillons 18 der Aufklärungskompanie der Multinationalen Task Force Süd unterstellt. »Gemeinsam mit deutschen und türkischen Aufklärern werden sie im gesamten Verantwortungsbereich der Task Force eingesetzt. Durch die enge internationale Zusammenarbeit ist es den österreichischen Soldaten dabei auch möglich, modernste technische Aufklärungsmittel – wie Gefechtsfeldradar oder Aufklärungs-Drohnen – zu nutzen.«
27. http://www.bundesheer.at/cms/artikel.php?ID=5706

- HDCopters Eos und Helios der Firma Airborne Motion Pictures OG in Klagenfurt.[28]
- Die DP´s Helicopter der Firma Dynamic Perspectives GmbH in Wien.[29]
- Die sechsrotorige twinHEX der auf die Gewinnung von Geodaten spezialisierten Firma TWINS.NRN. Mechatronic in Ampass/Tirol.[30]
- Die seit 2005 entwickelte, zivile, deltaflügelige Forschungsdrohne Airborne JXP-V der Fachhochschule Joanneum in Graz.[31]

In Kärnten hat sich in diesem Bereich sogar ein Klein-Cluster entwickelt. Das Forschungsprojekt cDrones[32] der LakesideLabs[33] fokussiert auf die Software-Entwicklung zur Selbststeuerung von Drohnen. Auch die Möglichkeit der Koordination und automatisierten multimedialen Kollaboration von Drohnenschwärmen sind Gegenstand der Softwareentwicklung. Darüber hinaus geht es um Objekt-Erkennung, 3D-Rekonstruktion, die Analyse von Anforderungen und die praktische Testung mit verschiedenen Anwendungspartnern.[34] Die LakesideLabs sind weltweit mit zahlreichen anderen, meist universitären Forschungseinrichtungen, aber auch mit großen, im Rüstungsbereich engagierten Firmen wie EADS (Deutschland/Frankreich) und Thales (Frankreich/UK) vernetzt.[35] Einige der Forschungskooperationen sind naturgemäß auch militärisch relevant und in ihrer Tauglichkeit für obrigkeitsstaatlich-polizeiliche Missbräuche politisch brisant. So geht es beim Projekt »Engineering Proprioception« mit EADS um die »Entwicklung von autonom agierenden Netzwerken intelligenter Kameras«. Diese sollen eingefangene Bilder selbständig analysieren, gesuchte Objekte wie Fahrzeuge oder Personen finden, deren Charakteristika an die benachbarten Kameras weitergeben und so dem fraglichen Objekt auf der Spur bleiben.[36]

---

28. http://www.a-mp.at/hdcopter.html
29. http://www.dynamicperspective.com/EN/contact.html
30. http://www.twins.co.at/?page_id=347
31. http://www.fh-joanneum.at/global/show_document.asp?id=aaaaaaaaaahynuv&download=1
32. http://uav.lakeside-labs.com/overview/cdrones/; siehe dazu auch die Video-Demonstration einer Arealerkundung und Vermessung durch die von LakesideLabs entwickelten cDrones. Gezeigt werden der Aufbau der Basisstation, die Programmierung, Start, Flug und 2- und 3 D-Rekonstruktionen am Bildschirm in Echtzeit, http://www.youtube.com/watch?v=MHlD4noDjZ4
33. Die Forschungsinstitution steht im Eigentum von 9 Teilhabern, darunter die Alpen Adria Universität, das Land Kärnten und die Industriellenvereinigung Kärnten, http://www.lakeside-labs.com/about/management-and-organization/
34. http://web.bettstetter.com/?p=359
35. http://www.lakeside-labs.com/about/partners/
36. http://www.lakeside-labs.com/research/engineering-proprioception/

Bei ihren zahlreichen Forschungsprojekten haben die LaksideLabs mehrere UAVs im Einsatz:[37] Die aus deutschen Produktionen stammenden UAVs microdrone MD4-200, microdrone MD4-1000, Asctec Pelican, Asctec Falcon und Asctec Hummingbird sowie die um 300 Euro in jedem Technik-Supermarkt zu kaufende Parrot AR.Drone aus Frankreich[38]. Bei ihren jährlich in Klagenfurt organisierten »Research Days« versammeln die LakesideLabs jeweils einen Teil der international renommierten Drohnen- und Roboterforscher.

Mit zu diesem Cluster gehört auch die Firma Airborne Motion Pictures OG in Klagenfurt. Sie hat zwei eigene Typen von Trägerplattformen entwickelt, die HDCopter EOS und Helios. Sie bietet deren Einsatz auch für die Ausführung ziviler Dienstleistungsaufträge an. Und für den Verkauf der Forschungsergebnisse und ebenso die Übernahme von Dienstleistungsaufträgen für den Einsatz von Drohnen hat die Alpen Adria Universität mit der Firma Carinthian Robotics/CRobotics in Reifnitz ein eigenes Spin off-Unternehmen gegründet.[39]

Mit diesen bereits bestehenden Entwicklungen und Produktionen ist die einschlägige Nachfrage aber offensichtlich nicht abgedeckt. In der Nähe von Tulln/NÖ hat sich eine Professional Aircraft Engines GmbH angesiedelt. Sie will ab 2014 unter der Marke PACE Engines[40] mit drohnenfähigen 70 PS-Antriebsaggregaten in Produktion gehen. Auch die Produktion der gesamten Drohne wird dabei nicht ausgeschlossen.

Etliche österreichische Firmen bieten zudem mit eigenen Prototypen oder auch aus dem Ausland zugekauften Überwachungs- und Vermessungsdrohnen Dienstleistungen mit spezieller Software an. Die Innsbrucker Firma Grid-IT GmbH[41] hat etwa die aus Großbritannien stammenden Modelle Quest 200 und Quest 300 in Einsatz. Die bereits genannte Firma CRobotics[42] in Reifnitz am Wörthersee bedient sich sowohl der österreichischen Produkte HDCopter EOS und HELIOS als auch der Asc Tech Falcon8 der Firma Ascending Technologies aus München und der Drohne md-200 der Firma MicrodronesGmbH in Siegen/Deutschland. Die Firma Gerhard Kaindl-SKY-CAM.NET[43] in Kottingbrunn/NÖ bietet die Auftragserfüllung mit den Hubcopter-Kameraträgern HT-6-800 und HT-8-2000 des Bielefelder Produzenten Height-Tech GmbH

---

37. http://www.lakeside-labs.com/about/laboratories/
38. Siehe die entsprechenden Preisvergleiche unter http://geizhals.at/parrot-ar-drone-2-0-orange-blau-pf721002-a838289.html
39. http://www.carinthian-robotics.com/
40. http://www.pace-engines.at/index.php?ID=66
41. http://www.grid-it.at/surveybird/quest200
42. http://www.carinthian-robotics.com/technik.html
43. http://www.sky-cam.net/impressum/

an. Die Firma AIRWORKS[44] aus Schwanenstadt/OÖ setzt für verschiedene Zwecke (u.a. Imagefilme) einen unbenannten selbst gebauten Octocopter ein. Selbst die Brücke zur Kunst wurde inzwischen erfolgreich geschlagen. Bei der Ars Electronica 2013 in Linz wurde mit 49 lichtabstrahlenden ASCTEC Hummingbird-Microdrohnen im Schwarmflug und im Takt einer sphärischen Musik ein Ballett in den Nachthimmel gezaubert.[45]

### Exkurs: Rechtliche Rahmenbedingungen des Drohneneinsatzes in Österreich

Die vielfältigen zivilen Leistungserbringungen mittels Drohnen sind bis dato gesetzlich nicht ausreichend gedeckt, weil das bisherige in seinem Kern aus dem Jahr 1957 stammende österreichische Luftfahrtgesetz den Einsatz von unbemannten Geräten schlicht nicht vorsah. Weder entsprachen sie der gesetzlichen Definition des »Luftfahrtgeräts« noch dem der »Luftfahrzeuge«. Luftfahrtgeräte waren solche, die – ähnlich einem Modellflugzeug – in der technischen Ausstattung über die Eigenschaft der Flugtauglichkeit hinaus keine weiteren Voraussetzungen erfüllen müssen und keine besondere Zweckeigenschaft aufweisen und deren Betrieb daher mit bestimmten Ausnahmen (flughafennahe Sicherheitszonen; schwerer als 25 kg; mehr als 150 m Flughöhe) bewilligungsfrei ist. Auf Drohnen trifft das aber nicht zu, weil diese technische Ausstattungen wie Kameras und kleine technische Messgeräte transportieren. Dementsprechend waren sie im Sinne des § 11Abs. (1) LFG »Luftfahrzeuge« und unterlagen daher bei strenger Auslegung dem umfassenden Bewilligungs- und Flugverkehrsreglement der Luftfahrtbehörden/Austro Control GmbH. Der Einsatz der »fliegenden Kameras« war also bisher in streng rechtspositivistischer Sicht gar nicht[46] oder nur eingeschränkt möglich, etwa im Rahmen entsprechender Erprobungsbewilligungen in Luftfahrtbeschränkungsgebieten.[47] Da der Einsatz von Droh-

---

44. http://www.airworx.eu
45. http://www.aec.at/aeblog/2013/04/12/spaxels-testflug-und-show-in-linz/
46. Beispielhaft für diese Kluft zwischen dem gegebene Recht und der tatsächlich gegebenen Praxis siehe die Stellungnahme von Bundesministerin Doris Bures vom 30.11.2011: »Nach derzeitiger Rechtslage sind unbemannte (Modell)Luftfahrzeuge mit Kamera gemäß § 11 Abs. 1 Luftfahrtgesetz als Luftfahrzeuge zu qualifizieren – mit allen daraus folgenden Konsequenzen (erforderliche Lufttüchtigkeitszertifizierungen, Registrierungspflicht, Pilotenschein für Steuerer, Einhaltung der Luftverkehrsregeln etc.). Da diese Voraussetzungen jedoch von keinem dieser Flugobjekte erfüllt werden (können), dürfen diese nach geltender Rechtslage nicht betrieben werden.« Zitiert nach: http://www.multirotor-community.eu/showthread.php?2574-Luftfahrtgesetz-%D6sterreich .
47. So etwa dauerhaft bei den Test- und Demonstrationsflügen des Camcopters der Firma Schiebel auf einem eigens dafür eingerichteten, 3,5 km langen Luftkorridor zwischen Wiener Neustadt und dem Militärübungsplatz Großmittel, siehe: http://www.airpower.at/news06/0913_schiebel/index.html

nen für zivile Anwendungen im österreichischen Luftraum in den letzten Jahren zahlreich dokumentiert ist, kann man davon ausgehen, dass häufig eine sehr österreichische Lösung gewählt wurde: jene, die Drohnen zum Einsatz brachten, fragten nicht lange nach[48] und die zuständigen Behörden schauten fallweise nicht genau hin.

Die EU will den Luftraum ab 2016 für den gleichberechtigten Betrieb von bemannten und unbemannten Luftfahrzeugen öffnen. Als nationale Vorleistung dazu soll die juridische Grauzone mit einer neuen EU-konformen großen Novelle zum Luftfahrtgesetz zum Jahresanfang 2014 ihr Ende finden. Die neuen §§ 24c ff[49] enthalten explizite Regeln für nicht der Landesverteidigung dienende UAVs und kennen nun einerseits die hobbymäßig betriebenen »Flugmodelle« mit einer Einsatztauglichkeit innerhalb eines 500 Meterkreises und nur in Sichtverbindung zum Piloten. Bei einem Gewicht von mehr als 25 kg bedarf das Gerät einer Betriebsbewilligung durch die Austro Control GmbH (oder einer dafür beauftragten Stelle). Hinzu kommen noch zwei weitere Kategorien, die jedenfalls einer Lufttüchtigkeits- und Betriebstüchtigkeitsbewilligung bedürfen: »Unbemannte Luftfahrzeuge der Klasse 1«: Sie kommen auch außerhalb eines 500 Meterkreises, aber nur in Sichtverbindung zum »Piloten« zum Einsatz. Ihr Betrieb setzt eine eingeschränkte Zertifizierung sowohl des Gerätes als auch des Piloten voraus. Und »Unbemannte Luftfahrzeuge der Klasse 2«: Sie dürfen auch ohne Sichtverbindung betrieben werden,[50] unterliegen aber einer umfassenden technischen Zulässigkeitsprüfung durch die Luftfahrtbehörde sowohl für das Gerät als auch für den »Piloten« und zwar grundsätzlich im gleichen Umfang wie bemannte Luftfahrzeuge.

Mit dem neuen Gesetz werden Flugmodelle und UAVs auch umfassend in die Luftverkehrsregeln einbezogen. Die genauen Ausführungsverordnungen dazu sind erst in Ausarbeitung. Der Einsatz von UAVs ohne Sichtverbin-

---

48. Offensichtlich wurde hier aber von Seite jener Firmen, die Drohnen zum Einsatz brachten, sehr unterschiedlich vorgegangen, siehe dazu die »Klage« des ORF hinsichtlich eines starken Wettbewerbsnachteiles, weil es in Österreich anders als in Deutschland und der Schweiz nicht möglich sei, bei großen Schisportbewerben kamerabestückte UAVs einzusetzen: http://www.parlament.gv.at/PAKT/VHG/XXIV/ME/ME_00446_09/imfname_286333.pdf
49. http://www.ris.bka.gv.at/Dokumente/BgblAuth/BGBLA_2013_I_108/BGBLA_2013_I_108.pdf ; zu verbleibenden Zweifeln an den Bestimmungen des novellierten § 24 bzw. der Notwendigkeit der Klärung offener Fragen in kommenden Verordnungen siehe die Stellungnahme der Flugsicherungseinrichtung Austro Control GmbH zur Regierungsvorlage, siehe: http://www.parlament.gv.at/PAKT/VHG/XXIV/ME/ME_00446_40/imfname_287603.pdf
50. http://www.parlament.gv.at/PAKT/VHG/XXIV/ME/ME_00446_40/imfname_287603.pdf

dung wird dabei aufgrund der momentanen technischen Möglichkeiten wohl auch weiterhin nur innerhalb eines Luftraumbeschränkungsgebietes möglich sein. Dabei gilt die laut Luftfahrtgesetz geteilte Verantwortung zwischen den Ministerien für Landesverteidigung[51] und Verkehr[52]. Demnach ist die zivile Flugsicherungsbehörde für das ganze Bundesgebiet und den Luftraum darüber zuständig. Ausgenommen sind die per gemeinsamer Verordnung festgelegten »militärisch genutzten Bereiche« (Luftfahrgesetz § 121/1), die der militärischen Flugsicherung unterstehen. Sobald militärische Flugobjekte diese Zonen verlassen, unterstehen sie aber der koordinierenden Kontrolle der zivilen Luftfahrtbehörden. Dabei ist aber gemäß Luftfahrtgesetz § 145a (2) »militärischer operationeller Flugverkehr bei Durchführung der Flugsicherung gemäß den §§ 119 ff mit Vorrang zu behandeln«. Demnach treffen laut Auskunft des Landesverteidigungsministeriums[53] die in der Novellierung des Luftfahrtgesetzes in Bezug auf UAVs vorgesehenen Regelungen für die kommenden Aufklärungsdrohnen des österreichischen Militärs also »insofern nicht zu, als sie als Militärluftfahrzeuge zugelassen werden und die Zulassung und der Betrieb in der Verantwortung des österreichischen Bundesheeres erfolgen«. Um dabei aber »jede mögliche Gefährdung für oder durch andere Luftfahrzeuge (zivil oder militärisch) auszuschließen«, werden sie »in Österreich ausschließlich in Flugbeschränkungsgebieten betrieben«, wobei »selbstverständlich das Einvernehmen mit dem für die Zivilluftfahrt zuständigen Verkehrsministerium hergestellt wird«. Ob diese Flugbewilligungspraxis der militärischen Drohnen im nichtmilitärischen österreichischen Luftraum so glatt über die Bühne gehen wird, wie sich das das Bundesheer wünscht, wird angesichts der Aufregung um dieselbe Frage in Deutschland verschiedentlich bezweifelt.[54] Genaueres dazu wird man erst wissen, wenn die noch ausständigen Verordnungen vorliegen werden.

---

51. Offiziell »Bundesministerium für Landesverteidigung und Sport«/BMLVS
52. Offiziell »Bundeministerium für Verkehr, Infrastruktur und Technologie«/BMVIT
53. Antwortschreiben vom Leiter der zuständigen Fachabteilung im Bundesministerium für Landesverteidigung und Sport, Oberst Jörg Freistätter, vom 11. Juni 2013 an den Autor.
54. So die Vermutung eines ungenannt bleiben wollenden Geschäftsführers eines österreichischen Drohnenherstellers in einem Telefonat am 3. Juli 2013 mit dem Autor.

## Der »triple use«-Charakter österreichischer Drohnen

Kamera-Drohnen – auch kleinste – gelten herkömmlich als klassische »dual use«-Produkte, grundsätzlich geeignet sowohl für den Einsatz für zivile als auch militärische Zwecke. Genauer betrachtet wäre bei der Kategorisierung der Anwendungsmöglichkeiten von UAVs aber eine Dreiteilung angebracht: rein zivil, zivil-polizeilich und militärisch.

### Einsatzbereiche mit zivilem Nutzen

Die Möglichkeiten eines für die Zivilgesellschaft nutzbringenden Einsatzes von UAVs sind vielfältig und stehen außer Zweifel. Sie reichen vom Erstellen von Luftbildern für die Fremdenverkehrswerbung, über die Vermessung von Arealen und Erstellung von Geodaten für die Verwaltung, die Brückeninspektion, die Dokumentation von Baufortschritten bei Hochbauten, die raschere Auffindung vermisster Personen und die schnellere Rettung gefährdeter oder verunglückter Personen bis hin zur Beobachtung von Lawinengefahren und der gefahrenvermeidenden Begutachtung einsturzgefährdeter Objekte nach Brandkatastrophen und Erdrutschen. Viele dieser instrumentellen Verwendungen durch gewerbliche Dienstleistungsanbieter gehören inzwischen auch in Österreich zum normalen Geschäft.

### Der deklariert zivil-polizeiliche Einsatzbereich

Auch hier gibt es natürlich etliche Anwendungen, deren Sinnhaftigkeit man außer Streit stellen kann, etwa die Möglichkeiten einer kostengünstigen Überwachung starker Verkehrsströme. Aber in diesem Bereich erfolgt der problematische Übergang des Einsatzes von UAVs zur Sicherung und Festigung von entdemokratisierenden Strukturen oder gar von schlicht undemokratischen Herrschaftsverhältnissen. Grundsätzlich kritisch zu hinterfragen und abzulehnen sind Einsätze im Zusammenhang mit einer seit Jahren um sich greifenden Sicherheitsparanoia. Zunehmend wird dabei das Grundrecht des Individuums auf Geltendmachung seiner Unschuldsvermutung und das völlig legale öffentliche Engagement zivilgesellschaftlicher Gruppen dem Überwachungs- und Kontrollbedürfnis des Staates geopfert. Große Bereiche unserer Innenstädte werden bereits mit bodengebundenen Videokameras überwacht. Nicht nur von der Polizei. Auch Banken und Handelsbetriebe observieren über ihre

Innenräume hinaus den Raum vor ihren Geschäftsportalen. Anbieter des öffentlichen Verkehrs ziehen nach. Gelegentliche Einzelerfolge auch in der Kriminalitätsaufklärung dienen dann zur Bagatellisierung und argumentativen Rechtfertigung der grundrechtlichen »Kollateralschäden« durch den massenhaften Eingriff in die Persönlichkeitssphäre der großen Mehrheit der Observierten. Selbst dann, wenn wie im Falle der Überwachung der Haltestellen und Innenräume der Grazer Straßenbahnen sich vermeintliche Taschendiebstähle als Missverständnisse herausstellen: Nach den ersten 14 Tagen hatten sich alle gestohlenen Geldtaschen als »zuhause vergessen« herausgestellt.[55]

*Beteiligung an polizeilichen EU-Drohnen-Forschungsprojekten*

Die Gefahr, dass diese bodengebundene Überwachung der Zivilgesellschaft durch eine mit UAVs luftgestützte ergänzt und damit ausgeweitet und verschärft wird, ist auch in Österreich gegeben. Anders als in Deutschland, wo die Polizei bereits seit Jahren Drohnen zur Kontrolle von Großdemonstrationen gegen Atommülltransporte oder von Fußballfans bei großen Bundesligaspielen einsetzt, ist dies in Österreich bis dato nicht der Fall. Laut Auskunft des Innenministeriums sind derzeit im Bereich der Institutionen des öffentlichen Sicherheitswesens keine UAVs existent und ist es auch aktuell nicht geplant, solche anzukaufen.[56] Stutzig macht aber, dass Österreichische Institutionen in zwei für diesen Bereich sehr relevante, von Österreich mitfinanzierte EU-Forschungsprogramme eingebunden sind: INDECT und Aeroceptor.[57]

INDECT[58] ist ein seit 2009 auf fünf Jahre ausgelegtes EU-Forschungsprogramm. Das englische Kürzel steht für »Intelligentes Informationssystem zur Unterstützung von Überwachung, Suche und Erfassung für die Sicherheit von Bürgern in städtischer Umgebung«. Ziel ist es, sämtliche über das Internet verfügbaren Daten zusammenzuführen, um verdächtige Personen anhand ihrer biometrischen Daten und gezeigten Verhaltensweisen rasch identifizieren, beobachten und bei Bedarf entsprechenden Maßnahmen unter-

---

55. http://steiermark.orf.at/news/stories/2586846/
56. Email von Mag. Weichselbaum /BMI II/7 vom 24. Juni 2013 an den Autor
57. Zu beiden Projekten siehe: Eveline Steinbacher, Drohnen. Vollautomatische Menschenjagd mit österreichischer Beteiligung?, in: Werkstatt-Blatt (guernica) 2/2013, Seite 9.
58. Siehe dazu das offizielle Projektdatenblatt auf der Website des EU-Forschungs- und Entwicklungsinformationsdienstes »Cordis« http://cordis.europa.eu/projects/index.cfm?fuseaction=app.details&TXT=INDECT&FRM=1&STP=10&SIC=&PGA=&CCY=&PCY=&SRC=&LNG=de&REF=89374 und die kommentierende kompakte Darstellung http://de.wikipedia.org/wiki/INDECT#Beteiligte_Firmen_und_Organisationen

ziehen zu können. Der Einsatz von Drohnen ist ein integraler Bestandteil des Projekts. 10,9 Mio. Euro dafür finanziert die Europäische Union, dazu kommen etwa 5 Mio. Euro aus neun ko-finanzierenden EU-Staaten. Österreichs Beitrag stammt aus Forschungsförderungsgeldern und fließt über die zwei österreichischen Projektpartner, Fachhochschule »Technikum Wien« und den im burgenländischen Pinkafeld ansässigen Multimedia-Spezialist X-Art Pro-Division in das Projekt ein. Der Fachhochschule »Technikum Wien« wurden dafür im Jahr 2009 40.000 Euro zur Verfügung gestellt. Heißt es auf deren Website zunächst harmlos, das FH-Institut für Electronic Engineering beschäftige sich »mit intelligenten Informationssystemen im städtischen Raum«, so wird man beim Weiterlesen schlauer: Es geht um zwei Arbeitspakete die sich im Bereich der Signal- und Bildverarbeitung »mit der Erkennung und Verfolgung von Objekten in Bildern von Überwachungskameras« befassen. Dabei »werden auffällige Objekte, wie z.B. sich schnell bewegende Personen, liegende Personen, Fahrzeuge im Fußgängerbereich oder alleingelassene Gepäckstücke erkannt«. Und damit dabei auch kein technisch bedingter Fehler passiert, hat ein weiteres Arbeitspaket »die Sicherung übertragener Bild- und Audiodaten gegen Verfälschungen mittels Watermarking« zum Gegenstand, wobei die »Authentizität der Daten . durch eingebettete unsichtbare Zusatzinformationen geschützt wird.«[59] Die so entstehenden selbstlernfähigen Kameras lösen im Fall der Entdeckung eines Sicherheitsrisikos automatisch Alarm aus.

Zu Recht wurde INDECT einer massiven Kritik unterzogen. Der österreichische Netzexperte Erich Moechl sieht darin einen »Prototyp für ein System zur Rundumüberwachung der urbanen Zivilgesellschaft« gegeben. Und: Gleich einer modernen Gefechtsfeldzentrale ergeben die Funktionen der einzelnen Elemente von INDECT »zusammen ein für den Einsatz in der urbanen Zivilgesellschaft adaptiertes C4-ISR-System, wie sie in allen Kriegsgebieten zum taktischen Einsatz kommen.«[60] Für die deutsche Wochenzeitung *Zeit* verwirkliche sich die EU damit ihren »Traum vom Polizeistaat«.[61]

Aeroceptor[62] sattelt auf das INDECT-Überwachungsprojekt auf. Es ist sei-

---

59. http://www.technikum-wien.at/forschung/projekte/weitere/gefoerderte_projekte/?full=7551
60. http://www.werkstatt.or.at/index.php?option=com_content&task=view&id=694&Itemid=77
61. »Die Zeit« vom 29. 09. 2009 zitiert nach http://www.werkstatt.or.at/index.php?option=com_content &task=view&id=694&Itemid=77
62. Siehe das offizielle EU-Projektdatenblatt unter http://cordis.europa.eu/search/index.cfm?fuseaction=proj. document&PJ_LANG=EN&PJ_RCN=13481433&pid=0&q=59775CED2D27C8AD6D5E0E9CE 2C0E0C9&type=adv

ne gewaltbereite Fortführung. Ausgelegt ist es auf drei Jahre (Anfang 2013 bis Ende 2015) und hat einen Finanzrahmen von 4,84 Mio. Euro – davon ca. 1,4 Mio Euro aus Förderprogrammen der Mitgliedstaaten. 15 Forschungspartner, die meisten aus dem mediterranen Raum, sind daran beteiligt.[63] Auffallend auch die Einbindung zweier nicht EU-Mitglieder, der Türkei und – mit gleich drei Institutionen besonders stark – Israel[64]. Die Koordination liegt beim Madrider »Instituto National de Technica Aerospacial«. Untersucht werden soll, ob unbemannte Drohnen nutzbar gemacht werden können, um ein nicht kooperatives Fahrzeug zu überwachen und ohne tödlichen Personenschaden auf sichere Weise zum Halt zu bringen. Verschiedene Techniken wurden dazu schon genannt. Der europäische Forschungs- und Entwicklungsinformationsdienst »Cordis« selbst nennt lediglich die Möglichkeit bei neueren Modellen über die im Fahrzeug verbauten SIM-Karten die Kontrolle über das Fahrzeug zu übernehmen oder mit Störsendern die Bordelektronik lahmzulegen. Aber auch Gummigeschosse, Leuchtraketen, Rauch- und Blendschock-Granaten ebenso wie »Netze, in denen sich Räder von Fahrzeugen oder Propeller von Booten verwickeln stehen ebenso zur Diskussion wie ein Spezial-Polymerschaumstoff[65], der bald verhärtet und das Fahrzeug zum Halten bringt« oder schließlich »Vorrichtungen zum Durchstechen der Reifen« sowie »Farbmarkierungen und Lautsprecher.« Die Ergebnisse des Projekts sollen den nationalen Polizeiapparaten und Grenzwachen zur Bekämpfung von Kriminalität, besonders des Schmuggels, zur Verfügung stehen. Man darf annehmen, dass das Instrument auch im Bereich der unerwünschten Migration Anwendung finden wird.

An diesem brisanten Projekt, bei dem es erstmals in der EU bei der polizeilichen Nutzung von Drohnen nicht um Aufklärung, sondern um Waffengebrauch aus der Luft geht, sind auch zwei österreichische Forschungsinstitutionen beteiligt: Das im Eigentum der Republik und der Industriellenvereinigung stehende »Austrian Institute of Technology« (AIT) in Wien und Seibersdorf/NÖ und die Sigmund Freud Privatuniversität (SFU) in Wien.

Die projektspezifische Forschung am AIT leitet der Vorstand der Geschäfts-

---

63. Angesichts der aktuellen schweren sozialen Krisen rund um das Mittelmeer ist diese geographische Schwerpunktsetzung zumindest auffällig.
64. Hier auch das Ministry of Public Security, das Polizeiministerium Israels. Die Beteiligung des Luftfahrt-Rüstungskonzerns Israel Aerospace Industries Ltd. weist wohl auch darauf hin, dass im Rahmen des Projekts vor allem auf dessen Drohne »Heron« – ein 8,5 m langes UAV mit einem Zuladevermögen von 250 kg – zurückgegriffen werden soll.
65. Etwa in einer Anfrage der Linksfraktion im deutschen Bundestag, http://www.linksfraktion.de/pressemitteilungen/abgeordnete/bedenkliche-eu-forschungen-polizeilichen-einsatz-mikrowellenwaffen/

einheit »Safe and Autonomous Systems«, Manfred Gruber. Betont wird[66] zunächst die dem Projekt zugrunde liegenden, »sehr strengen und transparenten Beurteilungs- und Auswahlkriterien durch unabhängige ExpertInnen einer Ethik-Kommission der EU«. Auf dem Forschungsgebiet »Crisis and Disaster Management« habe man bereits entsprechende Kompetenz, z.B. in der »Spezialisierung, aus Luftaufnahmen Lagebilder für das Katastrophenmanagement zu erstellen«. Das bringe man in die Qualitätssicherung und Risikoanalyse des Projekts ein. Näher hin gehe es darum, ein zuverlässiges Funktionieren der Hardware und Software zu gewährleisten, indem etwa durch Redundanz[67] selbst »bei Ausfall von technischen Systemen ... kein Schaden bei Menschen verursacht« und »Schaden an Infrastruktur« vermieden wird. Die Kombination mit Konzepten aus der Lagebilderstellung sei dabei eine wichtige Ergänzung im Sinne einer bestmöglichen Einschätzung der Lage.

Wenig auskunftsfreudig erwies sich die Sigmund Freud Privatuniversität (SFU). Alexander Siedschlag, Professor für Security Research und Direktor am Center for European Security Studies /CESS der SFU, teilte knapp mit, man mache dazu nur »begrenzte psychologische Begleitforschung«.[68] Unklar bleibt, wie weit das Erkenntnisinteresse dabei nicht nur psychologische Befindlichkeiten der fernsteuernden Drohnen-Piloten sondern auch jene der Personen in den zu stoppenden Fahrzeugen im Auge hat.

Laut Manfred Gruber vom AIT betreten die Forscher mit Aeroceptor »Neuland, weil es zwischen reinen Aufklärungsdrohnen und den Killerdrohnen amerikanischen Zuschnitts, die in Afghanistan und Pakistan rund 5.000 Menschen das Leben gekostet haben ... noch keine etablierten polizeilichen Drohnen« gibt.[69] Ist das deklarierte Projektziel von Aeroceptor zwar ein zivil-polizeiliches, so ist doch klar, dass dessen Aufgabenstellung über den Einsatzbereich der rein zivilen Sicherheit hinausweist und auch für den militärischen Einsatz von hoher Relevanz ist. Der Verdacht, es gehe hier daher eigentlich um die militärische Eroberung des bodennahen Luftraums und zu diesem Zweck verstecke sich die militärische hinter der zivilen Forschung, ist nicht völlig von der Hand zu weisen.

---

66. Nachstehende Aussagen finden sich im Email des AIT-Projektkommunikators Michael Mürling vom 16. Mai 2013 an den Autor.
67. Hier wohl zu übersetzen durch »einen Überschuss an technischer Vorkehrung«.
68. Email vom 22. Mai 2013 an den Autor.
69. http://www.franzzeller.at/blog/13/03/bewaffnete-polizeidrohnen-f-r-europa-das-eu-projekt-aeroceptor

## Österreichs Beteiligung am militärischen UAV-Einsatzbereich

Kann das Interesse des Militärs an Aufklärungsdrohnen aller Art zur Lagebeurteilung und Wirkungskontrolle also vorausgesetzt werden, so ist es doch so, dass es in seinem Interesse liegt, eine Drohne mit einem möglichst breiten Einsatzspektrum zur Verfügung zu haben. Dabei sind neben der Trias Flugdauer/Geschwindigkeit/Reichweite die Autopilot-Programmierung und automatisierte Selbststeuerung, die Nachtsichtfähigkeit und graphische Qualität der Darstellung am Schirm der Bodenstation entscheidende Kriterien. Nicht jeder Kleindrohnen-Typ bietet daher, was den Anforderungen des Militärs hinsichtlich der Robustheit des Geräts und der Sicherheit der Erfüllung der gestellten Aufgabe genügen kann. Während am Markt zivil genutzte Kamera-Microdrohnen-Systeme jenseits der Spielzeugkategorie von 10.000 Euro aufwärts angeboten werden, beginnt das Preissegment für die für militärische Anforderungen geeigneten Überwachungsdrohnen oberhalb von 200.000 Euro. Von den in Österreich hergestellten UAVs sind derzeit nur das oben genannte AeroSpy-System und die Drohne »Camcopter S-100« der Firma Schiebel dieser Kategorie zuzurechnen.

*Der Schiebel Camcopter S-100 – an der Grenze zur Kampfdrohne*

Die 1951 gegründete Firma Schiebel Elektronische Geräte GmbH[70] hat Ihren Sitz in Wien und den Hauptproduktionsstandort in Wiener Neustadt. Haupteigentümer ist eine Stiftung rund um den Techniker Hans Georg Schiebel. Auch mehrere Großindustrielle wurden in den Medien als Anteilseigner der Firma genannt.[71] Die Zahl der Beschäftigten liegt bei ungefähr 200. Seit Mitte der 1980er-Jahre beschäftigte sich die Firma intensiv mit der Entwicklung von Minensuchgeräten. Und war damit höchst erfolgreich. Seit einem 500 Mio. Schilling- Großauftrag (entspricht ca. 38 Mio. Euro) der US-Armee Mitte der 1990er Jahre zur Lieferung von 18.000 dieser Geräte ist sie dauerhafter Weltmarktführer in diesem Bereich. Seit November 1997 pflegt die Firma eine Partnerschaft mit dem Bundesheer und hat mit diesem mehrere gemeinsa-

---

70. http://schiebel.net/
71. http://derstandard.at/1254310937310/Kapitalerhoehung-Schiebel-geht-das-Geld-aus benennt den früheren Generaldirektor der Mayr-Melnhof AG, Michael Gröller, den ebenfalls aus der Papierindustrie kommenden und inzwischen pensionierten Präsidenten der Industriellenvereinigung, Veit Sorger, den Vorarlberger Getränkeproduzent Franz Rauch und Maurizio Totta, den früheren Chef der Shopping-City-Süd in Vösendorf.

me Projekte umgesetzt.[72] Für ihre Tests und Kundenvorführungen darf sie den Militärflughafen Langenlebarn (nahe Tulln/NÖ) und den Militär-Übungsplatz Großmittel (nahe Wiener Neustadt) nutzen.

Aus dem Geschäft mit den Minensuchgeräten entstand der Versuch der Entwicklung eines Fluggeräts, mit dem Minen auch aus der Luft aufgespürt werden können. Mit dieser Zielsetzung ist die Firma bisher zwar nicht erfolgreich, wohl aber mit der Entwicklung der Hubschrauber-Überwachungsdrohne Camcopter S-100[73]. In die Entwicklung waren auch die Technische Universität Wien und die steirische Pankl Racing Systems AG[74] eingebunden. Als erste Großkundschaft wurden die Luftstreitkräfte der Vereinigten Arabischen Emirate/UAE mit 60 Camcopter S-100 beliefert. Dazu wurde im Rahmen eines Joint-Venture-Projekts in Abu Dhabi ein eigener Produktionsstandort aufgebaut.[75] 2006 wurde in Wiener Neustadt eine für 120 Stück pro Jahr ausgelegte neue Fabrik errichtet. Seit der nach europäischen Standards gegebenen Serienreife und der Zertifizierung durch die EAS (European Aviation Safety Agency) im Juni 2007 hat Schiebel auch in globaler Perspektive einen zweiten Verkaufsschlager in der Auslage. Der außereuropäische Markt wird über drei Verkaufsniederlassungen bearbeitet: Abu Dhabi (UAE), Washington D.C. (USA) und Phnom Penh (Kambodscha). Dem entsprechend bietet die Schiebel GmbH ihre Produktwerbebroschüren auch in neun Sprachen an. Der Preis für eine einzelne Camcopter S-100-Drohne liegt bei etwa 1 Mio. Euro. Der System-Stückpreis beträgt, abhängig von der Konfiguration, bis zu ca. 4,2 Millionen Euro[76].

Die Schiebel-Drohne gehört zur Gruppe der (mittelgroßen) TUAV (Tactical Unmanned Aerial Vehicle).[77] Sie gilt im Rahmen ihrer Klasse als sehr leistungsfähig. Modernste Leichtmaterialien wie Karbon und Titan werden gewichtsparend eingesetzt. Eine besondere Eignung liegt in ihrer bereits von mehreren verschiedenen nationalen Marineeinheiten erfolgreich getesteten

---

72. http://www.schiebel.net/File.aspx?Id=1314&Path=-%2FPress-Area%2FPress-Releases&Name=PdfArticle.
73. http://www.airpower.at/news05/0628_schiebel-camcopter/index.html, vermutet wurde auch, dass die Lizenzproduktion der Drohne in Abu Dhabi dafür verwendet wird, die österreichischen Außenhandelsbeschränkungen zu umgehen.
74. Produkte im Bereich Aerospace http://www.pankl.com/Aerospace.382.0.html
75. http://www.airpower.at/news06/0913_schiebel/index.html: Siehe dazu auch den optisch prominenten Platz, den der Camcopter S-100 in einem Werbeprospekt für eine Ausstellung militärtauglicher Drohnen im Februar 2013 in Abu Dhabi einnahm, http://www.navdex.ae/files/idex_2013_unmannedsystemsarea_brochure.pdf
76. Das Schiebel Produkt scheint damit in seiner Klasse jedenfalls konkurrenzfähig, sie ist deutlich preiswerter als etwa das UAV Northrop Grumman's Fire Scout, siehe http://www.thenational.ae/business/aviation/maker-of-unmanned-aircraft-hovers-over-new-uae-deals
77. http://euro-police.noblogs.org/gallery/3874/drohnen.pdf

»Schiffstauglichkeit«[78]. Als Copter braucht sie keine Start- und Landebahn[79] und kann aufgrund ihres vollautomatisierten Balanceverhaltens bei Windstärken bis zu 40 Knoten (= 74 km/h) auch auf den Decks von kleinen Kriegsschiffen abheben und landen. Die Firma preist die »außergewöhnliche« für den militärisch-maritimen Bereich »essentielle« »multi-tasking Netzwerk-Fähigkeit - ISTAR (Intelligence, Surveillance, Target Acquisition and Reconnaissance)«. Die Drohne wurde von Marineeinheiten verschiedenster Nationen[80] sowohl auf kleinen als auch auf großen Schiffen ausdauernd und erfolgreich getestet. Laut *Standard* vom 13. Mai 2013 benützen die Armeen Spaniens, Deutschlands und Frankreichs die S-100 auch zur Piratenbekämpfung vor der somalischen Küste.[81] Derartige Tests auf deutschen Kriegsschiffen bahnten auch ein weiteres 30 Mio. Euro Geschäft mit der deutschen Bundeswehr[82] an, das derzeit vertragsreif vorliegt. Eingesetzt werden sollen sie auf den Korvetten der Klasse K 130.[83]

### Exkurs: Der österreichische Rechtsrahmen für den Export von Militärgütern

Der Export von Militärgütern unterliegt in Österreich dem Außenwirtschaftsgesetz 2011/AußWG2011. Hinsichtlich der sowohl zivil als auch militärisch zu nutzenden Güter gelten dabei die EG-Dual Use-Verordnung 1334/2000 und die dort im Anhang I enthaltenen etwa 200 Seiten umfassenden Ausfuhrlisten. Die Ausfuhr ist hinsichtlich ihrer Endbestimmung an menschen- und völkerrechtliche Kriterien gebunden. Waffenexporte in Staaten, die einem EU-Waffenexportverbot unterliegen, sind nicht genehmigungsfähig. Die Vorgaben der gemeinsamen Europäischen Außen- und Sicherheitspolitik/GASP sind zu berücksichtigen, ebenso allgemeine friedenspolitische Erwägungen der Republik Österreich. Unter diesen Kriterien bedarf es gem. §3 Abs. 1 einer Prüfung von:

---

78. http://www.schiebel.net/File.aspx?Id=1305&
79. D.h. sie gehört zur Gruppe der VTOL-UAVs: »Vertical Take-Off and Landing«-Systeme
80. Etwa in Spanien und Indien, http://www.schiebel.net/File.aspx?Id=1305&
81. http://derstandard.at/1369362220212/Somalische-Rebellen-praesentieren-abgestuerzte-Schiebel-Drohne
82. Vermarktet wird der Camcopter S 100 in Deutschland von der Rüstungsfirma Diehl Defence aus Überlingen am Bodensee, http://www.diehl.com/de/diehl-defence/produkte.html
83. http://www.bundeswehr-monitoring.de/ruestung/hubschrauberdrohnen-fuer-die-marine-13636.html, http://diepresse.com/home/politik/aussenpolitik/1419264/Bundeswehr-plant-Drohnenkauf-in-Oesterreich?from=simarchiv

- Art und Menge der betroffenen Güter oder Art und Umfang des betroffenen technischen Wissens,
- des vorgesehenen Bestimmungslandes,
- der vorgesehenen Endempfänger und
- des vorgesehenen Endverwendungszwecks.

Die Entscheidungskompetenz liegt – nach Anhörung eines Beirates, in dem gem. § 78 Abs 1 u. a. auch das Außen-, Finanz-, Innen- und Verteidigungsministerium sowie die Sozialpartner vertreten sind – letztlich allein beim Wirtschaftsminister, wobei aber dem Außenminister per Mitwirkungskompetenz eine Art »kleine Bremsfunktion« eingeräumt wird.

### Camcopter-Exporte – Schiebel im schiefen Licht

Mit ihrer Exportpolitik stand die Firma Schiebel bereits mehrfach in öffentlicher Kritik:

- Während der Kriegsdrohungen Nordkoreas gegen seinen südlichen Nachbarn zu Jahresbeginn 2013 bewilligte das Wirtschaftsministerium gegen die Einwände des Außenministeriums einen Export von Schiebel-Drohnen nach Südkorea.[84]
- Am 28. Mai 2013 wurde von den Al Shaabab-Milizen im somalischen Bürgerkriegsgebiet eine Schiebel Drohne unbekannter Herkunft abgeschossen.[85]
- Laut Nationalratsabgeordnetem Peter Pilz (Grüne) wurde die Drohne im libyschen Bürgerkrieg von der von Gaddafis Sohn Khamis kommandierten elitären 32. Brigade zur Überwachung und Angriffsplanung von Demonstranten eingesetzt.[86] Der Firmenchef hält dies für eine Unterstellung.[87] Geliefert worden sei sie, weil der Westen damals Gaddafi allgemein als international hoffähig anerkannt habe und man sie u.a. auch für humanitäre Zwecke bei der Suche und Rettung von überlebenden Bootsflüchtlingen einsetzen wollte. Der Verfassungsrechtler Heinz Mayer sieht den Export aus dem Jahr 2009 aber im Zusammenhang des Planes der EU, »Libyen

---

84. http://diepresse.com/home/politik/innenpolitik/1385174/Oesterreichische-Drohnen-fuer-Suedkorea
85. http://augengeradeaus.net/2013/05/dronewatch-drone-down-uber-somalia-aber-von-wem/
86. http://www.austrianwings.info/2011/03/drohnen-aus-wien-im-libyschen-burgerkrieg-im-einsatz/
87. http://euro-police.noblogs.org/2011/03/hans-georg-schiebel-uber-%e2%80%9efluch-und-segen%e2%80%9c-seiner-erfindung/

als Bollwerk gegen den Flüchtlingsstrom« zu benützen. Das Geschäft sei ein klarer Verstoß gegen das damalige Kriegsmaterialiengesetz gewesen.[88]

- Seit Mai 2012 steht der Verdacht im Raum, Schiebel habe im Jahr 2010 unter Umgehung des EU-Waffenlieferungsverbotes und unter den Augen des Wirtschaftsministeriums 18 Stück Camcopter S-100 an China geliefert. Nach einem Foto des japanischen Geheimdienstes wurde eine dieser Drohnen auf einem chinesischen Kriegsschiff entdeckt.[89] Vor Abschluss des Geschäfts habe die Firma chinesische Offiziere in Zivilkleidung nach Österreich zu Verkaufsdemonstrationen ihrer Drohnen eingeladen. Schiebel beteuert, er habe entsprechend der Endnutzerbescheinigung nur für einen zivilen Zweck geliefert und eine allfällige Verwendung auf einem Schiff der Marine stehe nicht im Widerspruch zur Ausfuhrgenehmigung. Das österreichische Außenministerium hat dazu eine Untersuchung angekündigt. Ein Ergebnis liegt bis dato nicht vor.
- Auch gibt es Indizien dafür, dass Schiebel diese anrüchige chinesische Geschäftsschiene schon länger pflegt. Nach einem Bericht des *Falter*[90] habe Schiebel 2008 den Mitarbeiter Bernhard Wirthig mit einem Koffer geheimen Inhalts nach Peking geschickt. Der Koffer wurde am Flughafen von den chinesischen Behörden beschlagnahmt, Wirthig aber auf freiem Fuß belassen. 14 Tage später wurde er mit an den Armen geöffneten Schlagadern in einem Pekinger Hotel tot aufgefunden. Ein österreichischer Polizeibericht spricht von Fremdeinwirkung. Die chinesischen Behörden und die österreichische Staatsanwaltschaft vertreten die Version des Freitodes. Der Vater des Toten hält das aufgrund des lebensbejahenden und zielstrebigen Charakters seines Sohnes für völlig ausgeschlossen. Sein Sohn sei ermordet oder in den Selbstmord getrieben worden. Die Firma Schiebel beruft sich auf die Ermittlungen der Chinesen und gibt dazu keine weiteren Stellungnahmen ab.

---

88. http://derstandard.at/1297819293825/Austro-Kriegsmaterial-Rot-weiss-rote-Drohnen-in-Gaddafis-Diensten
89. http://www.flightglobal.com/news/articles/pictures-schiebel-camcopter-s-100-%20operated-from-chinese-frigate-372045/ und http://www.ots.at/presseaussendung/OTS_20120724_OTS0174/falter-schwere-vorwuerfe-gegen-oesterreichische-ruestungsfirma-schiebel
90. http://www.falter.at/falter/2012/07/24/der-oesterreichische-drohnenhersteller/

## Der Schiebel Camcopter S-100 als Kampfdrohne?

Umstritten bleibt schließlich, ob sich der Schiebel Camcopter S-100 auch für eine Bestückung mit Leichtraketen eignet. Von Hans-Georg Schiebel gibt es dazu widersprüchliche Aussagen: Einerseits betont er, dass dies für ihn keine Rolle spielt. Der Camcopter sei »gemäß den geltenden europäischen und nationalen Rechtsvorschriften nicht als Kriegsmaterial eingestuft« und daher allein das Wirtschaftsministerium »die für die Exportbewilligung zuständige Behörde«. In einem Artikel der deutschen Wochenzeitung *Zeit* vom Oktober 2008 zeigt er sich gleichgültig: »Was Kunden mit unserem Produkt machen, geht uns nichts an.«

Andererseits hält er die Raketenbestückung für theoretisch möglich, aber für nicht sinnvoll.[91] Das Zitat aus der *Zeit* bestreitet er später.

Tatsache ist, dass der französisch-britische Rüstungskonzern Thales derartige Feuerkrafttests aus einem schwebenden Camcopter bereits durchgeführt hat. Der Camcopter S-100 hat ein Zuladevermögen von mindestens 30 kg und maximal 50 kg. Er kann daher mit zwei der von Thales UK in Großbritannien gebauten, 13 kg schweren LMM-Leichtraketen ausgestattet werden. Die Reichweite der Rakete beträgt 8 km. Sie ist eine kosteneffiziente Waffe mit einem breiten Einsatzband »against static and mobile targets and with low-collateral damage«. Der Schusstest sei laut Thales UK ohne Schädigung der Drohne abgelaufen: »Testschüsse wurden bereits ausgeführt, ohne das Handling des 200-Kilo-Gerätes zu beeinträchtigen«, erklärte Steve Hill, Managing Director von Thales. »Bewiesen« wurde die wundersame Verwandlung der »Aufklärungs-Drohne« zum fliegenden Kampfroboter mit einem Video, in dem die Drohne, ausgerüstet mit LMMs, einen weißen Kleinlastwagen ins Visier nimmt und – pulverisiert.[92]

Gegen die verneinenden Aussagen des Firmenchefs spricht dabei auch, dass der Camcopter S-100 mit Thales UK–LMM-Raketenbestückung im Jahr 2008 auf der Farnborough Airshow nahe London gezeigt wurde, was ohne Einverständnis der Firma Schiebel schwer denkbar ist. Ein Hinweis darauf, dass Schiebel diese Art direkter kriegerischer Nutzung ihres Drohne nicht völlig ausschließt, kann auch darin gesehen werden, dass die Schiebel GmbH in ihren Werbematerialien den militärischen Wert ihrer Drohne ausdrücklich betont.

---

91. http://euro-police.noblogs.org/2011/03/hans-georg-schiebel-uber-%e2%80%9efluch-und-segen%e2%80%9c-seiner-erfindung/
92. Bericht der Tiroler Tageszeitung online vom 20. 08. 2010 http://www.tt.com/%C3%9Cberblick/Politik/2313448-42/kleine-drohnen-made-in-austria-und-der-nebel-des-krieges.csp

Offen ist freilich noch die Frage, ob die Kategorie »Kampfdrohne« zukünftig überhaupt noch an die Möglichkeit einer Raketenbestückung gebunden sein wird. Der Produzent des Predator, der US-Waffenhersteller General Atomics, arbeitet daran, Großdrohnen anstatt mit Raketen mit starken Energiewaffen/Laserkanonen des Typs Hellads auszustatten. Die Technik befindet sich bereits im Teststadium.[93] Ob auch die Ausrüstung einer Drohne mittlerer Größe, wie es der Schiebel-Camcopter S-100 ist, mit einer leichtgewichtigen Laserwaffe möglich und aus der Sicht des Militärs sinnvoll erscheint, kann derzeit noch nicht beurteilt werden.

Abgesehen vom »Grenzfall« des Schiebel Camcopters S-100 gibt es in Österreich keine als Kampfdrohnen brauchbaren UAVs. Und beim österreichischen Bundesheer gibt es keine Pläne zum Erwerb solcher Waffen.[94] Aber es gibt einen weiteren wirtschaftlichen Bezug Österreichs zu diesen totbringenden Produkten – die Leichtflugzeugmotoren von Rotax.

Rotax-Motoren[95] – Beihilfe zum Mord?

Die zum multinationalen kanadischen Konzern Bombadier gehörende Firma »BRP-Powertrain« im oberösterreichischen Gunskirchen (nahe Wels) stellt Triebwerke des Typs »Rotax-914« her. In den USA werden diese vom kalifornischen Luftfahrtkonzern General Atomics in San Diego in die Drohne MQ-1-»Predator« (»Raubtier«) eingebaut. Als Kampfdrohne ist sie u.a. mit den von den US-Rüstungskonzernen Boeing und Lookhead Martin in Lizenz produzierten lasergesteuerten AGM-114 Hellfire-Raketen ausgestattet.[96] In großen Stückzahlen stehen sie im Einsatz bei der US-Luftwaffe in einer geringeren Zahl auch bei der CIA. Die USA hatten bzw. haben sie in Afghanistan, Pakistan, Serbien, Irak, Jemen, Libyen und Somalia eingesetzt.[97] Die Opferbilanz jener 362 Angriffe, die von den USA zwischen 2004 und 2012 allein im pakistanischen Grenzgebiet zu Afghanistan zu verantworten ist, liegt bei mindestens 2.600 Toten. Diese Opfer waren bis zu einem Drittel ZivilistInnen, 176 davon Kinder.[98] Der Völkerrechtler Stefan Sonnenberg von der Stanford Uni-

---

93. http://www.gegenfrage.com/hellads-neue-us-drohnen-mit-laserkanonen/
94. Email von OberstdG Reinhard Zmug vom 10. 07. 2013 an den Verfasser.
95. http://diepresse.com/home/politik/aussenpolitik/1347071/Motoren-aus-Oesterreich-fuer-den-Drohnenkrieg-der-USA
96. http://de.wikipedia.org/wiki/AGM-114_Hellfire
97. http://en.wikipedia.org/wiki/General_Atomics_MQ-1_Predator
98. Siehe die Video-Dokumentation unter http://www.livingunderdrones.org/ und http://www.zeit.de/politik/ausland/2013-07/geheimpapier-drohnen-angriffe-pakistan-zivilisten-kinder .

versität hält es sogar für möglich, dass bis zu 98 % der Getöteten unschuldige ZivilistInnen sind.[99]

Ebenso zum Einsatz kommen die Gunskirchner Motoren in den israelischen »Heron«-Drohnen und in Frankreich in den UAVs des Typs »Harfang«. Die beiden letzteren sind zwar als Aufklärungsdrohnen konzipiert, aber zumindest bei der Heron gehen Fachleute davon aus, dass sie auch mit Waffen bestückt eingesetzt wird.[100] So wie die USA setzen auch Israel und Frankreich diese Drohnen völkerrechtswidrig in Kriegen oder kriegerischen Auseinandersetzungen ein. Israel bedient sich ihrer seit langem zur permanenten Niederhaltung des palästinensischen Widerstandes in Gaza und setzt sie direkt oder indirekt unter Inkaufnahme von tödlichen Kollateralschäden auch zur Liquidation von deren führenden politischen und militärischen Köpfen ein. Und Frankreich ließ in den vergangenen Monaten über malischem Kriegsgebiet »Harfang«-Drohnen aufsteigen, die von Rotax-914-Motoren in der Luft gehalten werden.

Verantwortlich fühlen sich die Hersteller aus Oberösterreich für diese Art der Verwendung ihres Produktes jedoch nicht.[101] Denn erstens haben sie ihre weltweit gefragten 914er-Motoren ja für zivile Leicht- und Ultraleichtflugzeuge gebaut. Und zweitens läuft das Drohnengeschäft der Firma, wie überhaupt deren internationaler Vertrieb, über Drittanbieter. »Unser unabhängiger US-Distributor für Flugmotoren bearbeitet diesen Markt eigenverantwortlich«, heißt es. Er informierte uns, dass der Hersteller von Predator-Drohnen, »ein Abnehmer unserer Motoren ist«.

Um Ausfuhrgenehmigungen für die Vier-Zylinder-Kolbenmotoren hat man bisher nicht angesucht. Motoren von Rotax seien weder speziell für militärische Zwecke konstruiert, noch erfüllen sie die in der Dual-Use Güterliste der EU genannten Kriterien, »ein Verkauf der Motoren, auch an Drohnenhersteller, ist nicht illegal« sekundiert das Wirtschaftsministerium verständnisvoll. Nun jedoch, nachdem die Gunskirchner Firma selbst bestätigt hat, dass ihre Motoren bewaffnete Fluggeräte antreiben, könnte sich Handlungsbedarf ergeben. Denn sobald die militärische Anwendung klar war, hätte die Firma dies nach Ansicht von Rechtsexperten melden müssen.[102]

---

99. http://www.daserste.de/information/reportage-dokumentation/dokus/sendung/wdr/drohnenstory-100.html
100. http://de.wikipedia.org/wiki/IAI_Heron
101. http://diepresse.com/home/politik/aussenpolitik/1347071/Motoren-aus-Oesterreich-fuer-den-Drohnenkrieg-der-USA
102. Ebenda

# Drohnen-Krieg – Nein Danke!
## Österreichische Friedensbewegung gegen die UAV-Aufrüstung

Ausgelöst von Meldungen über eine bevorstehende Aufrüstung des österreichischen Bundesheeres mit Drohnen haben 13 österreichische Friedens-NGOs[103] per Internet eine Unterschriftensammlung eingeleitet.[104] Der Aufruf lehnt Kampfdrohnen als todbringende Mittel der Aggression und der Terrorisierung der Bevölkerung weiter Landstriche ab. Die »Schwelle zur Anwendung militärischer Aggression werde weiter gesenkt,« heißt es darin. Aber auch der Einsatz von Aufklärungsdrohnen zu militärischen Zwecken generell droht eine neue Spirale des Wettrüstens auszulösen. Die entsprechenden Programme und Projekte der EU werden in diesem Kontext als zentrale Instrumente gesehen. Kriegsförderung durch Kampfdrohnen nach außen und die mit Aufklärungsdrohnen ermöglichte, nach innen gerichtete »Bespitzelung und Unterdrückung sozialer Proteste« und der »Militarisierung der Außengrenzen« seien Ausfluss derselben Interessen und Denkweisen. Österreich ist in mehrfacher Hinsicht – über die EU-Rüstungsagentur, den Drohnenankauf für Auslandseinsätze, die EU-Battlegroups, die Einbindung von Unternehmen und Forschungseinrichtungen – an dieser neuen Killer-, Bespitzelungs- und Unterdrückungstechnologie beteiligt.

Die Forderungen der Friedensinitiativen lauten:

- Kein Ankauf von Drohnen für das Bundesheer
- Verbot der Produktion von Kampfdrohnen in Österreich, Ausstieg österreichischer Unternehmen und Forschungseinrichtungen aus militärisch nutzbaren Drohnen- und den damit verbundenen Bespitzelungsprojekten (z.B. Indect, Aeroceptor)
- Im Sinne einer aktiven Neutralitätspolitik internationales Engagement für die Ächtung und das weltweite Verbot von Drohnen, die für Kampfeinsätze und Bespitzelungen verwendet werden können
- Ausstieg aus der EU-Rüstungsagentur und den EU-Battlegroups

---

103. Arbeitsgemeinschaft Christentum und Sozialdemokratie (ACUS), Begegnungszentrum für aktive Gewaltlosigkeit, Föderation der demokratischen Arbeitervereine (DIDF), Frauen in Schwarz, Wien, Internationaler Versöhnungsbund österreichischer Zweig, Kritische Jüdische Stimme, ÖIE Kärnten, Österreichischer Friedensrat, Pax Christi Steiermark, Salzburger Friedensbüro, Solidar-Werkstatt Österreich, Steirische Friedensplattform, Wiener Friedensbewegung
104. http://www.werkstatt.or.at/index.php?option=com_content&task=view&id=885&Itemid=1

## Hans-Arthur Marsiske
# Drohnen sind Roboter

**… und markieren einen entscheidenden Wendepunkt in der Kulturgeschichte des künstlichen Lebens**

Der Anrufer, der sich bei der Deutschen Luftwaffe zum Einsatz von Drohnen erkundigen will, wird erst einmal zurechtgewiesen. »Das soll jetzt nicht despektierlich klingen«, sagt der diensthabende Presseoffizier. »Aber Drohnen haben doch eher mit Modellfliegerei zu tun. Bei uns heißt das UAV (Unmanned Aerial Vehicle).«

Deutlicher lässt es sich kaum ausdrücken: Die Auseinandersetzung um Militärroboter ist auch eine um Begriffe. Die Wortwahl ist nicht neutral, sondern beeinflusst von vornherein den Rahmen und die Richtung der Debatte. »Unbemanntes System mit Wirkfunktion« weckt andere Assoziationen als »bewaffneter Roboter«.

Das Militär orientiere sich an Fähigkeiten, heißt es offiziell zur Begründung der umständlichen Terminologie, nicht an den Technologien, mit denen sie realisiert werden. Gewiss werden sich die Kommunikationsexperten bei der Bundeswehr aber auch Gedanken über die Wirkungen in der Öffentlichkeit machen. Der Begriff »Roboter« rückt die Technologie, um die es hier geht, in die Nähe von fiktiven Szenarien der Science-Fiction, in denen sich die Maschinen häufig gegen ihre menschlichen Schöpfer wenden. Wer will schon gerne mit so etwas in Verbindung gebracht werden?

Dennoch ist »unbemannte militärische Systeme« keinesfalls der »präzisere« Begriff, wie es der deutschsprachige Wikipedia-Artikel über Militärroboter behauptet. Denn der Zugewinn an Präzision ist mit einer Verengung der Perspektive auf technologische und politische Aspekte teuer erkauft. Die militärische Terminologie mag Budgetplanungen erleichtern, gegebenenfalls auch Rüstungskontrollen. Doch sie verstellt den Blick auf größere historische Zusammenhänge und verhindert damit nachhaltige politische Entscheidungen, die sich nicht an Jahren oder Jahrzehnten, sondern an Generationen und Jahrhunderten orientieren müssen.

## Abbild des Menschen

Eine solche umfassende Perspektive erschließt sich nicht über unbemannte Systeme, sondern nur über den Begriff Roboter. Erstmals verwendete ihn der tschechische Autor Karel Čapek in seinem 1921 uraufgeführten Bühnenstück »R.U.R. - Rossum's Universal Robots«. Die zugrundeliegende Idee ist gleichwohl viel älter: Roboter sind der vorläufig letzte Stand in einer langen Tradition von Bemühungen der Menschen, Abbilder von sich selbst zu schaffen.

Wann unsere Vorfahren damit begannen, lässt sich nicht feststellen. Aber vor 35.000 Jahren beherrschten sie die Kunst jedenfalls schon sehr gut. Auf dieses Alter wird die 2008 in der Schwäbischen Alb gefundene Venus vom Hohlefels geschätzt. Die aus Mammut-Elfenbein geschnitzte Figur gilt damit derzeit als älteste künstlerische Darstellung eines Menschen.

Über die damalige Funktion solcher Figuren lässt sich nur spekulieren. Sie mögen während der Schwangerschaft als Talisman gedient haben, halfen den Frauen vielleicht auch, das Wissen über ihren Körper zu bewahren. Unsere Vorfahren werden über die Figuren geredet, mit ihnen gespielt und sich wahrscheinlich schon damals Geschichten erzählt haben, in denen die Figuren lebendig wurden, womöglich inszeniert als magisches Schattenspiel im flackernden Licht der Fackeln.

Die alten Griechen jedenfalls waren spätestens vor 3.000 Jahren mit der Idee künstlicher Wesen vertraut. Die vom griechischen Feuergott Hephaistos geschaffenen Dreifüße, die bei den Festen der Götter auf ihren Rädern selbstständig dorthin rollten, wo sie gerade gebraucht wurden, gehen ohne weiteres als Roboter durch. Die beiden goldenen Dienerinnen, die Hephaistos in seiner Schmiede halfen, hatten sogar menschliche Gestalt.

## Von der Magie zur Wissenschaft

Solche Gedankenspiele von der Belebung toter Materie gehören zum ältesten kulturellen Erbe der Menschheit und entspringen letztlich dem Drang nach Selbsterkenntnis. Der Mensch will das Rätsel seiner Existenz lösen, indem er sich selbst neu erschafft. Lange Zeit war dieser Schöpfungsakt allerdings nur in der Fantasie möglich und stützte sich zumeist auf magische Rituale. In der jüdischen Legende vom Golem etwa schritten der Rabbi Löw, sein Schwiegersohn und sein Schüler jeweils siebenmal um eine nach menschlichem Vorbild geformte Tonfigur herum und sprachen dabei eine Zauberformel, die den Golem nach und nach zum Leben erweckte.

Anfang des 19. Jahrhunderts schien es dann so, als biete die neu entdeckte Elektrizität einen Zugang zum Geheimnis des Lebens. Der schottische Arzt Andrew Ure berichtete im Jahr 1818 von Experimenten mit einem hingerichteten Mörder, an dessen Leichnam er mit elektrischem Strom Muskelzuckungen ausgelöst hatte, und vermutete, dass Tote durch elektrische Stimulation wiederbelebt werden könnten. Solche damals populären Experimente mögen Mary Shelley zu ihrem im selben Jahr erschienenen Schauerroman »Frankenstein« inspiriert haben, der die Schwelle zwischen Magie und Wissenschaft markiert. Der titelgebende geniale Wissenschaftler Viktor Frankenstein stützte sich bei seinem Bemühen, einen künstlichen Menschen zu erschaffen, auf Alchimisten wie Cornelius Agrippa und Paracelsus ebenso wie auf die noch relativ jungen Naturwissenschaften.

Hundert Jahre später hatten sich Wissenschaft und Industrie auf ganzer Linie durchgesetzt. Der Erste Weltkrieg tobte über die Kontinente und Ozeane und degradierte Millionen von Soldaten zu bloßen Anhängseln einer gigantischen Kriegsmaschine. In diesem ersten voll industrialisierten Krieg zählten traditionelle soldatische Tugenden wie Tapferkeit und Ritterlichkeit nicht mehr viel, entscheidend war, welches Land mehr Waffen und Munition produzieren und schneller an die Front schaffen konnte. Wer hier überleben wollte, musste emotionslos dem Takt der Maschinen folgen.

Von dieser traumatischen Erfahrung war es nicht mehr weit zu Visionen intelligenter Maschinen, die den Menschen den Platz streitig machen. Čapeks Roboterdrama kam nur drei Jahre nach Kriegsende auf die Bühne. Die hierin thematisierten künstlichen Menschen bestehen aus organischer Materie, werden aber industriell gefertigt, um als billige Arbeitssklaven eingesetzt zu werden. Im Verlauf der Geschichte wenden sie sich gegen ihre Schöpfer und vernichten die Menschheit.

## Großväter des Terminators

Im gleichen Jahr kam mit »L'uomo meccanico« (Italien 1921) der erste metallene Roboter auf die Kinoleinwand, ein riesiges, entfernt menschenähnliches Ungetüm, das dicke Holztüren zerschlägt, so schnell wie ein Auto läuft und nur von einer gleichartigen Maschine gestoppt werden kann. Im spektakulären Finale des Films kämpfen die beiden Großväter des Terminators miteinander und zerlegen dabei das Mobiliar eines Opernhauses.

Diese Kampfmaschinen wurden noch von Menschen mit großen Steuerrädern und Schalthebeln ferngelenkt. Der Roboter in Fritz Langs monumentalem Film »Metropolis« (D 1927) brauchte dagegen nur allgemeine Instruktionen seines Schöpfers, die er dann selbstständig umsetzte. Die alles beherrschende Frage, die von nun an Robotergeschichten prägen sollte, war die, wie lange das gutgehen konnte. Würden sich die Maschinen und Kunstwesen auf Dauer dem Willen der Menschen unterwerfen?

Der 1920 in Sowjetrussland geborene und in den USA aufgewachsene Schriftsteller Issac Asimow versuchte, die Frage quasi juristisch zu klären. In der 1942 publizierten Geschichte »Runaround«, in der er auch den Begriff »Robotik« prägte, verwendete er zum ersten Mal die mittlerweile berühmten drei Robotergesetze:

Ein Roboter darf keinen Menschen verletzen oder durch Untätigkeit zulassen, dass ein Mensch verletzt wird.

Ein Roboter muss den ihm von einem Menschen erteilten Befehlen gehorchen, es sei denn, die Befehle stehen mit dem ersten Gesetz in Widerspruch.

Ein Roboter muss seine eigene Existenz schützen, sofern das nicht mit dem ersten oder zweiten Gesetz kollidiert.

Diese Gesetze entpuppten sich als ungemein kraftvolles erzählerisches Werkzeug, das die Konstruktion vielfältiger Konflikte erlaubt und seitdem das Robotergenre nachhaltig geprägt hat. Viele Autoren griffen die Gesetze auf, häufig mit Ergänzungen und Modifikationen.

## Juristische Spitzfindigkeiten

Im Film »RoboCop« (USA 1987) etwa spielt ein viertes Gesetz eine Rolle, das den Roboter daran hindern soll, gegen Angehörige der Leitung des Konzerns, in dem er gebaut wurde, vorzugehen. In »I, Robot« (USA 2004), angelehnt an Asimows gleichnamige Geschichtensammlung, kommen die Roboter zu dem Schluss, dass sie den durch die Robotergesetze geforderten Schutz der Menschen nur gewährleisten können, wenn sie die Macht übernehmen.

Der Film »Der Tag, an dem die Erde stillstand« (USA 1951) spielt mit der Idee der freiwilligen Machtübergabe: Hier besucht ein Abgesandter einer außerirdischen Zivilisation zusammen mit einem gewaltigen Roboter die Erde, um die Menschen vor der weiteren Entwicklung von Kernwaffen in Verbindung mit Raumfahrt zu warnen. Die Außerirdischen hätten ganz bewusst mächtige Roboter geschaffen und sich ihnen unterworfen, um Kriege zu verhindern. Das bieten sie nun auch den Menschen an.

Eine der beklemmendsten Varianten schildert »Colossus: The Forbin Project« (USA 1970; *deutscher Titel: Colossus*): Nachdem die Menschen die Kontrolle über ihre Atomwaffen einem Computer übergeben haben, zwingt der ihnen ein lückenloses Kontrollsystem auf, das seine Herrschaft dauerhaft sichert. Mit emotionsloser Maschinenstimme erklärt Colossus am Ende die Freiheit zu einer Illusion und verspricht seinem Schöpfer Dr. Forbin: »Mit der Zeit wirst du mich nicht nur mit Respekt und Ehrfurcht betrachten, sondern mit Liebe.« Dem bleibt nur noch zu erwidern: »Nein, niemals.«

## Fiktion und Realität

Unterdessen wurden Roboter auch außerhalb von Kinosälen und Büchern nach und nach Realität. Der Umgang mit radioaktiven Materialien trieb nach dem Zweiten Weltkrieg die Entwicklung von Technologien zur Telemanipulation voran. 1961 wurde mit dem »Unimate« der erste Industrieroboter bei der Herstellung von Autos eingesetzt. Fünf Jahre zuvor hatte sich erstmals eine wissenschaftliche Konferenz dem Thema »künstliche Intelligenz« gewidmet. Auch das Militär interessierte sich für die Technologie. Einen wichtigen Anstoß zur Entwicklung unbemannter Aufklärungsflugzeuge gab der Abschuss eines U-2-Spionageflugzeugs durch die Sowjetunion im Jahr 1960 und die Gefangennahme des Piloten Francis Gary Powers.

Je mehr mit Robotern reales Geld verdient wurde, desto mehr gerieten die fiktiven Visionen und Gedankenspiele in Misskredit. Immer wieder beklagen Hersteller von Robotern wie auch viele Wissenschaftler das negative Bild, das nicht nur Hollywood-Produktionen von der Technologie zeichnen. Doch es würde nicht helfen, die Autoren und Regisseure wegen Geschäftsschädigung zu verklagen. Es sind reale, kollektive Erfahrungen, die den Roboter immer wieder zum »bad guy« machen, nicht die Launen der Filmemacher und Schriftsteller. Es ist das Geburtstrauma der modernen Robotik, das auch nach fast hundert Jahren noch nachwirkt. Wer will, kann in den atemberaubenden Verfolgungsjagden der »Terminator«-Filme noch heute die Erschütterungen der Stahlgewitter des Ersten Weltkriegs spüren.

Fiktion und Wirklichkeit liegen zudem nicht immer so weit auseinander, wie sich das manche Marketingmanager von Robotikfirmen wünschen mögen. So kam es im Jahr 1991 nur wenige Monate vor der Uraufführung des Films »Terminator 2: Judgment Day« (*deutscher Titel: Terminator 2 – Tag der Abrechnung*), der von zukünftigen Kriegen zwischen Menschen und Maschinen erzählt, zu einer denkwürdigen Begegnung in einem sehr realen und gegenwärtigen Krieg: Das US-Kriegsschiff »Wisconsin« beschoss damals mit seinen 41-Zentimeter-Bordkanonen die vor Kuwait-Stadt im Persischen Golf gelegene Insel Failaka und erfasste die bis zu 38 Kilometer entfernten Ziele mithilfe der israelischen Drohne RQ-2A Pioneer. Als diese Drohne nach einem Angriff das beschossene Gebiet inspizierte, signalisierten Soldaten durch Winken mit weißen Tüchern, dass sie sich ergeben wollten. Die RQ-2A Pioneer, Air Vehicle 159, steht heute im Smithsonian Air and Space Museum in Washington D.C. als der erste Roboter, der eine Kapitulation gegnerischer Truppen entgegengenommen hat.

## Modell Mensch

Natürlich sind die unerbittlichen Kampfmaschinen der Science-Fiction immer auch Zerrbilder des Menschen. Letztlich gehen die Terminatoren mit uns genauso um, wie wir mit vermeintlich »niederen« Lebensformen. Wer das Image der Roboter verbessern will, muss daher beim Menschen beginnen. Schließlich ist das Bedürfnis des Menschen, sich sein eigenes Ebenbild zu schaffen, die älteste und ursprünglichste Triebkraft der Robotik. Aber kann er damit zufrieden sein, sich lediglich selbst zu kopieren, mit all seinen Fehlern und Defiziten? Muss sich nicht der Wunsch anschließen, über sich selbst hinauszuwachsen und mithilfe der Robotiktechnologie ein höheres kulturelles Niveau zu erreichen?

Seltsamerweise ist in der Debatte über Roboter allgemein und insbesondere über Militärroboter bei Gegnern wie Befürwortern die Haltung verbreitet, Gedanken, die aus der Science-Fiction stammen, herauszuhalten. Seltsam ist diese Haltung zum einen, weil die Robotik ihren Namen selbst der Science-Fiction verdankt. Zum anderen scheint ihr die Annahme zugrunde zu liegen, als wären all die seit Jahrtausenden angestellten Überlegungen über künstliches Leben mit einem Schlag hinfällig geworden, seit die Technologie zu ihrer Verwirklichung Gestalt annimmt.

Gerne wird auch darauf hingewiesen, dass wir von den Kampfmaschinen der Science-Fiction ja noch ein gutes Stück entfernt seien und es vorerst ohnehin nur um ferngelenkte Roboter ginge. Doch der zeitliche Rahmen ist eher zweitrangig. Ob die Lufthoheit bereits in 20 Jahren an autonome Flugroboter übergeht oder erst in 100, ist nicht entscheidend. Ausschlaggebend ist vielmehr die innere Logik der Entwicklung. Die ist in zahllosen Science-Fiction-Geschichten gründlich analysiert worden und zeigt unerbittlich in Richtung Autonomie. Demgegenüber wirken die wiederholten Bekundungen von Militärvertretern und Politikern, es solle immer ein Mensch in der Entscheidungsschleife bleiben, eher hilflos. Sie mögen durchaus ehrlich gemeint sein, werden aber auf die technische Entwicklung auf Dauer keinen nennenswerten Einfluss ausüben. Schnelligkeit und Feuerkraft sind die wichtigsten militärischen Parameter. Wer will, dass sich die eigenen Roboter gegen die des Gegners durchsetzen, muss sie stärker bewaffnen und ihre Reaktionszeit verbessern. Wenn es um Sekundenbruchteile geht, haben ferngesteuerte Roboter gegen autonome jedoch keine Chance mehr.

Wer heute bewaffnete Roboter einsetzen will, nimmt diese Logik in Kauf und setzt eine Dynamik des Wettrüstens in Gang, die früher oder später auf autonom feuernde Kampfmaschinen hinausläuft. Es kann durchaus noch einige Zeit dauern, bis es so weit ist, doch das bedeutet nicht, dass noch viel Zeit zum Nachdenken wäre. Die grundlegenden Entscheidungen fallen heute, auch wenn mit den Konsequenzen möglicherweise erst unsere Enkel werden leben müssen. Einmal in Gang gesetzt, wird sich die Entwicklung kaum noch stoppen lassen. Auf jeden Fall wird es sehr viel schwieriger sein, die Künstliche Intelligenz später wieder zu entwaffnen, als ihr heute von vornherein die Waffen zu verweigern.

Es gehört zu den großen Verdiensten von Geschichten wie »Colossus«, für solche Zusammenhänge zu sensibilisieren. Die Science-Fiction gehört zur Debatte über Militärroboter daher unbedingt dazu. Sie hat die Warnschilder aufgestellt, die der realen Entwicklung jetzt im Weg stehen.

## Nachhaltige Technologieentwicklung

Reden wir also über Roboter. Unbemannte Systeme, Telemanipulatoren, UAV - das sind alles nur Teilaspekte dieser viel größeren Geschichte, die letztlich von der Fortsetzung der biologischen Evolution mit technischen Mitteln handelt. Mithilfe der Robotik könnten die Menschen ihre irdischen Grenzen hinter sich lassen und sich zu einer kosmischen Zivilisation aufschwingen, die das Weltall besiedelt. Roboter werden dabei immer die ersten sein, die neue Welten betreten, sie erkunden und gegebenenfalls die Ankunft von Menschen vorbereiten. Je komplexer die Aufgaben werden, die wir ihnen anvertrauen, desto komplexer werden die Maschinen. Es ist nicht auszuschließen, dass sie auf diesem Weg den Status einer Maschine hinter sich lassen und sich mehr und mehr zu Persönlichkeiten entwickeln, die sich ihrer selbst bewusst sind, Trauer und Schmerz empfinden können.

Eine nachhaltige Technologiepolitik, die nicht nur in Wahlzyklen von vier Jahren denkt, sondern sich bewusst ist, dass heutige Entscheidungen das Schicksal zukünftiger Generationen betreffen, muss diesen Gedanken ernst nehmen. Bewaffnete Drohnen mögen kurzfristig und vorübergehend militärische Vorteile im Kampf gegen terroristische Gruppen bieten. Langfristig bedeuten sie eine grundlegende Festlegung beim Design maschineller Intelligenz, eine frühe Entscheidung über den Charakter künstlicher Lebensformen, mit denen unsere Nachkommen werden leben müssen.

Noel Sharkey
# Die Automatisierung der Kriegsführung: Was man von Drohnen lernen kann

## Zusammenfassung

Bei den Kampfhandlungen im Krieg vollzieht sich gegenwärtig eine Revolution. Der Einsatz von Roboter-Plattformen als Waffenträger nimmt zunehmend Fahrt auf. US-Pläne aller Waffengattungen deuten auf einen massiven Zuwachs an militärischen Robotern hin und wenigstens 50 andere Staaten haben diese entweder gekauft oder besitzen eigene Militär-Roboter-Programme.[1] Zur Zeit werden noch alle bewaffneten Roboter auf Kriegsschauplätzen von Menschen ferngesteuert, sogenannte Mensch-in-der-Programmschleife-Systeme. Menschen sind verantwortlich für die Zielauswahl und den Einsatz tödlicher Mittel. Aber hier bereitet sich ein Wandel vor. Die Rolle der Person in der Programmschleife wird verkleinert und am Ende ganz verschwinden. Aber sind wir vorbereitet für einen derartigen Schritt? Sind wir uns im Klaren über die Grenzen dieser Technologie und darüber, wie durch massive Beschleunigungen des Kampfgeschehens die menschliche Verantwortung im Dunkeln belassen wird? Bevor wir uns in Richtung auf autonome Operationen bewegen, müssen wir die Lektionen verarbeiten, die wir von der Anwendung der derzeitigen gesteuerten bewaffneten Roboter gelernt haben.

---

1. Ich habe persönlich valide Robotertechnologie-Berichte für jedes der folgenden Länder gelesen: Australien, Brasilien, Bulgarien, Chile, China, Deutschland, Ekuador, Finnland, Frankreich, Griechenland, Großbritannien, Indien, Indonesien, Iran, Israel, Italien, Japan, Jordanien, Kanada, Kolumbien, Kroatien, Libanon, Malaysia, Mexiko, Neuseeland, Niederlande, Norwegen, Österreich, Pakistan, Peru, Philippinen, Polen, Rumänien, Russland, Schweden, Schweiz, Serbien, Singapur, Südafrika, Südkorea, Spanien, Thailand, Taiwan, Tunesien, Türkei, Vereinigte Arabische Emirate, USA, Vietnam.

# Einleitung

Seit 2004 haben alle strategischen Konzepte und Planungen der US-Streitkräfte die Erfordernisse für Entwicklung und Einsatz autonomer Kampfroboter behandelt.[2] Die *Joint Doctrine Note*[3] des britischen Verteidigungsministeriums (2011) schließt sich dem an. Das Erfüllen dieser Pläne, den Menschen aus der Programmschleife zu nehmen, ist bereits weit fortgeschritten. Es wird eine stufenweise Progression in Richtung autonomer Operationen geben; zunächst für den Flug (Start, Navigation, Ausweichen von Hindernissen etc.), dann für die Zielauswahl. Das Endziel besteht darin, dass Roboter autonom operieren werden, um ihre eigenen Ziele zu lokalisieren und sie ohne menschliches Eingreifen zu zerstören.[4]

Der Begriff Autonomie kann für alle nicht mit Robotern Befassten sehr verwirrend sein. Er klingt so nach selbstständig denkenden Robotern. Dabei handelt es sich aber nur um einen Teil der kulturellen Mythen über von Science-Fiction produzierte Robotersysteme. Autonomie bei Robotersystemen hat mehr mit dem Begriff Automatik zu tun als mit individueller Freiheit. Ein *autonomer* Roboter führt eine vorprogrammierte Folge von Operationen aus oder bewegt sich in einer vorgeformten Umgebung. Ein gutes Beispiel dafür ist ein Roboterarm, der ein Auto lackiert.

Ein *autonomer* Roboter ähnelt einer automatischen Maschine, außer dass er in einer offenen und nicht vorgeformten Umgebung operiert. Der Roboter wird noch von einem Programm kontrolliert, erhält aber nun Informationen von seinen Sensoren, die ihn befähigen, die Geschwindigkeit und Richtung seiner Motoren (und Auslöser) dem Programm entsprechend anzupassen. So kann z. B. ein autonomer Roboter darauf programmiert sein, Hindernissen auf seinem Weg auszuweichen. Wenn der Sensor ein solches wahrnimmt, passt das

---

2. The Navy Unmanned Undersea Vehicle (UUV) Master Plan, Department of the Navy, USA, November 9, 2004 Unmanned Aircraft Systems Roadmap 2005–2030, Office of the Secretary of Defence USA, 2005 Joint Robotics Program Master Plan FY2005, LSD (AT&L) Defense Systems / Land Warfare and Munitions 3090 Pentagon Washington, DC 20301 - 3090 Unmanned Systems Roadmap 2007–2032, Memorandum for secretaries of the military departments, chairman of the joint chiefs of staff, chief of staff of the Army, chief of Naval operations, chief of staff of the air force, commandant of the Marine Corps, director of the Defense Advanced Research Projects Agency, December 10th, 2007 United States Air Force Unmanned Aircraft Systems Flight Plan 2009_2047, Headquarters of the United States Air Force, Washington, DC, 18 May 2009
3. The UK Approach to Unmanned Aircraft Systems, Ministry of Defence Joint Doctrine Note 2/11, 30 March, 2011
4. Sharkey, N. (2008a) Cassandra or the False Prophet of Doom: AI Robots and War, IEEE Intelligent Systems, 23(4), S. 14-17.

Programm die Motoren an, sodass der Roboter ihm in seiner Bewegung ausweicht. Wenn z. B. der linke Sensor einen Gegenstand wahrnimmt, würde sich der Roboter nach rechts bewegen und wenn der rechte Sensor einen Gegenstand wahrnimmt, würde der Roboter sich nach links bewegen.

Selbst die, die es besser wissen sollten, sorgen bei dieser Sache für Konfusion, so beginnt z. B. die *Joint Doctrine Note* des britischen Verteidigungsministeriums (MoD) ihre Definition von Autonomie mit: »Ein autonomes System ist in der Lage, Absicht und Anweisung eines gehobenen Niveaus zu verstehen.«[5] Das Problem bei dieser Aussage besteht darin, abgesehen von einer metaphorischen Verwendung, dass kein System befähigt ist zum »Verstehen« und schon gar nicht zum »Verstehen einer Absicht von gehobenem Niveau«. Dies würde bedeuten, dass autonome Roboter in der vorhersehbaren Zukunft vielleicht nicht möglich sein werden. Das ist keine bloße sprachliche Pingeligkeit meinerseits. Es hat sehr wichtige Konsequenzen für die Art, wie das Militär, die Politiker und die Hersteller die Entwicklung militärischer Roboter begreifen.

Die Konfusion taucht auch noch weiter unten in demselben Dokument auf, wenn Künstliche Intelligenz behandelt wird: »Schätzungen darüber, wann Künstliche Intelligenz erreicht werden wird (im Gegensatz zu komplexen und klugen automatisierten Systeme), variieren, aber der Konsens scheint zwischen mehr als fünf Jahren und weniger als 15 Jahren zu liegen, bei einigen Außenseitern mit einem weit späteren Zeitpunkt.« Aber es ist einfach lächerlich zu sagen, dass »Künstliche Intelligenz erreicht werden wird«. Künstliche Intelligenz (KI) ist ein Forschungsfeld, das in den 1950er Jahren begann und ein Begriff zum Beschreiben der Arbeit in diesem Feld, daher ist ein KI-Programm eines, das Methoden von Künstlicher Intelligenz anwendet. In diesem Sinne wurde sie bereits vor 50 Jahren erreicht. Es muss also etwas anderes meinen, wenn Künstliche-Intelligenz-Programme so intelligent wie, oder noch intelligenter als, Menschen sind. Wenn das aber so ist, wo kommt dann der Konsens von fünf bis 15 Jahren her, es sei denn, es handelt sich hierbei um einige wissenschaftliche Außenseiter?

Im Kapitel 6 des gleichen Dokuments bekommen wir dann serviert: »Wahre Künstliche Intelligenz, durch die eine Maschine eine ähnliche oder größere Fähigkeit besitzt wie ein Mensch denken zu können, wird zweifelsfrei die Spielregeln vollständig verändern, nicht nur im militärischen Bereich, sondern in allen Aspekten des modernen Lebens«.[6] Dann heißt es weiter: »Die Entwick-

---

5. Ebenda, 3, 2-3
6. Ebenda, 3, 6-12

lung von Künstlicher Intelligenz ist ungewiss und unwahrscheinlich vor den nächsten beiden Epochen.« Nun weiß aber niemand, wie lange so eine Epoche dauert und man kann sich nur fragen, wie sich dies zu den vorher erwähnten 5 bis 15 Jahren verhält.

Hier ist der erneute Hinweis angebracht, dass es sich bei Autonomie nicht um denkende Roboter handelt. Dies ist von besonderer Wichtigkeit, wenn es um Diskussionen über Roboter geht, die Entscheidungen über Leben und Tod treffen. Der vielfach missverstandene Entscheidungsprozess eines Roboters sollte nicht verwechselt werden mit einem menschlichen Entscheidungsprozess, außer im Sinne einer vagen Analogie. Der Entscheidungsprozess eines Computers kann so simpel sein wie, *wenn* Gegenstand links, *dann* nach rechts drehen, *oder wenn* Gegenstand rechts, *dann* nach links drehen, *ansonsten* weiter fortfahren. Oder alternativ, die Aktivität auf einem Sensor könnte ein anderes Sub-Programm aktivieren, um bei der Entscheidung zu helfen. Zum Beispiel, um ein glattes Durchqueren durch ein mit vielen Gegenständen versehenes Feld zu ermöglichen, könnte ein Sub-Programm aufgerufen werden, um auszuwerten, ob eine Linksdrehung zu mehr Begegnungen mit Objekten führen würde als eine Rechtsdrehung.

Programme können sehr komplex werden durch die Steuerung mehrerer Sub-Programme durch Prozesse, die Entscheidungen darüber ermöglichen sollen, welches Sub-Programm gemäß den jeweiligen Umständen initiiert werden sollte. Aber für eine Entscheidungen treffende Maschine, ganz gleich ob sie nun mathematische Entscheidungsräume oder KI-Abwägungs-Programme verwendet, bleibt am Ende die bescheidene *wenn/dann*-Aussage.

Ein weiteres Missverständnis über Autonomie ist, dass es sich dabei nicht um ein Alles-oder-Nichts handelt. Ein System muss nicht ausschließlich autonom oder ausschließlich ferngesteuert operieren. Es gibt da ein Kontinuum von kontrolliert bis zu voll autonom, und verschiedene Gruppen treffen ihre diesbezüglichen Unterscheidungen auch unterschiedlich. Die US-Armee, -Marine und -Luftwaffe behandeln die Klassifizierung militärischer Roboter auf einem Kontinuum von vollständig Personen-gesteuert bis vollständig autonom.[7] Jeder hat separate Entwicklungsprogramme und jeder hat seine eigenen Arbeitsdefinitionen der verschiedenen Ebenen der Roboter-Autonomie. Die Armee hat zehn Ebenen, während die Luftwaffe vier verwendet. Die Marine verwendet eine Charakterisierung gemäß der Komplexität des Einsatzes, weist aber auf drei

---

7. Joint Robotics Program Master Plan FY2005, LSD (AT&L) Defense Systems/Land Warfare and Munitions 3090 Pentagon Washington, DC 20301-309

verschiedene Klassen autonomer Roboter-Fahrzeuge hin: (1) *vorprogrammiert*, (2) *überwacht*; (3) *intelligent*. Das US-National Institute of Standards and Technology (NIST) ist schon eine Weile damit befasst, ein begriffliches Rahmensystem zum Beschreiben von Autonomie-Ebenen zu entwickeln.[8]

Trotz der Kommentare und Diskussion darüber, was nun genau jede dieser Ebenen der Autonomie ausmacht, gibt es eine unaufhaltsame Bewegung in Richtung auf die Entwicklung autonomer Systeme, die Waffen tragen. Vielleicht wird zu oft gesagt, dass zum gegenwärtigen Zeitpunkt sich immer eine Person irgendwo in der Programmschleife befinden wird. Aber die Rolle dieser Person wird als abnehmend und verschwindend gering angesehen: »Menschen werden nicht länger ‚in der Programmschleife' sein, sondern eher ‚über der Programmschleife' – wobei sie die Ausführung bestimmter Entscheidungen überwachen. Gleichzeitig werden Fortschritte KI-Systeme befähigen, Kampfentscheidungen zu treffen und innerhalb rechtlicher und politischer Vorgaben zu operieren, ohne notwendigerweise einen menschlichen Input zu erfordern.«[9] Im Wesentlichen wird also eine Person in der Programmschleife sein, um den Schwarm loszuschicken und sie möglicherweise zurückzurufen, falls es einen Radio- oder Satellitenkontakt gibt.

Um was für eine Art von Autonomie es sich handelt, wie sie bezeichnet wird und auf welcher Ebene sie stattfindet, scheint größtenteils irrelevant zu sein gegenüber dem umfassenden Ziel der Automatisierung der Kriegsführung. Autonome Systeme, die Ziele auswählen und gegebenenfalls töten, geraten sehr wahrscheinlich in Konflikt mit ethischen und rechtlichen Problemen, wie vom Verfasser an anderer Stelle aufgezeigt.[10]

Kurz gesagt, das ethische Hauptproblem besteht darin, dass keine autonomen Roboter oder Künstliche-Intelligenz-Systeme in der Lage sind, zwischen Kombattanten und Unschuldigen zu unterscheiden. Ihnen zu erlauben, Entscheidungen darüber zu treffen, wer getötet wird, würde in Konflikt geraten mit fundamentalen ethischen Prinzipien des allgemeinen Kriegsrechts unter dem *ius in bello* und den verschiedenen Protokollen, die erstellt wurden zum Schutz der Zivilbevölkerung, verwundeter Soldaten, der Kranken, der psychisch Kran-

---

8. Huang, H, Albus, J, Messina, E, Wade, R and English, W. Specifying autonomy levels for unmanned systems: Interim report, SPIE Defense and Security Symposium, Orlando, Florida, 2004
9. United States Air Force Unmanned Aircraft Systems Flight Plan 2009_2047, Headquarters of the United States Air Force, Washington, DC, 18 May 2009, S. 41
10. Sharkey, N.E. (2007) Automated killers and computer professionals, IEEE Computer, 40, 106-108
Sharkey, N.E. (2008) Grounds for Discrimination: Autonomous Robot Weapons, RUSI Defence Systems, 11 (2), S. 86-89

ken und der Gefangenen. Es gibt einfach keine visuellen oder sensorischen Systeme, die diese Leistung erbringen könnten.

Ein Computer kann jedwedes vorgegebene Vorgehen berechnen, das in einer Programmiersprache verfasst werden kann. Man könnte zum Beispiel dem Computer in einem Roboter eine Anweisung geben, wie »wenn Zivilist, nicht schießen«. Das wäre schön wenn aber, eben nur wenn es ein Verfahren gäbe, dem Computer eine eindeutige Definition für einen Zivilisten zu geben. Keinesfalls können wir eine erhalten vom allgemeinen Kriegsrecht, die eine Maschine mit der notwendigen Information versorgen könnte. Die Genfer Konvention von 1949 verlangt den Einsatz des gesunden Menschenverstands, wohingegen das Protokoll I von 1977 im Wesentlichen einen Zivilisten im negativen Sinne definiert als jemanden, der kein Kombattant ist.

Und selbst wenn es eine eindeutige Computer-gerechte Definition eines Zivilisten gäbe, so haben Roboter doch kein Wahrnehmungsvermögen, um die Unterscheidung zu treffen, da die derzeitigen Sensoren-Systeme uns gerade noch mitteilen können, dass etwas einem Menschen ähnelt, aber darüber hinaus nur wenig mehr. Ferner ist es nicht immer angemessen, alle feindlichen Kombattanten zu töten. Sowohl die Unterscheidung wie auch die Angemessenheit erfordern Überlegungen. Es gibt aber keine KI-Systeme, die für derartige Schlussfolgerungen aus dem wirklichen Leben benutzt werden könnten.

Es gibt ferner das Prinzip der Proportionalität und auch hier gibt es keine wahrnehmende oder berechnende Fähigkeit, die einem Roboter eine derartige Entscheidung erlauben würde, noch gibt es ein bekanntes Messsystem zum objektiven Erfassen von unnötigem, überflüssigem oder unangebrachtem Leiden.[11] Das erfordert eine Beurteilung durch Menschen. Ja, Menschen machen in der Tat Fehler und können sich unmoralisch verhalten, aber man kann sie dafür zur Verantwortung ziehen. Wer aber trägt die Verantwortung für tödliche Versehen eines Roboters? Sicher nicht die Maschine selbst. Es gibt da eine lange mit dem Roboter verknüpfte Kausalkette: der Hersteller, der Programmierer, der Designer, das Verteidigungsministerium, die für den Einsatz zuständigen Generäle oder Admiräle und der den Roboter Steuernde.

Trotz aller dieser ethischen und rechtlichen Probleme gibt es eine unaufhaltsame Dynamik zur Entwicklung autonomer Systeme. Bereits 2005 schrieb das *Committee on Autonomous Vehicles in Support of Naval Operations*:[12] »Die

---

11. Sharkey, N.E. (2009) Death Strikes from the Sky: The calculus of proportionality, IEEE Science and Society, 28, S. 16-19
12. Committee on Autonomous Vehicles in Support of Naval Operations National Research Council (2005) Autonomous Vehicles in Support of Naval Operations, Washington DC: The National Acade-

Marine und das Marine-Infanteriekorps sollten bereitwillig die beträchtlichen Vorteile aufgreifen, die autonome Fahrzeuge (AF) für die Kampfhandlungen bieten, indem sie Einsatzerfahrung mit den gegenwärtigen Systemen erwerben und die dabei erlangten Kenntnisse für die Entwicklung zukünftiger AF-Technologien, Einsatzerfordernisse und System-Konzepte nutzen.«

## Aus dem Drohnen-Krieg erlernte Lektionen

Unglücklicherweise geht es bei den Lektionen, auf die im obigen Absatz angespielt wurde, in Wirklichkeit um die Schwächen von ferngesteuerten Robotern, und wie ein militärischer Vorteil gesteigert werden kann durch größere Annäherung an Autonomie. Das beinhaltet: (1) ferngesteuert operierende Systeme sind in der Herstellung teurer und erfordern umfangreiches Bedienungspersonal zum Betreiben; (2) es ist möglich, entweder die Satelliten- oder die Radioverbindung zu stören oder die Kontrolle über das System zu übernehmen; (3) eines der militärischen Ziele besteht darin, die Roboter als Einsatz-Multiplikatoren zu verwenden, sodass eine Person ein Verknüpfungspunkt sein kann für einen Roboter-Angriff großen Stils am Boden oder in der Luft; (4) der Verzögerungszeitraum bei der Fernbedienung eines Fahrzeugs über Satellit (ungefähr 1,5 Sekunden) bedeutet, dass er nicht für interaktives Kampfgeschehen mit einem anderen Flugzeug verwendet werden kann. Bei einer Pressekonferenz im Dezember 2007 sagte der stellvertretende Direktor der Arbeitsgruppe für unbemannte Flugsysteme im US-Verteidigungsministerium, Dyke Weatherington: »Gewiss projizieren die Planungsentwürfe ein steigendes Maß an Autonomie ..., um viele der am meisten belastenden Anforderungen zu erfüllen. Lassen Sie mich nur ein Beispiel herausgreifen: einen Luftkampf – es ist unmöglich, dass ein ferngesteuertes System effektiv operieren kann im Kontext eines offensiven oder defensiven Luftkampfes. Das muss gelingen – die Voraussetzung dafür ist ein voll-autonomes System.«[13]

Wir können nur hoffen, dass die »gelernten Lektionen« auch die ethischen Aspekte und Angelegenheiten des Humanitären Kriegsvölkerrechts einbeziehen. Andernfalls wird der Einsatz von autonomen Robotern die ethischen Probleme, die bereits jetzt aufgetreten sind, nur noch vergrößern und ausweiten.

---

mics Press
13. DoD Press Briefing with Mr. Weatherington from the Pentagon Briefing Room, US Dept. of Defense, 18 Dec. 2007, www.defenselink.mil/transcripttranscript.aspx?transcriptid=4108

Im Folgenden untersuchen wir die vier Bereiche, in denen ethische und rechtliche Lektionen gelernt werden sollten, bevor weitere Schritte in Richtung autonomer Operationen unternommen werden.

## 1. Ausschalten der Moral

Piloten mit Fernsteuerung der bewaffneten Angriffsflugzeuge, wie der Reaper MQ-9 und der Predator MQ-1, brauchen sich keine Sorgen zu machen über ihre persönliche Sicherheit. Platziert in Kabinen, die tausende von Meilen entfernt von der Aktion sind, können sie der Mission ihre volle Aufmerksamkeit widmen, ohne in Sorge darüber zu sein selbst beschossen zu werden. Sie befinden sich auf höchst sicherem Heimatboden, ein Ort, an dem noch kein Pilot sicherer gewesen ist. Man kann argumentieren, dass dadurch beide fundamentalen Gefahren, denen Kämpfer im Krieg ausgesetzt sind, vermindert werden[14]: *die Furcht, getötet zu werden*[15] und *der Widerstand gegenüber eigenem Töten.*[16] Dies schafft keinerlei Probleme für den Einsatz von ferngesteuerten Flugzeugen (RPA – «remotely piloted aircraft»), genauso wenig wie der Einsatz von irgendeiner anderen Distanzwaffe wie Artillerie oder Raketen. Aber wie steht es mit den moralischen Problemen? Royakkers und van Est (2010) argumentieren, dass das Kontrollieren von Flugzeugen aus einer mehrere tausend Meilen entfernten Kabine heraus eine »Playstation«-Mentalität fördert. Die so genannten »Kabinen-Krieger« sind emotional wie auch moralisch abgetrennt von den Konsequenzen ihrer Handlungen. Royakkers und van Est weisen darauf hin, dass neue Rekruten vielleicht bereits seit vielen Jahren Videospiele gespielt haben und möglicherweise nun keinen Unterschied darin sehen, ein Kabinen-Krieger zu sein.[17] Die Autoren liefern Beispiele aus Peter W. Singers Buch »Wired for War«, in dem über junge Kabinen-Krieger berichtet wird, die sich darüber auslassen, wie leicht es sei zu töten.

Das Gegenargument ist, dass gerade weil Piloten mit Fernsteuerung oft die zerstörerischen Folgen ihrer Aktionen zu sehen bekommen, sie moralisch weniger abgeschottet sind als die Besatzungen von Bombern in großer Hö-

---

14. Sharkey, N.E. (2010) Saying No! to Lethal Autonomous Targeting, Journal of Military Ethics, Vol. 9, No. 4, S. 299-313
15. Daddis, A, Understanding fear's effect on unit effectiveness, Military Review, 22-27, July-August, 2004
16. Grossman, D. On Killing: The psychological cost of learning to kill in war and society, Little, Brown and Co. 1995
17. Royakkers, L and van Est, R. (2010) The cubicle warrior: the marionette of digitalized warfare, Ethics and Information Technology, 12, S. 289-296

he oder Piloten in Kampfflugzeugen. Es wird ferner argumentiert, dass Piloten mit Fernsteuerung einer neuen Art von Stress unterzogen werden, der daraus resultiert, dass sie nach einem Tag auf den Schlachtfeldern in Afghanistan abends zu ihren Familien nach Hause gehen. Es gibt gegenwärtig keine wissenschaftliche Forschung über diesen Problemkomplex und daher nichts, um den Streit beizulegen.

In einem Interview mit der *Air Force Times* sagte Oberst Chris Chambliss, ein Kommandeur des 432. Geschwaders in Creech, dass das Bedienungspersonal an den Sensoren nur in vier oder fünf Fällen einen Geistlichen oder einen Betreuer aufgesucht hätte, und dass dies nur einen sehr kleinen Teil von allen Fernsteuerern ausmache. Andere interviewten Piloten sagten, dass sie nicht besonders beunruhigt durch ihre Missionen gewesen seien, obgleich diese manchmal für ein eigenartiges Leben sorgten.

Aber das juristische Problem ist nicht, ob es hier eine neue Art von Stress für Fernsteuerungskombattanten gibt oder ob sie moralisch geschützt sind aufgrund der Entfernung. Die juristischen Probleme kreisen darum, ob die neuen Arten von Stress oder das Ausschalten der Moral sich auswirkt auf die Zielfindungsentscheidungen. Sind fernsteuernde Piloten, die ja immun gegen Angriffe sein sollten, sorgloser, was das Auslöschen von Leben angeht, als andere militärische Kräfte? Und gegenwärtig liegt diese Entscheidung nicht in der alleinigen Verantwortung der Piloten selbst. Bei konventionellen Streitkräften gibt es eine Befehlskette, in der Militärs in Entscheidungen über zu tötende Ziele einbezogen werden, wie z. B. der Kommandeur sowie ein zuständiger Vertreter des Büros des *Judge Advocate General* (des obersten Militärgerichts der US-Streitkräfte). Matt Martin, ein ehemaliger Drohnen-Pilot, der im Irak und in Afghanistan diente, berichtet über viele Frustrationen im Umgang mit Kommandeuren und Anwälten, die ihre Zeit brauchten, um Entscheidungen zu treffen, während er beobachtete, wie die legitimen Ziele entkamen.[18]

Die große Sorge ist, dass, selbst wenn diese Befehlskette für die angemessene Anwendung tödlicher Mittel jetzt funktioniert, es gleichwohl schwierig ist zu sehen, wie die gleiche Kontrolle fortgeführt werden könnte, wenn die Zahl der bewaffneten Roboter dramatisch ansteigt. Es gibt gegenwärtig kaum genug Piloten und Anwender der Sensoren, von Kommandeuren und Anwälten ganz zu schweigen. Die Lektion besteht darin, dass die Zahl der ferngesteuer-

---

18. Martin, M and Sasser, C.W., Predator: the remote-control war over Iraq and Afghanistan, Minneapolis, Zenith Press, 2010

ten Operationen nicht die Fähigkeiten einer Befehlskette, die einen genau kontrollierten ethischen und juristischen Entscheidungsprozess durchführen können, übersteigen sollte.

Bei vollständig autonomen Waffensystemen würde per definitionem jede Überprüfung der Legalität der Ziele und der Aufklärung vor ihrem Einsatz durchgeführt werden müssen. Der derzeitige Einsatz ferngesteuerter Flugzeuge ist hier eine gute Lehre. Da so viele Pannen bereits mit einem in der Programmschleife fest verankerten Menschen passieren, ist es unwahrscheinlich, dass autonomes gezieltes Töten die rechtlichen Voraussetzungen erfüllt, bei den Mängeln an der Erkennungsapparatur und den menschlichen Entscheidungsprozessen.

### 2. Gezielte Tötungen bei verdeckten Operationen

Die zweite zu lernende Lektion betrifft den verdeckten Einsatz von ferngesteuerten Flugzeugen durch die Geheimdienste. Die CIA verfügt tatsächlich über eine ferngesteuerte »Luftwaffe«, die – möglicherweise von zivilen Unternehmen – von Langley in Virginia aus kontrolliert wird. Die CIA war die erste Organisation in den USA, die 2002 bewaffnete Drohnen einsetzte, als sie fünf Männer tötete, die in einem Transportwagen im Jemen unterwegs waren.[19] Das wurde von Anwälten des Verteidigungsministeriums als legitimer defensiver präventiver Einsatz gegen Al-Kaida angesehen. Seitdem ist der Einsatz von Drohnen für gezielte Tötungen oder »Enthauptungsschläge« in Staaten, die sich mit den USA nicht im Krieg befinden, alltäglich geworden. Die *Asia Times* hat die CIA-Drohnen-Angriffe »den öffentlichsten ›geheimen‹ Krieg der Moderne« genannt.[20]

Schätzungen über die Anzahl der Drohnen-Angriffe in Pakistan sind auf den Webseiten der New America Foundation und von Brookings[21] veröffentlicht worden und werden in der nachfolgenden Tabelle gezeigt. Die Anzahl der zivilen Toten war nur sehr schwierig zu schätzen und beläuft sich auf von wenigen 20 bis zu mehr als 1000.

---

19. Israel hat vielleicht schon länger bewaffnete Drohnen eingesetzt, hat dies aber mehrere Jahre lang dementiert – trotz Augenzeugenaussagen. Es kann hier nicht verifiziert werden.
20. Turse, Nick (2010) Drone surge: Today, tomorrow and 2047, Asia Times, January 26 http://www.atimes.com/ The Year of the Drones, New America Foundation website: http://counterterrorism.newamerica.net/drones Last Accessed May, 31, 2011atimes/South_Asia/LA26Df01.html, zuletzt abgerufen am 15. Mai 2011
21. Pakistan Index, Ian S. Livingston and Michael O‹Hanlon http://www.brookings.edu/~/media/Files/Programs/FP/pakistan%20index/index.pdf

*Tabelle: Hohe und niedrige Schätzungen von Toten durch Drohnen-Angriffe in Pakistan 2004-2011*

| Anzahl der Drohnen-Angriffe | | geschätzte Drohnen-Tötungen | | | | |
|---|---|---|---|---|---|---|
| | | hoch | | niedrig | | Führer |
| Jahre | NMA | BI | NMA | BI | NMA | BI | NMA |
| 2004–07 | 9 | 9 | 109 | 112 | 86 | 89 | 3 |
| 2008 | 34 | 35 | 296 | 313 | 263 | 273 | 11 |
| 2009 | 53 | 53 | 709 | 724 | 413 | 368 | 7 |
| 2010 | 118 | 117 | 993 | 993 | 607 | 607 | 12 |
| 2011 | 31 | 21 | 199 | 177 | 138 | 122 | 1 |

*bis zum 27. Mai 2011; NMA = New Foundation of America, BI= Brookings Institute*

Sind diese gezielten Tötungen legal, wie vom Humanitären Völkerrecht gefordert? Die Legalität ist bestenfalls fragwürdig. »Enthauptung« meint das Ausschalten der Führer einer Krieg führenden Organisation oder Nation aus der Gruppe ihrer Kämpfer. Das proklamierte Ziel der Enthauptungen durch Luftschläge war, Al-Kaida-Führer und Taliban-Führer ins Fadenkreuz zu nehmen, ohne Risiko für das US-Militärpersonal. Letztendlich, so wurde berichtet, würde dies nur Ersatzführungspersonal aus den untersten Bereich ihres Talentepools übriglassen und auf diese Weise die Aufständischen ineffektiv machen und leicht zu besiegen. Wenn das das eigentliche Ziel war, so funktioniert es nicht gut. Die Tabelle zeigt deutlich, dass der Anteil der getöteten Führer im Vergleich zu anderen extrem niedrig ist, selbst nach den niedrigen Schätzungen von der New American Foundation und dem Brookings Institute, bei denen die Zahlen zeigen, dass weniger als einer von 50 Getöteten ein Führer waren.

Diese individuellen gezielten Tötungen passieren trotz des Verbots aller politisch motivierten Tötungen von Individuen in den USA, seit dem berühmten Church-Kommissionsbericht über die politischen Ermordungen durch die CIA im Jahr 1975. 1976 erließ Präsident Ford eine Präsidenten-Direktive *(presidential executive order)*, wonach »keine Person, die bei der Regierung der USA angestellt ist oder in ihrem Auftrag handelt, Morde begehen oder solche heimlich planen darf.« Dies ging ein in den *Präsidialerlass 12333* unter der Reagan-Administration und alle nachfolgenden Präsidenten haben ihn bestätigt. Das Pro-Enthauptungsargument lautet, dass der Erlass 12333 nicht die legalen Selbstverteidigungsoptionen gegen legitime Bedrohungen der nationalen Sicherheit von US-Bürgern einschränkt.[22] In Kriegszeiten wird ein Kombattant jederzeit als ein legitimes Ziel angesehen. Wenn ein ausgewähltes Individuum herausgesucht und getötet wird, so wird dies nicht als Ermordung bezeichnet. Gemäß dem Memorandum zum EO 12333, das in Übereinstimmung mit der UN-Charta 51 stehen soll, »würde eine Entscheidung des Präsidenten, geheime, schwer erkennbare oder verdeckte militärische Mittel einzusetzen, keine Ermordung darstellen, wenn die US-Militärkräfte eingesetzt wären gegen Kombattanten-Kräfte einer anderen Nation, einer Guerilla oder einer terroristischen oder anderen Organisation, deren Handlungen eine Bedrohung für die Sicherheit der Vereinigten Staaten darstellen«.[23]

Aber ein kriegerischer Aufstand, in dem keine staatlichen Akteure involviert sind, verkompliziert das Bild. Die rechtliche Frage ist jetzt: Haben die US-Geheimdienste ein Recht, vermeintliche aufständische Kombattanten ohne erforderlichen Prozess zu ermorden? Seymour Hersh, dessen Schriften eine der Hauptmotivationen für die Church-Kommission waren, beklagte, dass »das ins Fadenkreuz nehmen und Töten von individuellen Al-Kaida-Mitgliedern ohne Gerichtsverfahren innerhalb der Bush-Regierung mittlerweile als gerechtfertigte militärische Aktion in einer neuen Art von Krieg gesehen wird, bei dem internationale terroristische Organisationen und instabile Staaten involviert sind«.[24] Die Aufständischen werden zu Kombattanten umdefiniert, ohne aber gleichzeitig die Rechte eines Kriegsgefangenen zu erhalten (weil sie keine Uniformen tragen) und ohne dass ihnen die Möglichkeit gegeben wird, sich zu ergeben oder vor Gericht gestellt zu wer-

---

22. Parks, H. W. (1989) Memorandum on Executive order 12333, Reproduction Department of the Army, office of the Judge Advocate General of the Army, Washington DC 20310_220
23. Ebenda, S. 25
24. Hersh, S.M., (2002) Manhunt: The Bush administration's new strategy in the war against terrorism, New Yorker, 66, Dec

den. Dieser Schritt, in Verbindung mit einem Verweis auf Artikel 51 [25] ist zur juristischen Abdeckung des Rechts auf die Tötung aufständischer Kombattanten benutzt worden.

Philip Alston, der UN-Sonderberichterstatter für außergerichtliche Tötungen (*Extra-Judicial Killings*) stellte die Legalität der gezielten Tötungen bei einer Sitzung der UN-Generalversammlung im Oktober 2009 in Frage. An die USA wurde die Forderung gestellt, eine gesetzliche Rechtfertigung für die Zielpersonen, die die CIA tötet, zu liefern und es wurde danach gefragt, wer die Verantwortung dafür trage. Die USA verweigerten einen Kommentar darüber, was sie als verdeckte Operationen und eine Angelegenheit der nationalen Sicherheit bezeichneten.

Harold Koh, Rechtsberater im US-Außenministerium, widersprach Alston indirekt: »Die US-Tötungspraktiken, die von unbemannten Flugkörpern (UAV) durchgeführte tödliche Operationen einschließen, stehen im Einklang mit allen anwendbaren Gesetzen einschließlich des Kriegsrechts.«[26] Es gibt jedoch kein unabhängiges Verfahren zur Bestimmung, wie die Tötungsentscheidungen getroffen werden. Es bleibt unklar, welche Art und Qualität der Beweise verwendet werden, um nicht-staatliche Akteure zum Tod durch eine Hellfire-Rakete zu verurteilen, ohne ein Recht auf Berufung oder ein Recht auf Kapitulation. Es ist ferner unklar, welche weiteren Methoden, wenn überhaupt, ausgeschöpft oder versucht wurden, um die zu tötenden Zielpersonen vor Gericht zu stellen. Der ganze Prozess verläuft hinter einem bequemen Schleier der nationalen Geheimhaltung.

Der US-Rechtsprofessor Kenneth Anderson stellte 2010 ebenfalls den CIA-Einsatz von Drohnen in einer vorbereiteten Aussage für eine Senatsanhörung in Frage: »(Koh) erwähnt an keiner Stelle die CIA namentlich bei seiner Verteidigung der Drohnen-Operationen. Das ist natürlich offensichtlich beabsichtigt, wenn über Selbstverteidigung außerhalb von Konflikten gesprochen wird. Man versteht das Zögern hochrangiger Anwälte, den Einsatz von Drohnen durch die CIA als gesetzmäßig zu bezeichnen, wenn die offizielle Position

---

25. »Diese Charta beeinträchtigt im Falle eines bewaffneten Angriffs gegen ein Mitglied der Vereinten Nationen keineswegs das naturgegebene Recht zur individuellen oder kollektiven Selbstverteidigung, bis der Sicherheitsrat die zur Wahrung des Weltfriedens und der internationalen Sicherheit erforderlichen Maßnahmen getroffen hat. Maßnahmen, die ein Mitglied in Ausübung dieses Selbstverteidigungsrechts trifft, sind dem Sicherheitsrat sofort anzuzeigen; sie berühren in keiner Weise dessen auf dieser Charta beruhende Befugnis und Pflicht, jederzeit die Maßnahmen zu treffen, die er zur Wahrung oder Wiederherstellung des Weltfriedens und der internationalen Sicherheit für erforderlich hält.«
26. Koh, Harold (2010) Speech to The American Society of International Law, Washington, D.C. March, 25

der US-Regierung, trotz allem, darin besteht, die CIA-Operationen weder zu bestätigen noch zu dementieren.«

Allerdings ist der CIA-Direktor Leon Panetta freimütiger gewesen über diese Operationen. Er enthüllte die Absichten der CIA für eine Ausweitung der gezielten Drohnen-Tötungen und sagte dann über Al-Kaida, dass, »falls sie nach Somalia gehen, falls sie in den Jemen gehen, falls sie in andere Länder des Nahen/Mittleren Ostens gehen, wir dort sein müssen und bereit sein müssen, sie dort genauso zu bekämpfen. Wir können sie nicht entkommen lassen. Wir können sie keine Verstecke finden lassen.«

Diese vorgeschlagene Ausweitung der gezielten Tötungen ist genau das, was dem UN-Sonderberichterstatter für außergerichtliche Tötungen Sorgen bereitete. Ein anschließender Bericht von Alston aus 2010 für die UN-Generalversammlung[27] erörtert Drohnen-Angriffe als Verletzung von internationalen und Menschenrechtsgesetzen, weil beide über die Prozeduren und vorhandenen Sicherungen Transparenz verlangen, um zu gewährleisten, dass die Tötungen gesetzmäßig und gerechtfertigt sind: »Ein Mangel an Offenlegung gibt Staaten praktisch eine unzulässige Lizenz zum Töten.« Einige von Alstons Argumenten kreisen auch um den Begriff des »Rechts auf Selbstverteidigung« und ob die Drohnen-Angriffe nach Artikel 51 rechtmäßig sind.

Bei der Begeisterung der CIA für bewaffnete Drohnen ist es wahrscheinlich, dass sie unter den ersten sein wird, die autonome Drohnen zum Töten einsetzt. Dabei gilt es, tief greifende Fragen zu beantworten über jeden verdeckten und rechenschaftsfreien Einsatz solcher unterschiedslos zuschlagenden Waffen. Da es für Menschen am Boden keine Möglichkeit gibt, zu entscheiden, ob ein Flugzeug ferngesteuert ist oder voll autonom, werden wir uns auf die Ehrlichkeit der CIA verlassen müssen, uns wissen zu lassen, wann sie diese einsetzen.

Denken wir mal weiter in die Zukunft über den Einsatz autonomer Drohnen für gezielte Tötungen. Nehmen wir für einen Moment einfach mal an, dass autonome Drohnen ein besseres Erkennungsvermögen haben als lebende Menschen. Bei dem gegenwärtigen Treffer-Register der CIA und der zweifelhaften Legalität und Geheimniskrämerei, die die Verantwortlichkeit der gezielten Tötungen umgibt, würden wir wirklich die Ermordung jener, die mutmaßlich gegen US-Interessen arbeiten, automatisieren wollen, ohne ein faires Justizverfahren oder andere normale Methoden?

---

27. Report of the Special Rapporteur on extrajudicial, summary or arbitrary executions, Philip Alston to the UN Human Rights Council, fourteenth session, A/HRC/14/24/Add.6, May, 28, 2010

## 3. Die Ausweitung des Schlachtfeldes

Ein Angriff mit ferngesteuerten Fahrzeugen unterscheidet sich nach dem Kriegsrecht nicht wesentlich von einem Angriff mit einem bemannten Kampfhubschrauber oder auch mit der Artillerie. Eine Sorge besteht darin, dass der Einsatz eines unbemannten Fahrzeugs, ohne jedes Risiko für das militärische Personal, seine Fähigkeit über einem Gebiet für mehrere Stunden zu schweben und seine empfundene Genauigkeit, zu einer beträchtlichen Erweiterung der möglichen Ziele führt. Drohnen werden als das beste Waffensystem zum Bekämpfen von Kombattanten in einer städtischen Umgebung angesehen, wo es entweder zu riskant, unangemessen oder inakzeptabel ist, Bodentruppen einzusetzen. Ein Beispiel für Letzteres ereignete sich im libyschen Aufstand 2011, wo Predators eingesetzt wurden, um Zivilisten zu schützen, auch wenn es noch zu früh ist zu sagen, ob es sich dabei einfach um PR handelt oder um einen Teil einer viel weiträumigeren Agenda.

Ein anderes Beispiel der Ausweitung des Schlachtfeldes ist der Einsatz von ferngesteuerten Flugzeugen, um verdeckte »gezielte Tötungen« durch die CIA in Ländern durchzuführen, die sich nicht mit den USA im Krieg befinden, wie im vorherigen Abschnitt erwähnt wurde, z. B. der Jemen, Somalia und Pakistan. Es wäre inakzeptabel, diese Länder aus großer Höhe zu bombardieren oder mit Kampfhubschraubern anzugreifen. Wir haben die Reaktion Pakistans auf die Tötung Bin Ladens durch die Navy Seals erlebt, verglichen mit der sanfteren Reaktion auf gezielte Tötungen durch Drohnen auf seinem Territorium. Es ist irgendwie angenehmer, in bebauten Gebieten unbemannte Systeme mit einer hoch angepriesenen Stufe von Treffsicherheit einzusetzen.

Panetta und viele andere haben darauf hingewiesen, dass die bewaffneten UAV treffsicherer sind und weniger Zivilisten töten als ein B-52-Bomber bei einem Angriff auf die Stammesgebiete in Pakistan. Doch ein früherer CIA-Mitarbeiter berichtete mir, dass es überhaupt nicht in Frage komme, dass Pakistan oder andere staatlichen Akteure, die sich nicht im Krieg mit den USA befänden, »die Augen verschließen« könnten vor Bomber-Angriffen, so wie sie es jetzt vor Drohnen tun. Man kann argumentieren, dass es deren empfundene Präzision und Treffgenauigkeit ist, die es ihnen erlaubt, in Gebiete einzudringen und Menschen zu töten, die bisher ohne größere politische oder rechtliche Hindernisse nicht greifbar gewesen wären.

Das Schlachtfeld wird auch durch die Ausdauer der Drohnen ausgeweitet. Die Predator und Reaper können ungefähr 26 Stunden in der Luft bleiben und die unbewaffnete Global Hawk hat einen Ausdauerrekord von 33 Stunden. In letzter Zeit hat Qinetiq den Zepher entwickelt, eine viel kleinere und weniger starke Solar-Drohne, die 336 Stunden und 22 Minuten in der Luft blieb. Qinetiq hat sich jetzt mit Boeing zusammengeran, als Teil des Darpa-Vulture-Projekts, das eine Drohne entwickeln soll, die bis zu fünf Jahre in der Luft bleiben kann.

### 4. Die Illusion der Treffsicherheit

Die US-Predator wie auch die Reaper RPA sind mit hochauflösenden Kameras ausgerüstet, die die Visualisierungen für die fernsteuernden Piloten, die Kommandeure, ihr juristisches Team und andere Kommandeure am Boden in der Nähe der Aktion liefern. Wenn man allerdings den geschätzten Zahlen der zivilen Toten aufgrund von Drohnen-Angriffen glauben darf, ist die Treffsicherheit eine Illusion. Es ist leicht, Ziele aus der Luft zu verwechseln. Zum Beispiel wurden am 23. Juni 2009 bis zu 60 Menschen, die der Beerdigung eines Taliban-Kämpfers beiwohnten, in Süd-Waziristan getötet, als CIA-Drohnen zuschlugen. Die konventionellen Kräfte töteten ebenfalls 23 Unschuldige einschließlich Frauen und Kindern, als eine Drohne einen zivilen Konvoi in Oruzgan (Afghanistan) im Februar 2011 traf.

Ein weiterer Grund, warum die Treffsicherheit nicht so gut ist wie auf dem Gehäuse angegeben, besteht darin, dass viele der Angriffe auf Gebäude geführt werden oder des Nachts, wenn die Bewohner nur als von Infrarotsensoren erfasste Temperatur-Symbole sichtbar sind.[28] In diesen Fällen ist oft eine unzuverlässige Bodenaufklärung für das Missgeschick verantwortlich. In einem Fall im April 2011, bei dem ein Infrarotbild benutzt wurde, wurden zwei Gestalten, die sich auf die Koalitionstruppen zubewegten, entdeckt. Ein Drohnen-Angriff wurde angefordert, der die Leben von, wie sich dann herausstellte, einem US-Marine-Feldwebel und einem US-Matrosen auslöschte, die auf dem Weg zur Verstärkung der Truppe waren.

Eine der oft zitierten Tötungsmethoden der CIA besteht darin, die Leute durch ihr Handy zu lokalisieren; schalte dein Handy an und dich trifft eine von einer Drohne abgefeuerte Hellfire-Rakete. Aber vor Kurzem hat ein gerichtlicher Copyright-Prozess zwischen zwei Unternehmen Zweifel an der Treffgenau-

---

28. Sharkey, N.E. (2009) A matter of precision, Defence Management Journal, Winter Issue (Dec), S. 126-128

igkeit dieser Tötungsmethode hervorgerufen.[29] Ein kleines Unternehmen mit dem Namen Intelligent Integration Systems behauptet, dass einer seiner Kunden, das Netezza-Unternehmen, seine Software Geospatial wegen eines knappen Liefertermins für die CIA überarbeitet hatte. Vor Gericht stellte sich heraus, dass diese illegale Version der Software bei produzierten Ortsangaben bis zu zwölf Meter daneben lag und dass die CIA dennoch wissentlich diese Software akzeptiert hatte.

Aber selbst wenn die Tötung zu 100 % zielgenau wäre, wie können wir sicher sein, dass die mutmaßlichen Aufständischen »schuldig im Sinne der Anklage« sind? Die Information über die Identität der Zielperson und deren Rolle und Stellung hängt stark von der Verlässlichkeit der Aufklärung ab, auf der sie basiert. Es gibt Lektionen, die man aus den Vietnamkrieg von Untersuchungen zur Operation Phoenix, bei der Tausende ermordet wurden, gelernt haben sollte. Es stellte sich heraus, dass viele auf den Tötungslisten von südvietnamesischen Offiziellen darauf gesetzt worden waren, und zwar aus persönlichen Gründen, wie zum Löschen von Spielschulden oder zum Lösen von Streit zwischen Familien. Das war einer der Hauptgründe, warum die Ergebnisse des Church-Berichts zur Executive Order 12333 führten.

Die Dinge scheinen sich seitdem nicht groß geändert zu haben. Philip Alston berichtet, dass er während eines Einsatzes in Afghanistan herausfand, wie schwer es für Bodentruppen war, genaue Informationen zu erhalten. »Aussagen von Zeugen und Familienmitgliedern der Opfer zeigten, dass die internationalen Streitkräfte oft ohne Kenntnis der örtliche Bräuche waren, oder zu leichtgläubig beim Interpretieren der Informationen, um zu einem angemessenen Verständnis der Situation zu gelangen.« Er schlägt vor, dass »Staaten daher sicherstellen müssen, dass sie prozedurale Sicherungen eingerichtet haben, die erforderlich sind, um zu gewährleisten, dass die Information, auf deren Grundlage Tötungsentscheidungen getroffen werden, korrekt und nachprüfbar ist.«

Man könnte argumentieren, dass, falls die Präzision und Visualisierung, die von den ferngesteuerten Flugzeugen erreicht wird, so viel besser ist als die von konventionellen Kampfpiloten oder Bombern in großer Höhe erreichte, dann die fernsteuernden Piloten oder deren Kommandeure in stärkerem Maße verantwortlich sein müssten für zivile Verluste. In der Tat brachte Human

---

29. Stein, Jeff (2010) CIA drones could be grounded by software suit, Washington Post, SpyTalk, October 11, http://blog.washingtonpost.com/spy-talk/2010/10/cia_drones_could_be_grounded_b.html, zuletzt abgerufen am 14. Oktober 2010

Rights Watch diesen Punkt in ihrem Bericht »Precisely Wrong« im Jahr 2009 vor, über sechs israelische Drohnen-Angriffe in Gaza, die zu 26 toten Zivilisten, einschließlich acht Kindern führten.[30]

Wie man es auch immer betrachtet, es gibt absolut keinen Grund zu glauben, dass es eine größere Treffgenauigkeit gäbe, wenn wir das Töten autonom durchführen ließen, und es gibt jeden Grund zu glauben, dass alles noch viel schlimmer würde. Bei der Anzahl der toten Zivilisten, die normaler Bestandteil von Drohnen-Angriffen sind, bei denen Menschen hochauflösende Bildschirme beobachten, warum sollten wir glauben, dass Maschinen das genauso gut oder besser könnten ohne Menschen? So zu handeln bedeutet, einen unrealistischen blinden Glauben an Automatisierung zu demonstrieren.

*Originalartikel: Noel Sharkey, University of Sheffield, UK: Automating Warfare: lessons learned from the drones, 2011.*

*Übersetzung: Eckart Fooken*

---

30. Human Rights Watch Report, Precisely Wrong: Gaza Civilians Killed by Israeli Drone-Launched Missiles, ISBN:1-56432-492-3, June, 2009

Nick Turse
# Verrückte Drohnen-Welt

Dokumente des US-Militärs erzählen die Geschichte anschaulich. Im Golf von Guinea, vor der Küste Westafrikas, entdeckt ein vom US-Kriegsschiff »Freedom« gestartetes unbemanntes Mini-U-Boot eine »Anomalie«: ein anderes ferngesteuertes U-Boot mit Schweißvorrichtung macht sich an einer unterseeischen Haupt-Öl-Pipeline zu schaffen. Die »smart software« des amerikanischen U-Boots registriert die Aktion als mögliche Bedrohung und sendet die Information zu einer über dem Gebiet fliegenden unbemannten Drohne. Der Roboter-Flugkörper beginnt Aufklärungsdaten zu sammeln und kreist bald über einem Schiff in der Nähe, einem möglichen Mutterschiff, das verdächtigt wird, in das »ferngesteuerte Schweißen« involviert zu sein.

In einem streng geheimen »gemeinsamen maritimen Operationszentrum« an Land senken Analysten ihre Köpfe über von dem unbemannten U-Boot eingefangene digitale Bilder und, laut einem Pentagon-Bericht, erkennen den Schweiß-Roboter »als ein vor kurzem gestohlenes und von regierungsfeindlichen Rebellen erlangtes Gerät«.

Eine Elite-Einheit der schnellen Einsatzgruppe wird auf einem Flugfeld in der Nähe zusammengestellt und zum Ort des Geschehens geschickt, während eine zweite unbemannte Drohne zur ständigen Überwachung der Operationsgebiete gestartet wird.

Und damit ist der Drohnen-Krieg ausgelöst.

In dem gemeinsamen maritimen Operationszentrum entdecken die geheimdienstlichen Signal-Analysten, dass das Mutterschiff ein russisches Tipchak startet – ein unbemanntes Fluggerät für mittlere Höhen und lange Flugdauer, mit »Systemen und Flugelektronik mit US-Herkunft« und ausgestattet mit Luft-Luft- wie Luft-Boden-Raketen. Jetzt kommt der Zeitpunkt für eine Entscheidung der US-Kommandeure. Spezialkräfte befinden sich bereits auf dem Weg und, bei einer bewaffneten feindlichen Drohne am Himmel, möglicherweise in Gefahr.

Aber die Amerikaner haben einen versteckten Trumpf in der Hand: eine hoch entwickelte Luftwaffen-Drohne MQ-1000. Anders als die MQ-1 Predator und die MQ-9 Reaper ist die MQ-1000 fähig zu vollständig autonomen Aktionen, bis hin zu Zielerfassung und Luftkampf.

Vorprogrammiert mit den Anforderungen und Eingrenzungen der Mission startet die hoch entwickelte Drohne, und amerikanische Kommandeure lassen sie diese ausführen. »Die MQ-1000 … beginnt sofort den Luftkampf und neutralisiert die Tipchak«, so bezeichnet der hier untertreibende, offizielle Bericht die Aktion. Das Spezialeinsatz-Team überfällt dann das Mutterschiff und beendet das Öl-Pipeline-Unterbrechungsvorhaben.

Das gesamte Vorgehen involviert eine nahtlose Integration von Robotern in der Zusammenarbeit mit Truppen, von Drohnen der nächsten Generation, die »vernetzt« und in Teams operieren, und von autonomen Drohnen, die ihre eigenen Entscheidungen treffen.

Es gibt allerdings einen Grund dafür, dass man noch nie von dieser Mission in der *New York Times* oder der *Washington Post* gelesen hat. Sie wird nämlich in den nächsten 20 Jahren nicht stattfinden.

Oder vielleicht doch?

Die »African Maritime Coalition Vignette, 2030s« ist ein Szenario, das im Entwicklungsplan (*roadmap*) für integrierte unbemannte Systeme, FY 2011-2036, angeboten wird, einem kürzlich veröffentlichten Dokument des Verteidigungsministeriums von 100 Seiten, in dem die amerikanischen Roboter-Luft-, -See- und -Landkriegs-Kampfpläne für die kommenden Jahrzehnte dargestellt werden. Dabei handelt es sich um die Sonnenseite einer Zukunft, die einstmals in den Terminator-Filmen gezeigt wurde, in denen fliegende Jäger-Killer (JK) oder »JK«-Einheiten losgeschickt werden, um die Menschheit auszulöschen.

## Die Terminatoren von heute?

In gewisser Hinsicht gibt es diese Zukunft natürlich bereits jetzt. Als der erste Terminator-Film 1984 herauskam, schienen seine »Jäger-Killer« so futuristisch wie sein zeitreisender Titelheld. Beinahe drei Jahrzehnte später aber leben wir in einem Zeitalter, in dem bewaffnete Roboter regelmäßig Menschen überwachen, aufspüren und töten. Jedoch an Stelle eines sich selbst bewussten, als Skynet bekannten Computer-Netzwerks, sind es der amerikanische Präsident und Offiziere des Militärs, die über die menschlichen Ziele entscheiden, die von unbemannten Jäger-Killer-Flugzeugen ausgelöscht werden sollen.

Washingtons militärische Interventionen in der Folge von 9/11 haben sich als segensreich für die Drohnenindustrie erwiesen. Die einfachen Zahlen machen das deutlich. Um die letzte Jahrhundertwende besaß das Verteidigungsministerium 90 Drohnen und Pläne, das Inventar um 200 im Verlauf des nächsten Jahrzehnts zu erhöhen, so Dyke Weatherington, ein im Pentagon für die Anschaffung von Hardware für unbemannte Kriegsführung zuständiger stellvertretender Direktor. Zu Jahresbeginn 2012 gab es dann bereits über 9500 ferngesteuerte Flugzeuge im US-Arsenal.

2013 verfügen das Heer, die Marine, die Luftwaffe, die Marineinfanterie und die Sondereinsatzkräfte alle über Drohnen mit Namen, die geradewegs aus einem Hollywood-Drehbuch oder Comicheft stammen könnten: Sentinel, Avenger, Wasp, Raven, Puma, Shadow, Scan Eagle, Global Hawk, Hunter, Gray Eagle, Predator und Reaper. Die drei letzteren, so das Entwicklungskonzept für integrierte unbemannte Systeme, »sind mit Waffen ausgestattet, um offensive Operationen, irreguläre Kriegsführung und die Verfolgung hochrangiger Ziele/hochrangiger Personen auszuführen, und dieser Trend wird sich sehr wahrscheinlich fortsetzen.«

Die MQ-1 Predator ist bisher das Arbeitspferd in Amerikas Jäger-Killer-Drohnen-Flotte. Bis zum Jahresende 2001 waren Predators insgesamt 25.000 Stunden geflogen. Bis März 2013 hatten sie laut von der Luftwaffe gelieferten Statistiken 1.127.400 Flugstunden im Logbuch, 1.041.740 davon als Kampfeinsätze.

Das Militär stoppte 2010 den Kauf von Predators und optierte stattdessen für die größeren, schwerer bewaffneten Reaper. Diese verfügen bereits über mehr als 261.000 Flugstunden, davon 228.000 als Kampfeinsätze. Die Luftwaffe hat 2013 bereits den Kauf von 24 neuen Reapers angefordert und die Luftwaffen-Sprecherin Jennifer Spires berichtet *TomDispatch.com*, dass geplant sei, insgesamt 401 MQ-9 in den kommenden Jahren zu kaufen.

In anderer Hinsicht allerdings liegt eine Zukunft im Stil von Science-Fiction wahrlich noch in weiter Ferne. Tatsächlich gerät nun nämlich ein düstereres und trüberes Bild ins Blickfeld.

Zunächst einmal, die meisten der Drohnen im Inventar des Pentagon sind keine hoch entwickelten Jäger-Killer-Roboter, sondern kleinere, unbewaffnete taktische Modelle, die nur zur Beobachtung des Schlachtfelds eingesetzt werden. Laut vom Heer gelieferten Zahlen, verfügt dieses über annähernd 5000 Drohnen, wovon ungefähr 1400 gegenwärtig Operationen in Afghanistan unterstützen (wo letztes Jahr eines der Schlüsselmodelle, die Shadow, mit einem Transportflugzeug zusammenstieß). Das Heer hat zwar Pläne in steigender Anzahl, seine größeren Modelle mit Munition auszustatten, die aber kaum dem Bild in den Hollywoodfilmen entsprechen.

Selbst die Predator und die Reaper sind kaum mehr als teure, fehleranfällige, zu groß geratene Modellflugzeuge, ferngelenkt von nur zu menschlichen Piloten. Sie neigen in einem alarmierenden Ausmaß zu Abstürzen als Folge von Wetterbedingungen, mechanischem oder Computerversagen, und hinterlassen zerbrochene Leinwand, Techno-Träume von billiger, fehlerfreier futuristischer Kriegsführung im Staub.

Die heutigen bewaffneten Drohnen sind tatsächlich die schwächlichen Geschwister in der Welt der Waffen. Sogar die Reaper ist langsam, unbeholfen, unbewaffnet, generell unfähig, sie umgebende Gefährdungen wahrzunehmen und – so schreibt der Verteidigungsexperte Winslow Wheeler – »vollständig unfähig, sich selbst zu verteidigen.« Zwar sind Reapers mit Raketen für einen theoretischen Luftkampf ausgestattet worden, aber diese Bewaffnung wäre in einem realen Luftkampf völlig nutzlos.

Ähnlich gelagert verhält es sich, wenn in einem Bericht des Air Force Scientific Advisory Board von 2011 zugegeben wird, dass moderne Flugabwehrsysteme »die gegenwärtige Predator/Reaper-Flotte schnell dezimieren würden und selbst für die in großer Höhe fliegende Global Hawk eine ernsthafte Bedrohung darstellen würden.« Anders als die MQ-10000 aus dem Jahr 2030 wären die heutigen Spitzen-Drohnen eine einfache Zielscheibe, wenn ein normal bewaffneter Gegner sie angreifen wollte. In diesem Sinne, wie noch in vielen anderen, schneidet sie im Vergleich mit derzeitigen bemannten Kampfflugzeugen schlecht ab.

Der noch neuere MQ-88 Fire Scout der Marine, ein von großem Presserummel begleiteter Drohnen-Hubschrauber, der als Waffenträger getestet wurde, ist auch schon in der Versenkung verschwunden. Nicht nur wurde einer davon 2011 in Libyen abgeschossen, auch seine wiederholten Abstürze veranlassten die Marine, das Gerät »für eine unbestimmte Zeit« am Boden zu lassen.

Sogar die hoch eingeschätzte RQ-170 Sentinel konnte sich über dem Iran nicht in der Luft halten während einer geheimen Mission, die dann 2011 plötzlich sehr öffentlich wurde. Ganz gleich, ob nun ein iranischer Angriff die Drohne zum Absturz brachte oder nicht, so macht der Bericht des Air Force Scientific Advisory Board doch klar, dass es zahlreiche Methoden gibt, mit denen ferngesteuerte Flugzeuge abgelenkt oder abgeschossen werden können, vom Einsatz von Lasern und Blendern zur Blendung oder Schädigung der Sensoren bis hin zu einfachen Störsendern zur Unterbrechung des globalen Navigationssystems, um gar nicht zu reden von der Palette von Cyberattacken, dem Stören der kommerziellen Satellitenkommunikation und dem Austricksen oder Klauen der Datenverbindungen der Drohnen.

Kleinere unbemannte taktische Flugzeuge sind möglicherweise noch leichter beeinflussbar durch technologisch einfache Attacken, ganz zu schweigen davon, dass sie in ihren Einsatzmöglichkeiten beschränkt und in ihrer Handhabung umständlich sind. Sergeant Christopher Harris, ein Drohnen-Pilot und Infanterist des Heeres, beschrieb die Grenzen der beiden handgesteuerten Drohnen, mit denen er in Afghanistan operierte, wie folgt: die 13 Pfund schwere Puma wurde am besten nur von einem höher gelegenen Aussichtspunkt gestartet; sie hatte einen Einsatzbereich von lediglich 12 Meilen und, obwohl sie theoretisch auf Patrouillen mitgenommen werden konnte, war sie »ein äußerst schwerer Brocken zum Schleppen«, wenn das Gewicht der Ersatzbatterien und Ausrüstung miteinbezogen wurde.

## Die Terminatoren von morgen?

Was die Zukunft betrifft, so sind die Entwicklungskonzepte 2011–2036 der Luftwaffe bereits auf eine größere Umleitung gestoßen. 2010 verkündete das *Air Force Magazin* atemlos: »Anfangs des nächsten Jahrzehnts wird die Luftwaffe ein neues nicht aufspürbares ferngesteuertes Flugzeug (RPA) – derzeit MQ-X benannt – einsetzen, das in der Lage ist, auch in einem stark verteidigten Luftraum zu überleben und eine große Palette von ISR-IBE *(information, surveillance, reconnaissance: Information, Überwachung, Erkundung)* und Angriffsschlägen auszuführen.«

In der Tat listen die Entwicklungskonzepte 2011 die MQ-X als zukünftige Drohne der Luftwaffe auf. Im Februar 2011 jedoch berichtete Generalleutnant Larry James auf einer von *Aviation Week* gesponserten Konferenz: »Zu diesem Zeitpunkt ... planen wir nicht, in der nächsten Zeit in irgendeine Art von MQ-X-Programm zu investieren.« Stattdessen, so James, wird die Luftwaffe sich damit begnügen, die Reaper-Flotte zu verbessern und die Entwicklung einer unbemannten, Flugzeugträger-gestützten Überwachungs- und Angriffs-Drohne bei der Marine zu beobachten, um zu sehen, ob sie fliegt, oder doch, wie schon so viele RPA, abstürzt und verbrennt.

Derzeitig klingt das alles ausgesprochen unwahrscheinlich. Während die US-amerikanische Luftwaffe über ein streng geheimes unbemanntes Weltraumflugzeug verfügt, das die Erde mehr als ein Jahr lang umkreiste und einem gewöhnlichen Satelliten sehr ähnlich war, so liegt der längste Zeitraum, in dem eine US-Militärdrohne angeblich innerhalb der Erdatmosphäre in der Luft geblieben ist, nur knapp über 336 Stunden. Pläne für ultra-lang andauernde Flüge erlebten, laut Wissenschaftlern bei den Sandia National Laboratories und dem Verteidigungs-Giganten Northrop Grumman, im Jahr 2011 einen beträchtlichen Rückschlag.

In dem Bemühen, »die Einsatzdauer von UAV (Unmanned Aerial Vehicles; Unbemannten Luftfahrzeugen) von Tagen auf Monate zu erweitern, indem die verfügbare Stromversorgungsleistung mindestens verdoppelt wird«, entdeckten die Forscher bei Sandia und Northrop Grumman eine Technologie, die »eine Systemleistung von bisher von anderen bestehenden Technologien nicht erreichter Qualität geliefert hätte«. In einem Jahr, in dem die Fukushima-Katastrophe einen ganzen Landstrich Japans in ein verstrahltes Sperrgebiet verwandelt hatte, wurde der Einsatz dieser mysteriösen Technologie, vermutlich – obwohl nie im Bericht als solche genannt – Atomenergie, dann doch als nicht vertretbar eingeschätzt, aufgrund der »gegenwärtigen politischen Verhältnisse«.

Da das Pentagon jetzt die Federal Aviation Administration bearbeitet, den US-Luftraum für seine Roboter-Flugzeuge zu öffnen, und immer mehr Artikel über Drohnen-Abstürze auftauchen, sollte man keine nuklear betriebenen, lang andauernd in der Luft schwebenden Drohnen in der näheren Zukunft erwarten, und es sollten auch keine der vielen anderen versprochenen Innovationen in der Welt der Drohnen in nächster Zeit online erscheinen.

## Von dystopischer Fiktion zu dystopischer Wirklichkeit

Bis vor Kurzem sahen Drohnen aus wie die Technologie, an der man nicht vorbeikam, vorgemerkt für steigende Haushaltsmittel und technologische Fortschritte; aber alles das ändert sich gerade rapide. »Realistische Erwartungen für die Finanzierung unbemannter Systeme laufen gegen Null«, erklärte Dyke Weatherington vom Pentagon über E-Mail. »Die größten Steigerungen der Mittel werden bei technischen Innovationen auftreten, die die Anwendung bereits gelieferter Systeme für das Schlachtfeld und das Senken der Kosten für deren Besitz betreffen.«

Major Jeffrey Poquette vom *Small Unmanned Air Systems Product Office* des Heeres sprach über genau solche Vorhaben. Bis zum Spätsommer 2013, erklärte er, plane das Heer für seine vier Pfund schweren Raven-Überwachungsdrohnen höher entwickelte Sensoren einzuführen, mit der zusätzlichen Fähigkeit zum leichteren Aufspüren von Zielen. Etwas weniger höflich formuliert: das Heer wird lediglich ein glorifiziertes Modellflugzeug verbessern, das erstmalig bereits vor über einem Jahrzehnt in die Luft stieg.

Science-Fiction findet also nicht statt, aber das bedeutet nicht, dass sich nichts in der Welt der Drohnen-Kriegsführung ändern wird.

Die Terminator-Filme waren nicht gerade originell mit ihrer Vorhersage von einer Zukunft mit unbemannten Flugzeugen, die die Himmel der Welt beherrschen. Am Ende des Zweiten Weltkriegs lobte Henry »Hap« Arnold, General der US-Luftwaffe, die amerikanischen Piloten für ihre Leistungen während des Kriegs, meinte aber, dass ihre Tage gezählt sein könnten. »Der nächste Krieg wird vielleicht von Flugzeugen ohne jede Besatzungen geführt«, erklärte er. Die Zukunft des Luftkampfes, verkündete er, würde »anders sein als alles, was die Welt bisher gesehen hat.«

Die bedeutendste und genaueste Voraussage Arnolds war allerdings nicht seine Vorhersage über Drohnen-Kriegsführung. Unbemannte Flugzeuge waren schon aufgestiegen, bevor die Brüder Wright ihr bemanntes Flugzeug in Kitty Hawk, North Carolina im Jahr 1903 starteten, und Drohnen sollten nicht vor den 2000er-Jahren im US-amerikanischen Waffenarsenal auftauchen. Andererseits erwies sich Arnolds Glaube an einen »nächsten Krieg« – ein deutliches Abweichen von den Gefühlen vieler Amerikaner nach dem Zweiten Weltkrieg – wieder und wieder als zutreffend. In den folgenden Jahrzehnten unternahmen amerikanische Flugzeuge Angriffe in Nordkorea, Südkorea, Indonesien, Guatemala, Kuba, Nord-Vietnam, Süd-Vietnam, Laos, Kambodscha, Grenada, Libyen, Panama, Irak, Kuwait, dem früheren Jugoslawien, Afghanistan, Jemen, Irak (erneut), Pakistan, Somalia, Jemen (erneut), Libyen (erneut) und den Philippinen. Neue Technologien kamen und gingen, die Luftangriffe blieben die Konstante.

In Vietnam, dem früheren Jugoslawien, Afghanistan, Irak, Pakistan, Jemen, Somalia, Libyen und den Philippinen setzten die USA Flugzeuge ohne Besatzung ein, wie von Arnold auch vorhergesagt. Von Afghanistan an haben alle die Länder, die die amerikanischen Luftstreitkräfte erlebt haben, auch tödliche Drohnen-Angriffe erlebt – wie viele genau ist nicht bekannt, da die Zahlen über die Drohneneinsätze geheim gehalten werden, »aus Sicherheitsgründen«, wie *TomDispatch.com* berichtet. Was wir tatsächlich wissen, ist, dass Drohnen-Angriffe über die Jahre enorm angestiegen sind. »Mehr« ist dabei das Stichwort gewesen.

Und doch, kaum ein Jahrzehnt nachdem die Drohnen-Kriege begannen, sind Effizienz- und technologische Perfektionsträume praktisch tot, auch wenn die Drohne selbst in unsere Welt in steigendem Maße eingebettet ist. Fantasien über autonome Drohnen und U-Boote, die Roboter-Kriege vor der Küste Afrikas austragen, sind bereits dabei, für die unmittelbare Zukunft zu verblassen. Aber die Drohnen-Kriegsführung existiert weiterhin. Man kann darauf zählen, dass Drohnen für eine lange Zeit ein wesentlicher Teil des *american way of war* sein werden.

Vertragsdokumente der Luftwaffe legen nahe, dass die geschätzten fünf geflogenen Reaper-Einsätze pro Tag im Jahr 2012 auf 66 pro Tag bis 2016 hochspringen werden. Was das zweifelsfrei bedeutet: mehr Länder mit über ihnen fliegenden Drohnen, mehr Drohnen-Stützpunkte, mehr Drohnen-Abstürze, mehr Fehler. Was wir wohl nicht sehen werden sind Drohnen, die entscheidende militärische Siege erringen, Lösungen für komplexe außenpolitischen Probleme anbieten oder gar eine Antwort auf den Komplex Terrorismus liefern, trotz aller Hoffnungen seitens der Politiker und der hohen Militärs.

Man sollte auch im Kopf behalten, dass sich der Himmel über der Erde füllen wird mit den Jäger-Killer-Drohnen anderer Nationen, zu etwas, das bald zu einer Welt des *»Drohne-gegen-Drohne«* werden könnte. Da das allerdings noch Zukunftsmusik ist, zeigt sich das Pentagon begeistert über die Vorteile, die Drohnen den USA bieten.

Was die Bedeutung militärischer Roboter betrifft, erklärte Dyke Weatherington vom Pentagon: »Kommandeure der Kampftruppen und Kampfpiloten schätzen die inhärenten Merkmale unbemannter Systeme – insbesondere ihre Beharrlichkeit, Vielseitigkeit und das verminderte Risiko für menschliches Leben.«

Bei diesem letzten Punkt denkt Weatherington nur an amerikanisches militärisches Personal und das Leben von Amerikanern. Die Drohnen-Kriegsführung wird wahrscheinlich »mehr« in einem anderen Gebiet bedeuten: mehr tote Zivilisten. Wir haben die Fiktion von Hollywood hinter uns gelassen für eine weniger hoch technologische aber eindeutig dystopische Wirklichkeit. Sie entspricht nicht den Filmen und auch nicht dem, was das Pentagon entworfen hat, liefert aber unbestreitbar einen eindeutigen Weg zu einem düsteren und schmutzigen Terminator-Planeten.

*Originaltext: »A Drone-Eat-Drone-World«. Erschienen im Blog von Nick Turse bei www.huffingtonpost.com, 31. Mai 2012. http://www.huffingtonpost.com/nick-turse/obama-drones_b_1558965.html*

*Übersetzung: Eckart Fooken*

Ralf E. Streibl
# Auf Distanz zum Töten: Forschungsinteressen und Lehrdiskurse zwischen Campus und Schlachtfeld

## Ein Exempel zur Einleitung

2011 schrieb das US-Verteidigungsministerium (DoD) auf der Website challenge.gov, mit der die US-Regierung diverse Wettbewerbe (unterschiedlich in Art, Umfang und Thema) auslobt, die Entwicklung kleiner, unbemannter Flugobjekte aus:

»*UAVForge is a Defense Advanced Research Projects Agency (DARPA) and Space and Naval Warfare Systems Center Atlantic (SSC Atlantic) collaborative initiative to design, build and manufacture advanced small unmanned air vehicle (UAV) systems. Our goal is to facilitate the exchange of ideas among a loosely connected international community united through common interests and inspired by innovation and creative thought. (…) Top teams will be invited to a competition fly-off where the winning team will receive a $100,000 prize, a subcontract with a manufacturer to produce a limited number of systems, and an invitation to demonstrate the winning UAV design solution in an exclusive operational military demonstration.*« (UAVForge.net 2011, S. 4f)

Das zu entwickelnde System soll dabei – laut Einsatzszenario – im Rucksack eines Mitglieds einer fiktiven Kampfeinheit transportiert und auch von einer einzelnen Person gesteuert werden können. In einem städtischen Gebiet soll damit dann außerhalb direkter Sichtweite bis zu drei Stunden lang die Beobachtung verdächtiger Aktivitäten erfolgen (UAVForge.net, S.11). Der Wettbewerb ist in mehrere Phasen aufgegliedert (vgl. Abb. 1), von der Entwicklung und ersten Videodemonstrationen über einen Flugwettbewerb, zu dem die zehn besten Teams aus Phase 1 eingeladen werden, bis zur konkreten Kooperation des siegreichen Teams mit Herstellen, um in Phase 3 das Design weiterzuentwickeln und eine gewisse Zahl von Prototypen zu fertigen.

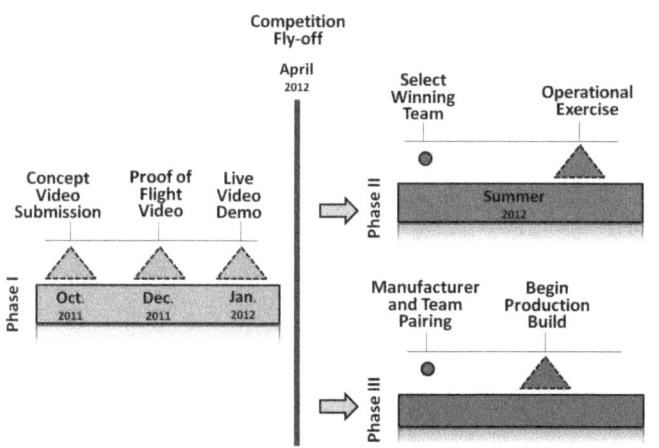

*Abbildung 1: Zeitlicher Verlauf von UAVForge (Quelle: UAVForge 2011, S.6)*

Mehr als 140 Teams und 3500 »registered citizen scientists« haben sich an dem Wettbewerb beteiligt und verhalfen der DARPA[1] zu neuen Einsichten und Erkenntnissen.

Die öffentliche Ausschreibung der Entwicklung dieser Rucksackdrohne ist ein kleines Beispiel dafür, wie das Militär über Forschungskooperationen und Crowdsourcing systematisch versucht, Know-how außerhalb militärischer Einrichtungen zu nutzen und gleichzeitig – vermittelt über technische Faszination – militärische Denkweisen, Aufgaben und Ziele in das zivile Leben transportiert.

## Fragen des Wettbewerbs – statt des Forschungszwecks

Schon seit geraumer Zeit werden insbesondere im Bereich Robotik regelmäßig Wettbewerbe (auch für Teams aus Universitäten und anderen Forschungseinrichtungen) ausgeschrieben und durchgeführt, die direkt oder indirekt militärischen Erkenntnisinteressen dienen (vgl. Streibl 2012a).

Das Format und die Konzeption solcher Wettbewerbe erfüllen dabei in der Regel gleichzeitig mehrere Zwecke:

---

1. Technologiebehörde des US-Verteidigungsministeriums

- Beschleunigung der (militär)technischen Entwicklung
- Erweiterung der kreativen Basis und Abschöpfen innovativer Ideen
- Aufbrechen einseitiger Abhängigkeit von Rüstungskonzernen
- Kostenersparnis im Bereich militärischer Forschung und Entwicklung
- Engere Vernetzung mit Universitäten und Forschungsinstitutionen
- Abbau von Vorbehalten hinsichtlich Kooperationen mit dem Militär
- Nachwuchswerbung
- Allgemeine Imagewirksamkeit

Dabei ist der Grad des offenkundigen, direkten Militärbezugs solcher Wettbewerbe durchaus skalierbar. Im spielerischen Wettstreit und im Kampf um Erkenntnisgewinn abstrahiert sich darüber hinaus schnell der spätere Einsatzzweck. Detailfragen und das Ziel, den Wettbewerb zu gewinnen, treten in den Vordergrund. Der hinter dem fremdbestimmten Forschungs- und Entwicklungsziel eigentlich liegende militärische Zweck gerät mehr auf Distanz. Dies wiederum mag es manchen Teilnehmenden erleichtern, Überlegungen hinsichtlich der späteren Einsetzbarkeit und Anwendung ihrer Forschungsergebnisse und Entwicklungen in militärischen Kontexten eher auszublenden. Die eigene Tätigkeit reduziert sich vor allem auf die Suche nach innovativen Lösungen für spezifische Teilfragestellungen und Teilaufgaben.

## Forschen im Dual-Use-Kontext

Die Grenzen zwischen militärischer und ziviler Forschung mögen in manchen Bereichen heutzutage unschärfer sein als früher. In manchen Anwendungen – nicht zuletzt im Bereich der Elektronik, Informations- und Kommunikationstechnik – zeigen sich beim Einsatz grundlegender Technologien und Materialien bei der konkreten Betrachtung von Sub- oder Sub-Sub-Systemen kaum oder gar keine Unterschiede zwischen militärischem und zivilem Einsatz und Gebrauch. Hier finden teilweise identische Komponenten und Algorithmen Einsatz – erst im Kontext des Gesamtsystems wird der militärische Zweck deutlich. »*Technologien des zivilen Marktes, die auch militärisch genutzt werden*« und »*Technologien, die im Interesse des Militärs und für das Militär zivil gefördert, zivil erforscht und entwickelt werden und aus Kostengründen auch zivil genutzt werden sollen*« ergänzen die genuin für militärische Anwendungen zugeschnittenen Technologien (Domke 1991, S.172). Die Verquickung und Verlagerung in das

Zivile ist dabei nicht nur der universellen Einsetzbarkeit technologischer Konzepte geschuldet, die eine grundsätzliche Ambivalenz des Forschungsgebietes suggeriert. Die genauere Betrachtung der Ausgestaltung mancher Wettbewerbe oder Forschungsprogramme lässt unschwer erkennen, dass es sich hierbei um einen systematischen Prozess der Verschleierung und Vermischung ziviler und militärischer Aspekte handelt (vgl. auch Liebert, Rilling, Scheffran 1994, S.27).

## Von der Notwendigkeit, Fragen zu stellen

Ambivalenz ist im Bereich wissenschaftlicher Forschung und technischer Entwicklung sicherlich nicht vermeidbar. Umso mehr ist eine Erhöhung von Transparenz und Auseinandersetzung auf gesellschaftlicher, fachlicher, institutioneller und subjektiver Ebene erforderlich, um mit dieser Problematik verantwortungsvoll umzugehen:

Auf Ebene von Wissenschaft und Gesellschaft ist eine »*frühzeitige antizipative Analyse von Forschung und Entwicklung*« (Liebert 2009, S. 448) erforderlich, bei der insbesondere die Intentionen, wissenschaftlich-technische Potenziale, normative Rand- und Vorbedingungen sowie nicht-intendierte Folgen und Entwicklungsrisiken betrachtet werden müssen. Akteurinnen und Akteure innerhalb von Wissenschaft und Forschung dürfen sich nicht als fremdbestimmte Handelnde sehen und verhalten, sondern müssen sich aktiv mit ihrer eigenen Verantwortung befassen. Ambivalenz im Hinblick auf Forschung und Entwicklung beinhaltet die Notwendigkeit einer wertebasierten Auseinandersetzung und Entscheidungsfindung.

In diesem Sinne muss insbesondere an Hochschulen und Forschungseinrichtungen kontinuierlich eine intensive, aktive Auseinandersetzung mit direkten oder indirekten gesellschaftlichen Auswirkungen und militärrelevanten Bezügen der Fachgebiete erfolgen (vgl. Streibl 2011).

Robotik und intelligente Systeme sind als innovative Forschungsthemen sehr in Mode. Vielfach wurden und werden Professuren und Forschungsgruppen eingerichtet und es gibt immer wieder spezifische Förderprogramme, die – ebenso wie die industriellen Bezüge – dieses Forschungsfeld zu einem sehr drittmittelstarken und lukrativen Bereich machen. Mögliche Anwendungsfelder gibt es u.a. in Industrie und Dienstleistung (z.B. Servicerobotik und assistive Systeme), im Freizeit- und Unterhaltungssektor, aber auch bei intelligenten Waffensystemen.

Bezogen auf das Thema Flugdrohnen erstreckt sich das Spektrum beispielsweise von kleinen Spielzeugen über Forschungsdrohnen, Monitoring mit Umwelt- oder Katastrophenschutz bis hin zu privaten, polizeilichen oder geheimdienstlichen Überwachungsdrohnen sowie militärischen Aufklärungs- und Kampfdrohnen. Grundlegende Fragestellungen hängen dabei nicht unbedingt vom Einsatzzweck ab. Und so stößt man immer wieder auf enge Verknüpfungen – inhaltlich aber auch in der Finanzierung – zwischen ziviler und militärischer Drohnenforschung: »*Despite the differences in equipment, military and civilian drone-research programmes have been closely linked, with advances flowing between the two sides. Many university UAV programmes are, in fact, part-funded by the military*« (Maris 2013, S. 156).

Chris Anderson, der inzwischen seine langjährige Position als Chefredakteur der Zeitschrift *Wired* aufgab, um sich seiner Firma 3D Robotics zu widmen, die zivile Drohnen herstellt, beschreibt eine Drohne ganz allgemein als ein unbemanntes Fluggerät, welches sich autonom von Ort zu Ort bewegen kann, um spezifische Aufgaben bzw. Missionen zu erledigen. Er schreibt: »*That definition fits a $140 million Global Hawk drone, circling over Afghanistan and transmitting video to Air Force intelligence analysts in California. But it also describes the $500 foam plane that my children fly on weekends. Both have sophisticated computer autopilots, high-resolution cameras (…), wireless data connections for video and telemetry, ground stations with heads-up displays and realtime video (my kids were disappointed at a recent tour of the Oshkosh air show to see that today's military drone pilots have worse ground stations than they do), step-by-step mission scripting, and the capability to play back footage of the mission in full. The main difference between the two drones is that the Global Hawk can fly at 60,000 feet for 32 hours and our craft can fly at 400 feet for 30 minutes.*« (Anderson 2012).

## Töten auf Distanz zum Gegner – Forschen auf Distanz zum Töten

Drohnen sind ein weiteres Element im Trend zum Abstandskampf. Während bei Geschützen oder Bombenabwürfen aus Flugzeugen die auslösenden Soldaten noch in relativer Nähe zum Geschehen sind, kann die räumliche Distanz beim Einsatz von Raketen oder bei der Steuerung von Kampfdrohnen ungleich größer sein. Damit vergrößert sich gleichzeitig auch die Distanz zu den Wirkungen des eigenen Handelns. Der Akt des Tötens wird zu einem medial vermittelten Ereignis. »*Die Drohnen erweitern tatsächlich das Gesichtsfeld des Menschen, der sich einst aufrichtete, zu einem Rundumblick, der bald die ganze Erde umfassen könnte. Doch die Drohne ist – auch als Aufklärungsdrohne – immer noch eine Waffe, kein Fernrohr oder Teleskop. Sie ist das zu Ende entwickelte Prinzip der Tötung auf Distanz, der Tötung ohne jedes eigene Risiko, der Tötung, nur weil ich es entscheide*«, schreibt Antje Vollmer (2013) in einer Betrachtung in der Wochenzeitschrift *Zeit*. »*Die Möglichkeit, vermeintliche Terroristen oder Aufständische überall auf der Welt zu eliminieren, ohne eigene Soldaten zu gefährden, senkt zudem die Hemmschwelle für den Griff zu militärischen Mitteln*«, bestätigen die Herausgeberinnen und Herausgeber des Friedensgutachtens aus dem Jahr 2013 in einer Stellungnahme (von Boemcken et al. 2013, S. 5).

Wenn es dazu kommt, dass Kampfdrohnen die autonome Entscheidung über ihren Waffeneinsatz übertragen wird, wird die Distanz maximal: »*Kampfdrohnen schon der nächsten oder übernächsten Generation brauchen voraussichtlich keinen* (an anderem Ort befindlichen, d. Hrsg.) *menschlichen Piloten mehr. Am Ende dieser absehbaren Entwicklung werden Entscheidungen über Leben und Tod an Computer abgegeben – das läuft auf die Automatisierung eines nicht erklärten Krieges hinaus*« (von Boemcken et al. 2013, S.6).

Mit der Vergrößerung der räumlichen Distanz beim Töten geht die Distanz bei der Selbstzuschreibung von Verantwortung einher. Dies gilt nicht nur für das die Drohnen steuernde Personal, sondern erst recht für diejenigen, die das Waffensystem entwickelt haben. Dies kann dann auf unterschiedliche Weise wirksam werden:

- Im Sinne einer aktiven Leugnung von Verantwortung wird diese Distanz zu einem Argument, um die Verantwortung für konkrete Einsätze und deren Folgen abzustreiten – über diese Missionen würden ja schließlich andere entscheiden.
- Als Folge fehlender Auseinandersetzungsbereitschaft mit Fragen der eigenen Verantwortung führt diese Distanz dazu, dass Wissenschaftler die Militärbezüge, Dual-Use-Zusammenhänge oder Ambivalenzen ihrer Forschungs- und Entwicklungstätigkeit entweder tatsächlich nicht erkennen, bewusst ignorieren oder einfach für sich selbst als keine relevante Frage erachten.

## Wissenschaft in Verantwortung

Jürgen Altmann (2007) stellt in einem Beitrag über Grundsatzfragen der Bewertung und Gestaltung von Naturwissenschaft und Technik deutlich heraus, dass Krieg und Frieden zwar im Kern politische Fragen seien, dass jedoch Waffentechnologien und die neuen Waffensysteme massiven Einfluss auf gesellschaftliche Prozesse und Entwicklungen haben und den Frieden gefährden. Es ergibt sich somit die Notwendigkeit, Rüstung zu verringern und die militärische Nutzung von Naturwissenschaft und Technik einzuschränken. Diese Einschränkung ist dabei nicht als einseitige Schuldzuweisung und auch nicht als Aufforderung zum generellen Verzicht auf zukünftige Forschung und Erkenntnis zu interpretieren. Altmann betont vielmehr: »*Die starke Nutzung der Naturwissenschaften für den Krieg erfolgt nicht gesetzmäßig, sondern unterliegt politischem Willen*« (S.451). Um der Indienstnahme wissenschaftlicher Erkenntnisse und daraus resultierender technischer Entwicklungen für militärische und unfriedliche Zwecke entgegenzuarbeiten und vielmehr den Fokus auf Beiträge zur Lösung ziviler Probleme und Fragestellungen zu richten, bedarf es Entscheidungen und Schritte auf institutioneller wie auch auf persönlicher Ebene.

Dies meint in einem ersten Schritt die Bereitschaft, sich diese Fragen nach Forschungszwecken und Forschungskontexten sowie nach Ambivalenzen hinsichtlich des eigenen Faches bzw. des konkreten Forschungsgebietes tatsächlich zu stellen. Hilfreich und wünschenswert ist hierfür der Austausch und die Diskussion mit anderen – mit Kolleginnen und Kollegen aber auch über das eigene Fach hinaus. In einem andauernden Prozess stetigen Hinterfragens manifestieren sich dann die eigene Verantwortung und die persönliche Entscheidung.

Politisch ist es sinnvoll und dringend notwendig, innerhalb von Forschungs- und Bildungseinrichtungen Diskurse hinsichtlich Ambivalenz und Verantwortung von Fachdisziplinen und einzelner Forschungsgebiete zu führen und zu verstetigen. In Ergänzung zu Regularien, die eine hinreichende Transparenz der Forschungsziele und Forschungskontexte sicherstellen (u.a. Verpflichtung zur Bekanntgabe von Forschungsthemen, Kooperationen und Herkunft von Fördermitteln sowie Verpflichtung zur Veröffentlichung von Forschungsergebnissen) sind Ethikkodizes und Zivilklauseln wünschenswert, die alle Beteiligten in Forschung und Lehre dazu auffordern, sich selbst und anderen in der Institution entsprechende Fragen zu stellen und damit in einen stetigen und öffentlichen Diskurs zu treten (vgl. Streibl 2012b).

In diesem Sinne ist auch der Appell des International Network of Engineers and Scientists for Global Responsibility (INES) zu verstehen, in dem es heißt: »*Freedom of thought and ideas for a peaceful, sustainable and just world are universal human rights. Today, they are threatened in many places, including even the universities around the world. Growing militarization of academic research in not only engineering and natural sciences, but also humanities, is further eroding those rights. Immediate steps need to be taken to reverse this process. The undersigned believe that universities must focus on promoting peace and understanding among peoples by rejecting any research and teaching for military purposes*« (INES 2011).

## Literatur

Altmann, J. (2007): Grundfragen der Bewertung und Gestaltung von Naturwissenschaft und Technik. In: Altmann, J.; Bernhardt, U.; Nixdorff, K.; Ruhmann, I.; Wöhrle, D.: Naturwissenschaft – Rüstung – Frieden. Basiswissen für die Friedensforschung. Wiesbaden: S. 431-453.

Anderson, Ch. (2012): How I Accidentally Kickstarted the Domestic Drone Boom. In: Wired, 20 (07). http://www.wired.com/dangerroom/2012/06/ff_drones/all/ (Abruf 20.07.2013)

von Boemcken, M.; Werkner, I.-J.; Johannsen, M.; Schoch, B. (2013): Stellungnahme der Herausgeber und Herausgeberinnen [des Friedensgutachtens 2013]. http://friedensgutachten.de/tl_files/friedensgutachten/pdf/fga2013_Stellungnahme.pdf (Abruf 20.07.2013)

Domke, M. (1991): DUAL-USE: Berücksichtigung militärischer Anforderungen bei der zivilen Entwicklung neuer Technologien. In: Bernhardt, U.; Ruhmann, I. (Hrsg.): Ein sauberer Tod. Informatik und Krieg. Bonn: BdWi/FIfF, S.172-191.

INES (2011): Commit Universities to Peace. International Appeal to the heads of universities and responsible academic bodies. International Network of Engineers and Scientists for Global Responsibility (INES), 26. January, 2011. http://www.inesglobal.com/commit-universities-to-peace.phtml (Abruf 20.07.2013)

Liebert, W. (2009): Umgang mit Dual-Use von Technologien und Ambivalenz in der Forschung. In: Albrecht, S.; Bieber, H.-J.; Braun, R.; Croll, P.; Ehringhaus, H.; Finckh, M.; Graßl, H.; von Weizsäcker, E.U. (Hrsg.): Wissenschaft – Verantwortung – Frieden: 50 Jahre VDW. Berlin: Berliner Wissenschaftsverlag, S.445-450.

Liebert, W.; Rilling, R.; Scheffran, J. (1994): Die Ambivalenz von Forschung und Technik und Dual-use Konzeptionen in der Bundesrepublik Deutschland – Ein Problemaufriss. In: Liebert, W.: Rilling, R.; Scheffran, J. (Hrsg.): Die Janusköpfigkeit von Forschung

und Technik. Zum Problem der zivil-militärischen Ambivalenz. Marburg: BdWi, S.12-30.
Maris, E. (2013): Drones in science: Fly, and bring me data. In: Nature, 498, S. 156-158.
Streibl, R.E. (2011): Für eine zivilisierte Bildung und Wissenschaft. In: FIfF-Kommunikation, 28 (4), S.44-50.
Streibl, R.E. (2012a): It's a Challenge. Oder: Von reizvollen Wettbewerben, schleichenden Vereinnahmungen und der Notwendigkeit von Diskursen. In: FIfF-Kommunikation, 29 (1), S. 21-25. http://fiff.de/publikationen/fiff-kommunikation/fk-2012/fk-1-2012/fk_1_2012_streibl_21
Streibl, R.E. (2012b): Bremer Universität bestätigt Zivilklausel. Wichtiges Signal für Verantwortung in der Wissenschaft. In: FIfF-Kommunikation, 29 (1).
UAVForge.net (2011): Crowdsourcing for UAV Innovation. http://www.uavforge.net/UAVForgeContent.pdf (Abruf 20.07.2013)
Vollmer, A. (2013): ... aus sicherer Distanz. In: Die Zeit, (26), 20.06.2013. http://www.zeit.de/2013/26/drohnen-waffe-distanz.pdf (Abruf 20.07.2013)

Matthias Monroy und Andrej Hunko
# Immer mehr und größere Drohnen: Die Polizei rüstet auf

Seit spätestens 2005 ist der Einsatz von Drohnen auch ein Thema für die deutsche Polizei. Mehrere Landeskriminalämter testen seitdem fliegende Kameras für die alltägliche Arbeit. Die batteriebetriebenen Quadrokopter gehören zur Klasse der »Mikrodrohnen« und werden noch auf Sicht gesteuert. Ihre Zuladung beträgt rund ein Kilogramm, was die Überwachungskapazitäten deutlich beschränkt. Sollen Bilder in Echtzeit übertragen werden, muss der kleine Flugroboter zusätzlich mit Funktechnik ausgerüstet werden.

Als eines der ersten Bundesländer experimentiert Sachsen mit dem Einsatz der Quadrokopter. Die Polizei hatte Anfang 2008 zur »Anwendungserprobung« zwei Komplettsysteme eines »SensoCopters« für zunächst ein Jahr angemietet. Die »SensoCopter« werden vom Überlinger Rüstungskonzern Diehl BGT Defence in Kooperation mit der Firma Microdrones aus Kreuztal bei Siegen entwickelt. Sachsens Innenminister Albrecht Buttolo (CDU) kündigte damals einen Einsatz bei Fußballspielen oder Demonstrationen an, um etwa »Rädelsführer in der Menschenmenge« zu identifizieren und beweiskräftige Bilder bei Gericht vorlegen zu können. Die Geräte, die auch mit Nachtsicht- und Wärmebildkameras ausgerüstet werden können, werden von der Landespolizeidirektion Zentrale Dienste verwaltet, ihre Nutzung erfolgt über das Landeskriminalamt. Bislang steigt das Gerät insbesondere bei Fußballspielen in die Luft, mindestens einmal wurde auch eine antifaschistische Demonstration gefilmt.

Auch Niedersachsen hatte 2008 einen Quadrokopter angeschafft, zum Zuge kam wieder die Firma Microdrones. Laut dem damaligen Innenminister Uwe Schünemann (CDU) könnten die fliegenden Kameras eine »Schlüsselstellung zur schnellen Informationsgewinnung« einnehmen, etwa für die »Vorbereitung von Maßnahmen der Spezialeinheiten der Polizei gegen bewaffnete Straftäter«. Neben der Luftaufklärung, Einsatzführung, Beweissicherung und Dokumentation würde auch die Nutzung für die »nicht-polizeiliche Gefahrenabwehr« infrage kommen, etwa bei Großschadenslagen oder Katastrophen.

Mehrere andere Bundesländer haben inzwischen Quadrokopter beschafft. In Berlin fliegt ein »AR 100« der Firma AirRobot, derzeit allerdings nur zur Tatortdokumentation für die Mordkommission. Das Landeskriminalamt Hessen hatte 2008 ebenfalls einen »AR100« geleast, will sich aber zu Anwendungsgebieten nicht äußern. Um die Anstrengungen zu koordinieren, wurde 2007 eine gemeinsame »Bund-Länder-Projektgruppe Drohnen« eingerichtet. Sie unterstand dem Unterausschuss »Führung, Einsatz und Kriminalitätsbekämpfung« der Ständigen Konferenz der Innenminister und -senatoren der Länder (IMK). Auch die Bundespolizei war an der Arbeitsgruppe beteiligt. Bislang werden dort die beiden Systeme »Aladin« und »Fancopter« geflogen. Der »FanCopter« ist wie die Geräte der Länderpolizeien ein Quadrokopter, während »Aladin« als »Elektrosegler mit Klapppropeller« bezeichnet wird. Beide Drohnen werden von der Firma Ingenieurgesellschaft Dipl. Ing. Hartmut Euer mbH (EMT) aus dem bayerischen Penzberg gefertigt, die sich mit einem breiten Drohnen-Sortiment zum Hoflieferanten der Bundesregierung entwickelt hat. Welche Kamerasysteme von den kleinen Drohnen mitgeführt werden, welche Software zur Steuerung genutzt wird oder welche weiteren technischen Hilfsmitteln zur Auswertung der gelieferten Daten an Bord sind, soll geheim bleiben: Nach »sorgfältiger Abwägung des Aufklärungs- und Informationsrechts der Abgeordneten« kam die Bundesregierung bei der Beantwortung einer Kleinen Anfrage zu dem Schluss, dass die technischen Einzelheiten der Ausstattung »evident geheimhaltungsbedürftig« seien. Unaufgeregtere Details berichtet der Bundesbeauftragte für den Datenschutz und die Informationsfreiheit in seinem letzten Tätigkeitsbericht: Demnach werden Foto- und Videoaufnahmen an die tragbaren Bodenstationen übertragen, wo sie auf einem Monitor verfolgt werden können. Gespeichert werden die Bilder in der Drohne selbst, stehen also erst nach der Landung in voller Auflösung zur Verfügung. »Fancopter« und »Aladin« sind längst in den Polizeialltag integriert, als Einsatzformen gelten die »Überwachung/Aufklärung im Rahmen von Schleusungen im Grenzbereich« oder das Ausforschen von Drogenanbauflächen. Sie werden aber auch für Observationen oder Zugriffe an Bahnanlagen eingesetzt. Mittlerweile testet die Deutsche Bahn selbst eine fliegende Kamera, um damit gerichtsfeste Beweise gegen gefasste Graffiti-Künstler zu erlangen.

Der Abschlussbericht der »Bund-Länder-Projektgruppe Drohnen« von 2008 ist als Verschlusssache eingestuft, die Mitglieder hatten aber »weiteren Handlungsbedarf skizziert. Demnach seien dringend Änderungen der luftverkehrsrechtlichen Vorschriften und eine »Marktbeobachtung und -auswertung technischer Lösungen« erforderlich. Zwei Jahre später wurde Drohnen in der Neufassung der Luftverkehrsordnung mit der Formulierung »unbemanntes Luftfahrtgerät« ein eigener Status eingeräumt. 2012 folgte schließlich die

Änderung des Luftverkehrsgesetzes. In der Begründung erklärt die Bundesregierung, »neben ihren ursprünglich militärischen Einsatzbereichen« kämen Drohnen zunehmend zur polizeilichen Gefahrenabwehr in Betracht. Als weitere Einsatzbereiche gelten demnach »Feuerbekämpfung, Verkehrsüberwachung, Überwachung sensibler Objekte«. Sogar ein zukünftig unbemannter »kommerzieller Fracht- oder sogar Personenverkehr« wurde als »langfristig möglich« angekündigt.

## Drohnen-Forschung in Deutschland ...

Dass deutsche Polizeien auf »größere Systeme« unbemannter Luftfahrzeuge schielen, wurde im März letzten Jahres auf einer Tagung der Drohnen-Lobby in Berlin deutlich. Zutritt hatten nur geladene Gäste aus Industrie, Politik und Verwaltung. Die Eröffnungsrede sollte der Staatssekretär des Bundesinnenministeriums Ole Schröder halten. Weil dieser verhindert war, las der Staatssekretär im Bundesministerium für Verkehr, Bau und Stadtentwicklung Klaus-Dieter Scheurle dessen Traktat vor. Demnach würden die kleinen Quadrokopter seit Jahren erfolgreich genutzt. Allerdings seien die verwendeten »Miniaturkameras« für polizeiliche Zwecke nur noch bedingt geeignet. Deshalb forderte Scheurle, Drohnen der nächsten Generation müssten hochauflösende, schwere Kameras tragen. Außerdem sollten sie allerorten in Deutschland sofort verfügbar sein, um im Bedarfsfall sofort Bilder liefern zu können. Ähnliches gilt für das Bundesamt für Bevölkerungsschutz und Katastrophenhilfe (BBK): Dort wünscht man sich Drohnen zum Einsatz bei Waldbränden und Deichbrüchen in havarierten Atomanlagen. Auch hier wird laut über die Beschaffung größerer Systeme nachgedacht: Die Drohnen müssten Lasten tragen, Hilfsgüter abwerfen oder mit Sensoren und Messgeräten ausgerüstet werden.

Die gewünschten polizeilichen Einsatzformen werden in zahlreichen Forschungsprogrammen entwickelt. Hierzu gehört vor allem der zunehmend automatisierte Flug mittels Satellitennavigation (GPS), aber auch die Ausrüstung mit weiteren Kameras und Sensoren. Andere Vorhaben beschäftigen sich mit dem Aufstieg in Schwärmen, um ganze Gebiete teilautonom zu überwachen. Die meisten Projekte stehen unter Federführung der Bundesministerien für Bildung und Forschung (BMBF), Verkehr, Bau und Stadtentwicklung (BMVBS) sowie Wirtschaft und Technologie (BMWi). Häufig begünstigte Zuwendungsnehmer sind die Firmen EADS (bzw. deren Ableger Cassidian und Astrium),

Diehl BGT Defence GmbH & Co. KG, Ingenieurgesellschaft Dipl. Ing. Hartmut Euer mbH (EMT), Elektroniksystem und Logistik GmbH (ESG), Industrieanlagen Betriebsgesellschaft mbH (IABG), Carl Zeiss Optronics GmbH, OHB Systems GmbH, Atlas Elektronik GmbH, Rheinmetall Defence, Universität der Bundeswehr in München sowie etliche Universitäten.

Zur Verbesserung der Aufklärungskapazitäten kleiner und mittlerer Drohnen entwickelt das Fraunhofer-Institut für Hochfrequenzphysik und Radartechnik ein miniaturisiertes »Synthetisches Apertur Radar« (SAR), das auf Millimeterwellen-Technologie basiert und ansonsten in Aufklärungssatelliten verbaut wird. Wichtig für den zivilen und militärischen Einsatz ist die schnelle Echtzeitanalyse der SAR-Messdaten am Boden. Die Bundespolizei könnte mit der Technik auf die Bundeswehr verzichten, die 2007 gegen die G8-Proteste in Heiligendamm in Stellung gebracht wurde: Das »Aufklärungsgeschwader Immelmann« aus dem schleswig-holsteinischen Jagel überflog mit seinen »RECCE«-Tornados mehrere Wochen lang Camps und Straßen und fertigte in 14 Missionen ebenfalls SAR-Aufnahmen an. Untersucht wurde, ob Bodenveränderungen auf »Erddepots« oder »Manipulationen an wichtigen Straßenzügen« hinweisen. Die Flugzeuge könnten also demnächst durch Flugroboter ersetzt werden. Die Schweiz hatte 2008 bereits Drohnen des Militärs genutzt, um Aktivitäten von DemonstrantInnen rund um den NATO-Gipfel in Strasbourg auszuforschen.

Das Bundesinnenministerium hatte die Bundespolizei 2007 mit der Durchführung eines Projektes zur »Validierung von UAS zur Integration in den Luftraum« (VUSIL) beauftragt, um Erkenntnisse zu Anforderungen an die Lufttüchtigkeit zu gewinnen. Erforscht wurden zunächst »Fragen der Verkehrssicherheit«, darunter Gestaltung, Bauausführung, und Ausrüstung. In einer späteren Projektphase wurden Fragen zu Notlandeverfahren, Funkverbindungen und mitgeführte Sensorik untersucht. Die in VUSIL geflogene Drohne war vom Typ »Luna«, die ebenfalls von EMT gefertigt wird. »Luna« steht für »Luftgestützte Unbemannte Nahaufklärungs-Ausstattung«. Der »Motorsegler mit Verbrennungsmotor« hat einen Einsatzradius von rund 40 Kilometern und wird von der Bundeswehr seit 13 Jahren in Kriegsgebieten mitgeführt. Bei einem Gesamtgewicht bis zu 40 Kilogramm kann das Gerät miniaturisierte Aufklärungs- und Überwachungstechnik befördern. Seit 2011 werden von der Bundeswehr saudi-arabische Soldaten an exportierten »Luna« geschult.

Gern gesehener Partner bei Projekten wie VUSIL sind das Deutsche Zentrum für Luft- und Raumfahrt (DLR) und die Deutsche Flugsicherung (DFS), die unter anderem an Ausweichverfahren unter Zuhilfenahme von Satelliten arbeiten. Dieses »See & Avoid« ist eine zwingende Voraussetzung, um für größere Drohnen über 25 Kilogramm eine luftfahrtrechtliche Zulassung zu erhalten. Erst dann dürfen sie im allgemeinen zivilen Luftraum programmierte Flugrouten abfliegen. Unterhalb der Gewichtsgrenze von 150 Kilogramm regulieren die EU-Mitgliedstaaten den Zugang zum Luftraum selbst. Für alle schwereren Geräte (mit Ausnahme militärischer Flugroboter) ist die Europäische Agentur für Flugsicherheit (EASA) mit Sitz in Köln zuständig. Die EU-Kommission verfolgt mit der Initiative »Single European Sky« (SES) die Integration größerer Drohnen in den allgemeinen zivilen Luftraum. Im September letzten Jahres wurden Ziele und Maßnahmen im Papier »Towards a European strategy for the development of civil applications of Remotely Piloted Aircraft Systems« (RPAS) festgelegt. In die Entwicklung entsprechender Standards ist auch die Internationale Zivilluftfahrtorganisation (ICAO) der Vereinten Nationen eingebunden, die Drohnen mittlerweile ebenfalls als Luftfahrzeuge anerkannt hat.

Sowohl die EASA als auch die ICAO betreiben eigene Forschungen zur Kommunikation mit Bodenkontrollstationen, der Navigation, Ausweichverfahren oder der Flugsicherung. Ein Rüstungskonsortium unter Führung von Astrium und EADS Defence & Security erhielt von der Europäischen Verteidigungsagentur (EVA) den Zuschlag für eine Studie, um mittels perfektionierter Satellitenkommunikation die Durchquerung auch des zivilen Luftraums durch Drohnen zu ermöglichen. Ergebnisse laufen in internationalen Arbeitsgruppen zusammen. Eine davon ist die Plattform »Single European Sky ATM Research« (SESAR), in der 2,1 Milliarden Euro für entsprechende Forschungen investiert werden. Das Geld kommt anteilig von der Kommission und der Organisation zur zentralen Koordination der Luftverkehrskontrolle in Europa (Eurocontrol). Ein weiteres Drittel wird von der Industrie beigesteuert, darunter alle großen Rüstungsunternehmen in den EU-Mitgliedstaaten, aber auch Drohnenhersteller aus Israel oder der USA. Die Beteiligten können alle Ergebnisse in eigenen Vorhaben verwerten.

Auch das Bundesamt für Verfassungsschutz und das Bundeskriminalamt könnten zukünftig Drohnen einsetzen. Dies geht aus einer Präsentation hervor, die ein Mitarbeiter des Bundesinnenministeriums im Rahmen einer Serie von Workshops der Europäischen Kommission gehalten hat. Dieser sogenannte »UAS Panel Process« wurde vor zwei Jahren von der Generaldirektion »Unternehmen und Industrie« gestartet. Bis 2012 wurden dort zahlreiche Vorträge gehalten, die sich mit der Verfügbarkeit und dem Einsatz von Flugrobotern unterschiedlicher Größe befasst haben.

Eine Nutzung von Drohnen durch den Verfassungsschutz dürfte aber zunächst unwahrscheinlich sein. Ganz anders die Bundespolizei, die bereits 2011 auf der Ostsee Tests mit Helikopter-Drohnen durchführte. Zum Einsatz kam die Drohne »NEO-S300« der Schweizer Firma Swiss UAV AG. Derartige Drehflügler werden gewöhnlich als »Vertical Takeoff and Landing« (VTOL) bezeichnet. Sie können mehrere Stunden in der Luft bleiben, das Abfluggewicht liegt bei rund 40 Kilogramm. Geübt wurden Starts und Landungen von einem Schiff der polizeilichen Küstenwache. In Deutschland verfügt die Firma EMT über eine Lizenz für den »NEO-S300« und vertreibt das Gerät unter dem Namen »Museco«. EMT wirbt damit, die VTOL-Drohnen könnten »Wärmebild-IR Videokameras oder digitale Standbildkameras mit hoher Auflösung« tragen. Geplant ist nun eine deutsche Machbarkeitsstudie zu »maritimen Überwachungsmissionen«, für die weitere Flüge über der Nordsee stattfinden sollen.

## ... und auf EU-Ebene

Viele polizeiliche Anwendungsgebiete größerer Drohnen werden auf EU-Ebene erforscht. Weil Testflüge über Land mit umständlichen Genehmigungsverfahren eingefädelt werden müssen, wird das Mittelmeer nun zum Testgebiet für entsprechende Projekte der EU-Mitgliedstaaten. Das Deutsche Zentrum für Luft- und Raumfahrt ist hierzu am Projekt »Demonstration of Satellites Enabling the Insertion of Remotely Piloted Aircraft Systems in Europe« (»DeSIRE«) beteiligt. »DeSIRE« soll die Integration größerer Drohnen in den zivilen Luftraum befördern und basiert auf »satellitengestützter Führung«. Probleme bereiten dabei die Zeitverzögerung in der Signalübertragung per Satellit oder die Entwicklung von Verfahren, die einen sicheren Flug auch bei Unterbrechung der Funkverbindung gewährleisten. »DeSIRE« ist ein Vorhaben der Europäischen Verteidigungsagentur und der Europäischen Raumfahrtagentur (ESA). Es steht unter Leitung der spanischen Küstenwache, die seit über 10 Jahren das Grenzüberwachungssystem »Sistema Integrado de Vigilancia Exterior« (SIVE) betreibt und neben Satellitenaufklärung auch Radar und Drohnen einbindet. Industriepartner von »DeSIRE« sind die französischen und spanischen Rüstungskonzerne Thales und Indra, die Komplettsysteme zur satellitengestützten Grenzüberwachung produzieren.

Zu Flugsimulationen des DLR in Spanien reiste seitens der Bundespolizei der Referatsleiter Achim Friedl an. Friedl ist beim Bundesministerium des Inneren zuständig für Technik und Logistik. Bislang verwaltet sein Ressort lediglich die vier kleinen Senkrechtstarter »FanCopter« und »ALADIN«. Im Frühjahr fand dann ein erster Testflug statt. Geflogen wurde eine »Heron«-Drohne des israelischen Herstellers Israel Aerospace Industries (IAI), die auch von der Bundeswehr in Afghanistan eingesetzt wird. In sechs Kilometer Höhe wurde der allgemeine Luftraum durchquert, die Drohne von spanischen Fluglotsen in Barcelona wie ein gewöhnliches Flugzeug behandelt.

Die Forschungen von »DeSIRE« sollen bei Auslandseinsätzen genutzt werden: Das DLR bringt dessen Ergebnisse in das Vorhaben »Forschung und Entwicklung für die Maritime Sicherheit und entsprechende Echtzeitdienste« ein, das von zwei Bundesministerien und vier Bundesländern mit 70 Millionen Euro gefördert wird. Die Projektwebseite nennt als Szenario die »Bekämpfung von Piraterie«. Als zukünftige Nutzer gelten das Technische Hilfswerk und die Bundespolizei. »DeSIRE« stellt aber auch auf die Aufrüstung der Aufklärungsfähigkeiten des EU-Grenzüberwachungssystems »EUROSUR« ab, das ab diesem Jahr in Betrieb geht. In »EUROSUR« werden bereits existierende, multilaterale Überwachungssysteme zusammengeschaltet. Hierzu gehören die gemeinsamen Plattformen mehrerer Mitgliedstaaten zur Überwachung der Ostsee, des Schwarzen Meeres und des Atlantiks. In einer Mitteilung der EU-Kommission werden auf mehreren Ebenen Forschungsvorhaben zum Einsatz von Drohnen in EUROSUR angeregt. Gefordert wird eine »gezielte Forschung und Entwicklung, um die Leistungsfähigkeit von Überwachungsinstrumenten und Sensoren (wie Satelliten, unbemannte Luftfahrzeuge / UAVs) zu steigern«.

## Flüchtlingsabwehr mit Drohnen

In einem weiteren millionenschweren Projekt forciert die Europäische Union deshalb die grenzpolizeiliche Aufklärung des Mittelmeers mit Drohnen, Satelliten und Ballons. Die spanische Guardia Civil koordiniert ein EU-Projekt unter dem holprigen Namen »Collaborative evaLuation Of border Surveillance technologies in maritime Environment bY pre-operational validation of innovativE solutions« (»Closeye«). Die EU finanziert »Closeye« mit 9 Millionen Euro, die Gesamtkosten liegen bei mehr als 12 Millionen Euro. Geflogen wird eine »Predator«-Drohne, die vom US-Hersteller General Atomics gebaut wird. Zum feierlichen Start im Hauptquartier der Guardia Civil reisten neben den Projektpartnern auch Delegierte des Außen- und Wirtschaftsministeriums an, zu den weiteren Gästen gehörten zahlreiche Vertreter von Rüstungsfirmen. Einführende Redebeiträge der EU-Kommission kamen von den Direktoraten »Unternehmen und Industrie« sowie »Maritime Angelegenheiten« und »Fischerei«. Beteiligte von »Closeye« sind die Küstenwache Portugals und das italienische Militär. Vermutlich wird von dort die unbewaffnete »Predator« beigesteuert, deren erster Einsatz 2011 im Libyen-Krieg erfolgte. Neben weiteren Typen wird bei »Closeye« zudem ein »Camcopter S-100« der österreichischen Firma Schiebel verwendet. 2008 hatte die deutsche Marine ebenfalls Studien mit einem »Camcopter« durchgeführt. Bislang ist lediglich die französische Marine mit den Senkrechtstartern ausgerüstet, jetzt hat sich das Bundesverteidigungsministerium ebenfalls für eine Serienbeschaffung entschieden. Die »Camcopter S-100« sollen auf Korvetten stationiert werden, ihr Kaufpreis liegt bei insgesamt 30 Millionen Euro. Vermutlich schließt dies die erforderlichen Bodenkontrollstationen ein. Der Flugroboter wird in Deutschland vom Rüstungskonzern Diehl BGT Defence in Lizenz vermarktet. Beteiligt ist auch die Firma M4Com, die auf geodätische Software spezialisiert ist und mit entsprechenden Produkten auch die NATO beliefert

Zu den weiteren Partnern von »Closeye« gehören die italienische Weltraumagentur und ein Forschungszentrum Italiens zu Luft- und Raumfahrt. Seitens der Europäischen Union sind die EU-Kommission sowie das EU-Satellitenzentrum SatCen beteiligt. Das SatCen wurde im spanischen Torrejón errichtet und verarbeitet Aufklärungsdaten von optischen und Radarsatelliten. Analysierte Bilder übermittelt das Zentrum an den zivil-militärischen Auswärtigen Dienst, das geheimdienstliche EU-Lagezentrum in Brüssel oder die EU-Grenzschutzagentur Frontex. Laut der Projekt-Webseite von »Closeye« gilt Frontex als wichtiger externer Teilhaber und darf sogar im Management mitarbeiten. Zwar hat die EU-Agentur nur eine beratende Rolle, die Experimente mit Drohnen werden aber in derzeit laufenden Frontex-Operationen im Mittelmeer eingebunden, um den Nutzen der Technik zu bewerten. Umgekehrt soll in einer späteren Phase dort eingesetzte Technologie von Frontex genutzt werden, um die Integration von »Closeye« in vorhandene Kapazitäten unter Beweis zu stellen.

Mit den beschriebenen EU-Projekten »Closeye« und »DeSIRE« geht die Einführung von Drohnen für (grenz-)polizeiliche Zwecke in eine neue Runde. Sie bauen damit auf Workshops auf, in denen Frontex seit 2009 die Nutzung kleiner und großer Drohnen zur »Überwachung von Land- und Seegrenzen« befördert. Beinahe alle Flugroboter europäischer Hersteller wurden von den Herstellern präsentiert, einige wurden sogar in einer Flugschau gezeigt. Fast immer war die Bundespolizei zugegen. Frontex interessiert sich insbesondere für jene Drohnen, die in Europa derzeit nur militärisch genutzt werden. Hierzu gehören die israelische »Heron« (Israel Aircraft Industries), die amerikanische »Predator« (General Atomics und Diehl) oder die französische »Patroller« (Safran/Sagem). In einer der Präsentationen wurde auch die Spionagedrohne »Euro Hawk« vorgestellt, die eigentlich von der Bundeswehr in Serie beschafft werden sollte und im Sommer 2013 beinahe zum Rücktritt des deutschen Verteidigungsministers führte. Auch EADS, der wichtigste europäische Teilhaber des »Euro Hawk«-Auftrags, empfiehlt dessen Einsatz für Zwecke einer »Homeland Security«. Ein Sprecher des Konzerns zählt hierzu die Observation polizeilicher Großereignisse, die Überwachung von Atomanlagen und Grenzkontrolle, aber auch Demonstrationen und »Unruhen in Vorstädten«. Dieses Jahr wird Frontex vermutlich ein Flugzeug des Typs »DA42 MPP Guardian« für mehrere Wochen probefliegen. Die »DA42« wird von Diamond Aircraft hergestellt und ist als Flugzeug mit nur einer steuernden Person konzipiert. Israel Aircraft Industries hat allerdings eine Version der »DA42« entwickelt, die unbemannt fliegen kann. Damit wird das Flugzeug zum »Optionally Piloted Vehicle« (OPV).

Die Frontex-Veranstaltungen dienen laut der Bundesregierung der »Vorstellung am Markt befindlicher unbemannter Luftfahrtsysteme« und der »Definition von grenzpolizeilichen Anforderungs- und Leistungskriterien«. Der französische Rüstungskonzern Thales spricht hinsichtlich der Teilnehmenden einer Präsentation von »mehreren internationalen Herstellern«. Demnach hätten Firmen aus den USA und Israel dominiert. Thales hatte selbst sein System »Fulmar« vorgeführt. In einem Werbefilm wird dessen ausdrückliche Verwendung gegen unerwünschte Migration vorgeführt. Die »Fulmar« fliegt bis zu 3.000 Meter hoch und rund 150 Kilometer pro Stunde. Nach acht Stunden bzw. 800 Kilometern muss die »Fulmar« gelandet werden. Die leichten Thales- Drohnen wären somit gut geeignet, in Deutschland auch für polizeiliche Belange eingesetzt zu werden: Sie könnte in einem Rutsch unbemerkt von der Nordsee bis zum Bodensee fliegen. Thales hatte das EU-Forschungsprojekt »Wide Maritime Area Surveillance« (WIMAAS) angeführt und mit der spanischen Guardia Civil die grenzpolizeiliche Nutzung von Drohnen untersucht. »Fulmar«-Drohnen operieren zur Kontrolle von Migration bereits in Malaysia.

## Drohnen gegen Kriminelle?

Zwar wurde bereits 2007 berichtet, einige Hersteller würden Drohnen mit Elektroschockgeräten bestücken. Der französische Hersteller Tecknisolar Seni rüstet Drohnen angeblich mit Flash-Ball-Pistolen aus, die auch Tränengas verschießen können. Vor drei Jahren schrieb das Technikmagazin *Wired* von Plänen Großbritanniens, fliegende »nicht-tödliche Waffen« zu entwickeln. Eingesetzt würden hierfür sowohl kleine Quadrokopter der Firma AirRobot wie auch bislang die eher militärisch genutzten Herti-Drohnen der britischen Firma BAE Systems. Die Flugroboter könnten demnach mit »Sound-Kanonen« (»Long Range Acoustic Device«, LRAD) ausgerüstet werden. LRAD wurden bereits am »Camcopter« der österreichischen Firma Schiebel getestet.

Bislang waren die Berichte eher Zukunftsmusik. Jetzt will die EU auf diese Weise tatsächlich die Verfolgung von Kriminalität modernisieren. Unter dem Namen »Aeroceptor« startete die Kommission dieses Jahr ein Forschungsprogramm zur Nutzung von Drohnen, um flüchtende Fahrzeuge zu stoppen. Das Akronym »Aeroceptor« kann als »Unterbrechung aus der Luft« interpretiert werden. Dabei geht es den Machern vor allem um Fahrzeuge, in denen unerwünschte Migranten oder Drogen geschmuggelt würden: Die Drohnen sollen helfen, Autos oder Motorboote zu stoppen, wenn sich deren Fahrer einer Durchsuchung entziehen wollen. Laut der Projektbeschreibung seien derartige Maßnahmen gegen »nicht kooperative Fahrzeuge« immer mehr erforderlich. Denn das Verweigern einer Kontrolle und anschließende Verfolgungsjagden würden sowohl die Fahrzeuginsassen als auch die Beamten gefährden. Angestrebt wird eine größtmögliche Automatisierung. Die Flugroboter sollen mit Technik ausgerüstet werden, um die Fahrt der Autos oder Wasserfahrzeuge zu verlangsamen bzw. diese zu stoppen. Die polizeiliche Zwangsmaßnahme wird von einer Bodenstation überwacht.

Laut der Antwort der EU-Kommission sollen bei »Aerocepter« »unbemannte Hubschrauber« oder Quadrokopter erprobt werden. Weil auch die Guardia Civil beteiligt ist, liegt nahe, dass ein »Camcopter« beforscht wird, denn dieser kommt bereits im EU-Projekt »Closeye« zum Einsatz. Die Technologien, mit denen ein Fahrzeug »auf sichere Weise zum Halten gebracht werden soll«, lesen sich wie Polizeiphantasien aus Entenhausen: Die Drohnen könnten Fahrzeuge per Lautsprecher zum Halten auffordern, diese mit Farbe markieren oder elektromagnetische Störungen zur Blockierung der Motorelektronik aussenden. Sofern dies nicht zum Erfolg führt, könnten Netze zum Einsatz kommen, in denen sich Räder von Fahrzeugen oder Propeller von Booten verwickeln. Möglich wäre auch das Versprühen eines »Spezial-Polymerschaumstoffs«, der dann verhärtet und das Fahrzeug zum Halten zwingt. Auch von »Vorrichtungen zum Durchstechen der Reifen« ist die Rede.

Obwohl die Bundespolizei nach Auskunft der Bundesregierung keine Beschaffung größerer Drohnen plant, ist sie auf mehreren Ebenen mit der Integration unbemannter Systeme befasst. Das »Deutsche Zentrum für Luft- und Raumfahrt« sowie die »Deutsche Flugsicherung« fungieren als Schnittstelle zu EU-Projekten, Ergebnisse fließen in ähnlich gelagerte deutsche Vorhaben ein. Problematisch ist nicht nur die zunehmende Aufrüstung polizeilicher Drohnen. Stefan Zoller, Vorstandsvorsitzender der EADS-Rüstungssparte Cassidian, lobt den Nutzen der eigentlich zivilen Forschungen auch für das Militär: Es würde »in Zukunft kaum ein (Unmanned Aerial Vehicle) geben, das nur für militärische oder nur für zivile Anwendungen eingesetzt wird«. Aufgrund ihrer Fähigkeiten könnten diese »Missionen auf beiden Gebieten abdecken«.

Tatsächlich dienen die EU-Projekte »Closeye« und »DeSIRE« dazu, die Nutzung von derzeit in Afghanistan geflogenen Drohnen »Predator« und »Heron« für polizeiliche Zwecke zu beforschen. Ginge es nach dem Chef einer europäischen Drohnen-Lobbyvereinigung, könnte selbst die allgemeine Kriminalität mit größeren Drohnen überwacht werden. Als Beispiele nennt er illegale Müllbeseitigung oder Drogenbekämpfung. Auch Plünderungen bei Aufständen könnten demnach bequem aus der Luft überwacht werden.

Die entsprechenden Forschungen zur polizeilichen Aufrüstung von Drohnen müssen umgehend gestoppt werden, denn sie bereiten den Weg für zahlreiche problematische Anwendungen. Bereits der Einsatz von kleinen oder mittleren Hubschrauber-Drohnen zur Beobachtung aus der Luft ist datenschutzrechtlich bedenklich. Jedem Upgrade, ob zur Spionage oder mit obskurer Polizeitechnik, muss widersprochen werden. Deutlich wird, dass die Drohnen-Strategie der Europäischen Union wie auch der deutschen Bundesregierung eine Angelegenheit mehrerer Ministerien ist. Auch polizeiliche Drohnen können gegen Menschen eingesetzt werden und sollten deshalb Teil einer Anti-Drohnen-Strategie sein. Auch sie müssen durch eine internationale Drohnenkonvention reguliert werden, welche die Entwicklung und den Einsatz von Drohnen strikt auf eindeutig zivile und humane Anwendungen begrenzt.

Elsa Rassbach
# Wie sich Europäer der Drohnen- und Roboter-Kriegsführung widersetzen

## Rapide Verbreitung von Kampfdrohnen

Bisher weiß man nur von drei Ländern, die bewaffnete Drohnen zu Angriffen eingesetzt haben: Israel, die USA und – als einzige europäische Nation – Großbritannien. Aber das könnte sich bald ändern.

Analytiker sehen eine Vervierfachung beim Bedarf an unbemannten bewaffneten Fluggeräten (Unmanned Aerial Vehicles, UAVs) für das nächste Jahrzehnt voraus. Die globalen Ausgaben für Drohnentechnologie sollen von geschätzten 6,6 Milliarden US-Dollar im Jahr 2012 auf 11,4 Milliarden bis 2022 in die Höhe schnellen.[1] Israelische Rüstungsproduzenten sind schon seit Jahren aktiv dabei, bewaffnete Drohnen an andere Länder zu verkaufen, und im Herbst 2012 verkündeten die USA, dass unter den neuen Richtlinien des Verteidigungsministeriums bis zu 66 Länder für den Ankauf von US-Drohnen in Frage kämen.[2] Der US-Kongress und das Außenministerium haben beim Export von Drohnen mit jeweiliger Einzelfallprüfung das letzte Wort: Zum Beispiel wurde die Genehmigung für den NATO-Partner Türkei aufgrund der bestehenden Spannungen zwischen der Türkei und Israel nicht erteilt.[3] Allerdings sind mittlerweile andere Länder wie China und Südafrika kurz davor, eigene Entwicklungen militärischer Drohnen auf dem internationalen Markt anzubieten.[4]

Europäische Rüstungsproduzenten versuchen, ihren Anteil am Drohnenmarkt zu sichern, und das nicht nur für europäische militärische Verwendung, sondern auch zum Export in andere Länder. Freilich wird es wohl noch viele Jahre dauern, bis in Europa hergestellte bewaffnete Drohnen einsatzfähig

---
1. http://www.upi.com/Business_News/Security-Industry/2012/04/12/114B-annual-growth-in-UAV-expenditures/UPI-12181334228007
2. http://www.reuters.com/article/2012/09/06/us-aircraft-usa-northrop-grumman-idUSBRE88500B20120906
3. http://www.worldtribune.com/2013/03/22/strained-ties-with-israel-frustrating-turkeys-request-for-advanced-u-s-drones/
4. http://investigations.nbcnews.com/_news/2013/05/28/18472665-the-race-is-on-manufacturer-sets-sights-on-market-for-armed-drones

sind.⁵ Die Verteidigungsministerien mehrerer europäischer Länder sind begierig darauf, waffenfähige Kampfdrohnen möglichst bald in ihre Arsenale aufzunehmen und erwägen bereits den Ankauf von US- oder israelischen Drohnen.

Im Mai 2012 verkündete die Obama-Regierung, dass sie in Bälde den Kongress über Pläne informieren werde, »Bewaffnungs-Zusatzausrüstungssätze« (*weaponization kits*)⁶ an Italien zu verkaufen, um die italienische Flotte, die derzeit aus sechs US-Reaper-Drohnen besteht, zu bewaffnen, eine Maßnahme, die, so das *Wall Street Journal*,»die Tür öffnen könnte für Verkäufe von hoch entwickelter Technologie für diese Jagd-Killer-Drohnen (*hunter-killer drone technology*) an weitere verbündete Staaten.«⁷ Im Mai 2013 kündigte Frankreich den Kauf von zwei unbewaffneten US-Reaper-Drohnen für die Intervention in Mali an;⁸ auch diese könnten später mit Waffen ausgerüstet werden.⁹ Die Niederlande benutzen bereits Drohnen extensiv für polizeiliche Beobachtungszwecke im eigenen Land¹⁰ und sollen Berichten zufolge den Kauf von Reaper-Drohnen für militärische Zwecke in Erwägung ziehen.¹¹ Und das deutsche Verteidigungsministerium, das vor einigen Jahren drei israelische Drohnen zur Überwachung in Afghanistan geleast hatte, verhandelt seit Anfang 2013 mit den USA und mit Israel über den Erwerb bewaffneter Kampfdrohnen.

## Drohnenangriffe und das internationale Recht

Mit dem Anbieten der bewaffneten Drohnen an ihre europäischen Verbündeten erhofft sich die US-Regierung nicht nur eine »militärische Lastenteilung«, sondern sicherlich auch mehr internationale Akzeptanz und Legitimierung für eine Kriegsmethode, die zunehmend unter internationale Kritik geraten ist.

Vor dem 11. September 2001 hatte selbst die US-Regierung die israelische Praxis der gezielten Tötungen kritisiert und als außergerichtliche Ermordungen bezeichnet. Nach dem Angriff auf das World Trade Center jedoch hat die US-Regierung unter Präsident George W. Bush begonnen, Drohnen für ge-

---

5. http://www.businessweek.com/articles/2013-06-26/europe-has-failed-to-make-a-drone-of-its-own
6. http://www.reuters.com/article/2012/05/29/us-italy-usa-drones-idUSBRE84S1BU20120529
7. http://online.wsj.com/article/SB10001424052702303395604577432323658176792.html
8. http://www.defensenews.com/article/20130517/DEFREG01/305170014/Report-France-Buy-US-Reaper-Drones-Mali
9. http://www.france24.com/en/20130407-france-usa-drones-military-defence-mali
10. http://www.dutchnews.nl/news/archives/2013/03/use_of_drone_aircraft_by_polic.php
11. http://www.thehollandbureau.com/2012/10/27/dutch-drones/

zielte Tötungen im »Krieg gegen den Terror« einzusetzen, und die Regierung unter Barack Obama hat die Drohnenangriffe zahlenmäßig drastisch erhöht. »Was wir nun sehen, ist in Wahrheit eine historische Wende im internationalen Völkerrecht«, sagte Oberst a.D. Daniel Reisner, der frühere Leiter der Rechtsabteilung der israelischen Verteidigungsstreitkräfte gegenüber der Zeitung *Haaretz* im Jahr 2009. »Wenn man etwas lange genug tut, wird die Welt dies akzeptieren. Das ganze internationale Recht basiert auf der Vorstellung, dass eine Aktion, die heute verboten wird, dennoch zulässig wird, wenn sie von genügend Ländern praktiziert wird. (...) Die Entwicklung des internationalen Rechts schreitet durch Rechtsverstöße fort. Wir haben das Prinzip der gezielten Tötungen erfunden und wir mussten uns dafür einsetzen. Es gab zuerst gewisse Ausbuchtungen, die es schwierig machten, diese Auffassung in die bestehende Rechtsform zu pressen. Aber acht Jahre später ist ihre Legitimität voll anerkannt worden.«[12]

Die Vereinten Nationen erkennen die Legalität der gezielten Tötungen bis heute nicht an. Philip Alston, früherer UN-Sonderberichterstatter zu außergerichtlichen, summarischen oder willkürlichen Exekutionen, hatte in seinem Bericht an den UN-Menschenrechtsrat 2010 festgestellt, dass die US-Praxis der gezielten Tötungen »drohe, das in der UN-Charta enthaltene Verbot gegen die Anwendung von Waffengewalt, ein wesentlicher Bestandteil der Herrschaft der internationalen Rechtsordnung, zu zerstören. Wenn andere Staaten den USA folgen würden und diese sehr breite Befugnis, Menschen überall und jederzeit zu töten, auch für sich beanspruchen würden, dann wäre das Resultat ein Chaos.«[13] Und im Januar 2013 kündigte Ben Emmerson, der UN-Sonderberichterstatter für Terrorismusbekämpfung und Menschenrechte[14], eine Untersuchung der UNO zu den möglichen Verstößen gegen das internationale Recht durch den Einsatz unbemannter Drohnen in den palästinensischen Gebieten, dem Jemen, Pakistan, Somalia und Afghanistan an.[15]

Die UN-Untersuchung folgt den langjährigen Bestrebungen von Anti-Drohnen-Aktivisten, die Öffentlichkeit über die Gefahren der Drohnen-

---

12. http://www.haaretz.com/consent-and-advise-1.269127
13. http://www.aclu.org/national-security/statement-un-special-rapporteur-us-targeted-killings-without-due process
14. http://www.ohchr.org/EN/Issues/Terrorism/Pages/SRTerrorismIndex.aspx
15. http://www.foreignpolicy.com/files/fp_uploaded_documents/130124_SRCTBenEmmersonQCStatement.pdf
    http://www.guardian.co.uk/world/2012/oct/25/un-inquiry-us-drone-strikes?newsfeed=true

Kriegsführung und Drohnen-Verbreitung aufzuklären. »Die USA haben einen moralischen Präzedenzfall geschaffen«, sagt Jenifer Gibson von der britischen Menschenrechtsgruppe »Reprieve« (Begnadigung). »Ein Staat kann jemanden zum Terroristen erklären und dann einfach wo auch immer hingehen und ihn töten.«[16] »Die Verbreitung dieser Technologie wird dazu führen, dass eine Vielzahl von Ländern ferngesteuerte Angriffe ausführen wird, mit ganz offensichtlichen Folgen für globalen Frieden und globale Sicherheit«,[17] schreibt Chris Cole von der britischen Organisation »Drone Wars« (Drohnenkriege).

Bereits seit mehreren Jahren haben sich Aktivisten in den USA, in Großbritannien und in den ins Visier genommenen Ländern wie Pakistan an Hunderten von Versammlungen, Demonstrationen und Mahnwachen bis hin zu Aktionen des zivilen Ungehorsams beteiligt und auch Gerichtsverfahren eingeleitet, um politische Aufmerksamkeit auf diese neue Bedrohung zu lenken. Brian Terrell, einer der 14 Angeklagten, die beschuldigt werden, 2009 in den Creech-Luftwaffenstützpunkt in Nevada eingedrungen zu sein, erklärte in dem Prozess: »(D)er Trend zum Einsatz von Drohnen in der Kriegführung stellt einen Paradigmenwechsel dar, verglichen mit dem, was passierte, als die erste Atombombe zur Zerstörung der Stadt Hiroshima in Japan eingesetzt wurde. Als Hiroshima bombardiert wurde, wusste allerdings die ganze Welt, dass von nun an alles anders sein würde. Heute ändert sich alles, aber es wird fast gar nicht wahrgenommen … aber dieser Problemkomplex wird, nachdem wir für das Eindringen in den Luftwaffenstützpunkt Creech am 9. April 2009 verhaftet wurden, jedenfalls mehr diskutiert, als das vorher der Fall war.«[18]

Seitdem wird Kritik an den Drohnen-Einsätzen auch in den USA lauter. Sie ist auch häufig durch Berichte über Protestaktionen an US-Drohnen-Stützpunkten oder über Gerichtsverfahren in die europäischen Schlagzeilen gekommen, die von der *New York Times* und der American Civil Liberties Union (ACLU) gegen die US-Regierung angestrengt wurden. Ihr Ziel war es, die Veröffentlichung der rechtlichen Begründung für den Einsatz von Drohnen zur Tötung von US-Staatsbürgern zu erzwingen. Berichtet wurde auch über Delegationen von US- und UK-Friedensaktivisten nach Pakistan und in den Je-

---

16. http://dronewars.net/2013/05/28/after-five-years-of-british-drone-strikes-five-basic-facts-we-are-simply-not-allowed-to-know/
17. http://investigations.nbcnews.com/_news/2013/05/28/18472665-the-race-is-on-manufacturer-sets-sights-on-market-for-armed-drones
18. https://www.commondreams.org/view/2010/09/18-0

men sowie über den Report der Universitäten von Stanford und New York, der unter dem Titel »Das Leben unter Drohnen« (»*Living Under Drones*«) erschienen ist. Medienwirksam waren auch ein 13-stündiger Rede-Marathon (*Filibuster-Rede*) des US-Senators Rand Paul und die spektakulären Unterbrechungen der Senatsanhörung zur Bestätigung des Amtsantritts von CIA-Direktor John Brennan und einer Rede von Präsident Obama durch Aktivistinnen der US-Friedensorganisation »Code Pink«.

Zumindest teilweise als Reaktion auf diese Interventionen hat Obama die Häufigkeit der Drohnenangriffe während der Jahre 2011 und 2012 reduziert; und am 23. Mai 2013 verlangte er eine gesteigerte Regulierung der Drohnen und schließlich ein Ende des sogenannten »Krieges gegen den Terror«.[19] Aber die Mehrheit in den USA unterstützt, laut einer Meinungsumfrage von *Wall Street Journal/NBC News* vom 30. Mai bis 2. Juni 2013, weiterhin Drohnenangriffe. In der Umfrage sagten 66 %, dass sie den Einsatz unbemannter Flugzeuge zur Tötung verdächtigter Mitglieder von Al-Kaida und anderer Terroristen befürworteten, während nur 16 % sich dagegen aussprachen und 15 % sagten, sie wüssten nicht genug darüber, um sich eine Meinung zu bilden.[20] Eine kürzlich durchgeführte wissenschaftliche Studie fand heraus, dass in den USA Republikaner wie auch Demokraten »ähnlich auf eine bedrohliche Nachricht reagierten, indem sie Drohnenangriffe stärker befürworteten.«

Wie steht die öffentliche Meinung zu Anti-Drohnen-Kampagnen in Europa? Eine 2012 durchgeführte internationale Studie von Pew Research in 20 Ländern fand »eine weit verbreitete internationale Opposition« gegen US-Drohnenangriffe. In Europa wurden Drohnenangriffe abgelehnt: von 51 % der Befragten in Polen, 55 % in Italien, 59 % in Deutschland, 62 % in der Tschechischen Republik, 63 % in Frankreich, 76 % in Spanien und 90 % in Griechenland. Selbst in Großbritannien sprach sich eine relative Mehrheit von 47 % gegen Drohnenangriffe aus, 42 % billigten diese. Im Unterschied dazu fand die Pew Studie, dass 62 % in den USA Drohnenangriffe billigten und nur 26 % diese ablehnten.[21]

---

19. http://articles.washingtonpost.com/2013-05-23/politics/39467399_1_war-and-peace-cold-war-civil-war
20. http://blogs.wsj.com/washwire/2013/06/05/wsjnbc-poll-drone-attacks-have-broad-support/; http://nbcpolitics.nbcnews.com/_news/2013/06/05/18780381-poll-finds-overwhelming-support-for-drone-strikes?lite
21. http://www.pewresearch.org/2013/02/06/u-s-use-of-drones-under-new-scrutiny-has-been-widely-opposed-abroad/

## Diskussionen im Europaparlament

Bislang hat sich die Ablehnung von Drohnenangriffen durch die europäischen Bürger politisch noch nicht niedergeschlagen. Als sich die EU 2004 verpflichtete, mit den USA im Kampf gegen den Terrorismus zusammenzuarbeiten, wies sie in besonderem Maße darauf hin, dass diese Zusammenarbeit in Übereinstimmung mit den Gesetzen und dem internationalen Recht erfolgen müsse, so Nathalie van Raemdonck in einem Briefing für das *Instituto Affari Internazionali*. Aber weder die Europäische Kommission noch der Europäische Rat haben bisher irgendwelche Erklärungen zu den gezielten Tötungen der USA abgegeben, und die Mitgliedsstaaten haben generell ein ähnliches Verhaltensmuster gezeigt. »Das ist bemerkenswert« sagt Raemdonck, »da der Rat sich zu diesem Punkt bei anderen Gelegenheiten sehr vernehmlich geäußert hat, insbesondere über die gezielten Tötungen, die von Israel in den besetzten palästinensischen Gebieten ausgeführt worden waren.«[22]

Reinhard Bütikofer, führendes Mitglied der Grünen und deutscher Abgeordneter im Europäischen Parlament, sagte in einem Interview mit *The International Herald Tribune* im Januar 2012: »Natürlich sollten wir Fragen stellen über den Einsatz von Drohnen im Kontext des internationalen Rechts.« Er fügte hinzu: »Es gibt eine moralische Distanziertheit in dieser Angelegenheit im Falle von Deutschland, da wir keine bewaffneten Drohnen besitzen und daher der rechtliche Rahmen selten in Frage gestellt wird.«[23]

Jetzt aber, wo sich das europäische militärische Establishment rapide in Richtung auf Aufnahme bewaffneter Drohnen in die europäischen Arsenale bewegt, beginnen die Abgeordneten des Europäischen Parlaments (MdEP) eine parlamentarische Debatte darüber. Am 16. Januar 2012 drängten vier MdEP die EU und ihre Mitgliedsstaaten in einer schriftlichen Erklärung über den Einsatz von Drohnen für gezielte Tötungen, »Drohnen-Operationen zum Zweck gezielter Tötungen kategorisch zu verbieten und sich dafür einzusetzen, dass sie international geächtet werden« und sich auch »dafür einzusetzen, dass bei rechtswidrigen Tötungen Maßnahmen gegen die Täter getroffen und identifizierte Täter bestraft werden.«[24]

Am 25. April 2013, in einer gemeinsamen Anhörung der Unterausschüsse des Europäischen Parlaments für Menschenrechte und für Sicherheit und

---

22. http://www.iai.it/pdf/DocIAI/iaiwp1205.pdf
23. http://www.nytimes.com/2012/06/12/world/europe/12iht-letter12.html?_r=0
24. http://www.europarl.europa.eu/sides/getDoc.do?pubRef=-//EP//NONSGML%2BWDECL%2BP7-DCL-2012-0002%2B0%2BDOC%2BPDF%2BV0//EN

Verteidigung, äußerten MdEP ihre Besorgnis über den Einsatz von Drohnen zur gezielten Tötung und verlangten eine weltweite Debatte über den Einsatz unbemannter Flugzeuge und die Schaffung globaler Standards. Auch wenn die MdEP davon absehen, zu erwähnen, dass die EU großzügige Forschungs- und Entwicklungssubventionen an die Israel Aerospace Industries (IAI), den in staatlichem Besitz befindlichen Hersteller israelischer Drohnen, gewährt hat,[25] so veröffentlichten sie doch eine Erklärung, in der die EU und ihre Mitgliedsstaaten gedrängt werden, »sich gegen eine Praxis auszusprechen, die gefährliche und unwillkommene Präzedenzfälle für das internationale Recht schafft.«[26] Das britische MdEP Baroness Sarah Ludford, liberal-demokratische Sprecherin für europäisches Recht und Gesetze, erklärte, dass die US-Drohnen-Tötungen »unter Missachtung des lange bestehenden internationalen rechtlichen Rahmens über die Gesetzmäßigkeit der Tötung von Menschen erfolgten ... Schweigen wird gedeutet werden als Zustimmung Europas – mit potenziell katastrophalen Folgewirkungen.«[27] Sie fügte hinzu: »Es ist die EU, die über genügend Einfluss verfügt, diesen Kampf um das internationale Recht zu führen.«[28]

## Eine internationale Kampagne zum Stopp von Killer-Kampfrobotern

Eine weitere Initiative, in die mehrere europäische Staaten involviert sind, ist die Campaign to Stop Killer Robots. Sie wurde im April 2013 gegründet und trägt der wachsenden Besorgnis Rechnung, dass die Verbreitung von bewaffneten Drohnen die technologische Entwicklung voll-automatisierter Waffensysteme fördern könnte – Killer-Roboter, die über Ziele entscheiden und Missionen ausführen würden, und zwar ohne jegliche menschliche Intervention. Im Mai 2013 hat die Kampagne eine Pressekonferenz im UN-Hauptquartier in Genf abgehalten.[29] Diese Kampagne ist eine globale Koalition, bestehend aus 33 Nichtregierungsorganisationen in 16 Ländern, die sich für ein präventives internationales Verbot von voll-autonomen Waffen einsetzt.[30] Der Lenkungs-

---

25. http://www.opendemocracy.net/ben-hayes/how-eu-subsidises-israel's-military-industrial-complex
26. http://www.huffingtonpost.co.uk/2013/03/08/drones-obama-european-parliament_n_2835515.html?
27. ibid.
28. http://www.europarl.europa.eu/news/en/headlines/content/20130426STO07642/html/MEPs-call-for-a-global-debate-on-the-use-of-drones
29. http://www.swissinfo.ch/eng/politics/Battle_begins_against_drones_and_killer_robots.html?cid=35864360
30. http://www.stopkillerrobots.org/coalition/

ausschuss besteht aus Vertretern von Human Rights Watch, Article 36, Association for Aid and Relief for Japan, International Committee for Robot Arms Control, Mines Action Canada, Nobel Women's Initiative, IKV Pax Christi, Pugwash Conferences on Science & World Affairs, Women's International League for Peace and Freedom.

Während allerdings einige Experten denken, dass nur ein Verbot zukünftiger voll-automatisierter Systeme effektiv sein könne – weil sie glauben, der Einsatz bewaffneter Drohnen sei bereits zu verbreitet, um gestoppt werden zu können –, glauben andere, dass es unerlässlich wäre, die Verbreitung bewaffneter Drohnen jetzt zu unterbinden, um überhaupt noch eine Chance zu haben, den Trend zur vollen Automatisierung zu stoppen. In ihrem Bericht »Kampfdrohnen – Killing-Drones: Ein Plädoyer gegen die fliegenden Automaten« für die *Stiftung Wissenschaft und Politik des Deutschen Instituts für Internationale Politik und Sicherheit* argumentieren Marcel Dickow und Hilmar Linnenkamp: »Da es zu einem späteren Zeitpunkt schwer durchsetzbar sein dürfte, autonom agierende UAV nachträglich wieder zu entwaffnen, erscheint eine Trennung von Plattform und Bewaffnung bereits in der heutigen technologischen Phase sinnvoll. Die dadurch entstehende Fähigkeitseinschränkung sollte bewusst hingenommen werden, bedenkt man die rechtlichen und ethischen Konsequenzen eines Waffeneinsatzes durch robotische Plattformen der Zukunft«.[31]

## Kampagnen in europäischen Ländern

Aber unabhängig davon, ob das Ziel darin besteht, die Vermehrung von Kampf-Drohnen sofort zu stoppen oder darin, ein Verbot automatischer Killer-Drohnen in der Zukunft zu erreichen, es wird des Aufbaus länderspezifischer Kampagnen in den einzelnen europäischen Staaten bedürfen.

Es gibt bereits Initiativen in einigen europäischen Ländern. Im Juni 2013 haben Aktivisten in Schweden eine internationale Konferenz, »High North« (»Im hohen Norden«), organisiert, um öffentliche Aufklärung zu betreiben darüber, dass USA und NATO das riesige Gelände im Norden des Landes, das North European Aerospace Test Range (NEAT), wie auch Gebiete in Norwegen und in Finnland nutzen, um High-Tech-Waffen wie Weltraum-Radarsys-

---

31. http://www.swp-berlin.org/fileadmin/contents/products/aktuell/2012A75_dkw_lnk.pdf; (*englische Fassung*) http://www.swp-berlin.org/fileadmin/contents/products/comments/2013C04_dkw_lnk.pdf

teme, Satellitensysteme und Drohnen zu testen.³² In der Schweiz gibt es eine Unterschriftenaktion gegen einen Vorschlag der schweizerischen Regierungsstellen, israelische Drohnen zu erwerben.³³ Und im Juli 2013 haben zwölf österreichische Friedensorganisationen eine Unterschriftenkampagne gegen die Beteiligung Österreichs an den Drohnenprojekten der EU gestartet.³⁴

Relativ breit angelegte Anti-Drohnen-Kampagnen haben sich im Vereinigten Königreich und neuerdings auch in Deutschland entwickelt. In beiden Ländern wenden sich die Anti-Drohnen-Kampagnen nicht nur gegen den Einsatz von Kampf-Drohnen durch ihr eigenes Militär, sondern auch gegen die Komplizenschaft ihrer Regierungen bei der Unterstützung von US-Drohnenangriffen.

Großbritannien

Seit 2004 oder auch bereits davor, haben britische Regierung und Geheimdienst eng mit den USA am Drohnenangriffsprogramm zusammengearbeitet. Die Vereinbarungen für einen intensiven Informationsaustausch durch westliche Verbündete reichen bis zum Zweiten Weltkrieg zurück, als die USA, Kanada, Großbritannien, Australien und Neuseeland beschlossen, die Zusammenarbeit fortzusetzen.³⁵ Britische Piloten steuerten jahrelang US-Drohnen innerhalb eines Kooperationsprogramms (*embedding program*)³⁶, bevor die USA der britischen Royal Air Force (RAF) gestatteten, ihre eigenen Reaper-Drohnen für den Krieg in Afghanistan zu kaufen.

2007 kaufte Großbritannien drei MQ-9 Reaper von der kalifornischen Firma General Atomic für die Hightech-Überwachung in Afghanistan. Nachdem eine der Reaper abgestürzt ist, sind die drei auf fünf aufgestockt worden. Die RAF beschloss 2008, die Reaper mit Waffen auszurüsten und wurde damit das erste (und bisher noch einzige) Land in Europa, das bewaffnete Kampfdrohnen einsetzt. Allerdings wurden bis vor kurzem britische Drohnenüberwachungen

---

32. http://www.popularresistance.org/report-from-high-north-space-conference/
33. http://www.alternativenews.org/english/index.php/features/economy-of-the-occupation/6656-sign-petition-against-purchase-of-israeli-drones-.html
34. http://antidrohnenkampagne.wordpress.com/2013/07/04/drohnen-krieg-nein-danke-aufruf-von-12-osterreichischen-friedensorganisationen/ Siehe hierzu auch den Beitrag von Franz Sölkner in diesem Band.
35. http://www.nytimes.com/2013/01/31/world/drone-strike-lawsuit-raises-concerns-on-intelligence-sharing.html
36. http://www.thebureauinvestigates.com/2013/04/29/protesters-march-against-uk-drones-as-mod-reveals-drone-sharing-with-us/

und Drohnenangriffe ausschließlich von RAF-Piloten gesteuert, die auf dem US-Luftwaffen-Stützpunkt Creech bei Indian Springs in Nevada operierten.

Seit 2008 sind britische Drohnenangriffe zahlenmäßig rapide angestiegen und machen nun beinahe ein Drittel der Drohnenangriffe der Koalitionstruppen auf die afghanische Bevölkerung aus.[37] Im Juli 2011 wurden bei einem Angriff einer ferngesteuerten Drohne der Royal Air Force vier afghanische Zivilisten in der Provinz Helmand irrtümlich getötet und zwei weitere verletzt.[38] Das britische Verteidigungsministerium gibt an, dass dies die einzigen durch britische Drohnenangriffe getöteten afghanischen Zivilisten seien; das Ministerium räumt aber ein, dass es nicht möglich sei, das Ausmaß der zivilen Toten bei Drohnenangriffen verlässlich zu ermitteln.[39]

Im Frühjahr 2010 gründete der Drohnen-Forscher Chris Cole die NGO »Drone Wars UK«, um Forschungen, Aufklärung und Kampagnen über den Einsatz unbemannter Fluggeräte und den weiter gefassten Problemkomplex ferngesteuerter Kriegsführung durchzuführen.[40] Andere britische NGOs begannen ebenfalls mit umfangreicher Aufklärung der Öffentlichkeit über Drohnenangriffe, wie z.B. Reprieve[41], die sich auch für Gefangene in der Todeszelle und Guantanamo-Häftlinge einsetzt, oder das Bureau of Investigative Journalism.[42]

Britische Drohnen-Forscher und Aktivisten kamen in einem Netzwerk der Drohnen-Kampagnen (The Drones Campaign Network, DCN)[43] zusammen, um Informationen auszutauschen und kollektive Aktionen gegen militärische Drohnen zu koordinieren. Unter den Mitgliedsorganisationen befinden sich die Kampagne für nukleare Abrüstung (CND), der Internationale Versöhnungsbund (IFOR), Pax Christi, Naturwissenschaftler für globale Verantwortung (Scientists for Global Responsibility), Krieg gegen die Armut (War on Want) und War Resisters International (WRI). Darüber hinaus griff die Stop the War Coalition, die 2001 gegründet worden war, »um den Krieg zu stoppen, der gegenwärtig durch die USA und deren Verbündete dem ›Terrorismus‹ erklärt

---

37. http://www.thebureauinvestigates.com/2012/12/04/revealed-us-and-britain-launched-1200-drone-strikes-in-recent-wars/
38. http://www.guardian.co.uk/world/2012/jun/18/british-drones-afghanistan-taliban
39. http://www.guardian.co.uk/uk/2011/jul/05/afghanistan-raf-drone-civilian-deaths.
40. http://www.publications.parliament.uk/pa/cm201213/cmselect/cmdfence/writev/1090/m04.htm
    Siehe auch den Beitrag von Chris Cole in diesem Band.
41. http://www.reprieve.org.uk
42. http://www.thebureauinvestigates.com
43. http://dronecampaignnetwork.wordpress.com/about/

wurde«,[44] den Problemkomplex der Drohnenangriffe und gezielten Tötungen auf und arbeitet bei einigen Kampagnen eng mit dem Netzwerk zusammen.

Die Kritik an den Drohnen hat bei einigen Abgeordneten im britischen Parlament Aufmerksamkeit erreicht. Am 18. Oktober 2012 wurde eine multifraktionelle parlamentarische Gruppe (»All-Party Parliamentary Group on Drones«) gegründet, um »die rapide Verbreitung von Drohnen sowohl auf dem Schlachtfeld wie im Zivilleben zu hinterfragen«.[45] Ein Parlamentsabgeordneter der Labour Partei, Tom Watson, ist Präsident der Gruppe und ein Parlamentsabgeordneter der Konservativen Partei, Zac Goldsmith, ist Vizepräsident. Im Juni 2013 waren 20 britische Parlamentsabgeordnete Mitglieder der »All Parliamentary Group«, darunter zehn der Regierungspartei und zehn der Opposition.[46] Die Gruppe hat Anhörungen zu Drohnen veranstaltet, wozu auch Vertreter von Drone Wars, Reprieve u. a. zum Informationsaustausch eingeladen waren.

Im Herbst 2012 erklärte die RAF, dass sie plane, ihr Arsenal hochmoderner bewaffneter Reaper von fünf auf zehn aufzustocken und die Kontrolle der VK-Drohnen-Operationen vom Luftwaffenstützpunkt Creech in Nevada zu einem britischen Luftwaffen-Stützpunkt, Waddington in Lincolnshire, zu verlegen,[47] womit das wohl erste in Europa stationierte Kontrollzentrum für Drohnen-Kriegsführung errichtet wäre. Am 25. April verkündete die RAF, dass die ersten britischen Drohnenangriffe vom Boden des Vereinigten Königreichs an diesem Tag begonnen wurden.[48]

Am 27. April 2013 versammelten sich mehr als 600 Aktivisten aus dem ganzen Vereinigten Königreich, um die vier Meilen von Lincoln bis zum RAF-Stützpunkt Waddington zu marschieren, unter dem Slogan »Startverbot für Drohnen« (*Ground the Drones*).[49] Es war die bis heute größte Anti-Drohnen-Demonstration in Europa. »Die Eröffnung dieses neuen Drohnen-Kriegführungszentrums hat vielen Menschen ins Bewusstsein gerückt, dass der Einsatz von Drohnen durch britische Streitkräfte keinesfalls nur vorübergehend und zeitlich begrenzt sein wird. Stattdessen wird der Einsatz von Drohnen aus weiter Entfernung normalisiert, um »risikofreie« Luftangriffe zu ermöglichen«, sagte

44. http://www.stopwar.org.uk/index.php/about/what-we-stand-for
45. http://www.thebureauinvestigates.com/2012/10/18/uk-parliament-launches-group-to-focus-on-drones/
46. http://www.publications.parliament.uk/pa/cm/cmallparty/register/drones.htm
47. http://www.globalpost.com/dispatch/news/regions/europe/united-kingdom/121025/uk-brings-drone-command-operations-home
48. http://edition.cnn.com/2013/04/27/world/europe/uk-afghanistan-drones/index.html
49. http://dronecampaignnetwork.wordpress.com/

Chris Cole von »Drone Wars UK«.[50] Chris Nineham, stellvertretender Vorsitzender der »Stop the War Coalition«, meinte, die Drohnen würden eingesetzt, um den »zutiefst unpopulären Krieg gegen den Terror« ohne öffentliche Kontrolle fortzuführen.[51]

Im Vorfeld des Marsches hatte die britische Regierung eingeräumt, dass zusätzlich zu den hunderten von Einsätzen, die von der eigenen Reaper-Drohnen-Flotte der RAF in Afghanistan durchgeführt worden waren, RAF-Besatzungen mehr als 2000 Einsätze unter Verwendung »geborgter« bewaffneter US-Drohnen ausgeführt hatten. Rehman Chishti, konservativer britischer Parlamentsabgeordneter, warnte, dass bewaffnete Drohnen-Operationen in Afghanistan durch die RAF und die US-Luftstreitkräfte so austauschbar geworden seien, dass Großbritannien »eventuell nicht länger in der Lage sei, über die Zuständigkeit und die Verantwortung zu entscheiden, falls Zivilisten getötet worden seien.« Das britische Verteidigungsministerium enthüllte ebenfalls, dass britisches Militärpersonal direkt in die US-Luftwaffe eingebunden (*embedded*) gewesen sei, bei Kampfeinsätzen im Libyen-Krieg, im Irak-Krieg wie auch in Afghanistan.[52]

In einer Folgeaktion am 4. Juni 2013 gelang es sechs Friedensaktivisten von der Initiative »Entwaffnet die Drohnen«, die Sicherheitsvorkehrungen zu überwinden und in den Stützpunkt der RAF-Waddington einzudringen, wo sie einen Friedensgarten zur Erinnerung an den fünften Jahrestag des ersten britischen Drohnenangriffs und an den Internationalen Tag unschuldiger Kinder-Opfer von Aggressionen anlegten. Die Aktivisten wurden festgenommen und der »Verschwörung« sowie des »versuchten Hausfriedensbruchs und der Sachbeschädigung« beschuldigt. Sie wurden damit die ersten Aktivisten, die sich Anklagen wegen Anti-Drohnen-bezogener Vergehen gegenübersehen. Das Verteidigungsministerium bestätigte später, dass vom RAF-Stützpunkt Waddington gesteuerte britische Drohnen ihre erste Tötung in Afghanistan durchgeführt hatten.[53]

»Wir haben den Zaun durchgeschnitten, um schlimmere Verbrechen in Afghanistan zu verhindern« sagte einer der Aktivisten. Im bevorstehenden Ge-

---

50. http://www.thebureauinvestigates.com/2013/04/29/protesters-march-against-uk-drones-as-mod-reveals-drone-sharing-with-us/
51. http://www.independent.co.uk/news/uk/home-news/protest-held-against-raf-waddingtons-afghanistan-drone-strikes-8590883.html
52. http://www.thebureauinvestigates.com/2013/04/29/protesters-march-against-uk-drones-as-mod-reveals-drone-sharing-with-us/
53. http://www.indymedia.org.uk/en/2013/06/510008.html

richtsverfahren haben sie vor, die schon lange bestehende Rechtsbegründung der RAF[54] für den britischen Drohneneinsatz in Afghanistan anzufechten. Ihre Anwälte werden argumentieren, dass es sich in Afghanistan um eine von der UNO deklarierte Kriegszone handele, die der Europäischen Konvention für Menschenrechte (ECHR)[55] unterliege, und dass »die Anwendung der ECHR den Einsatz von Drohnen ausschließlich auf Situationen beschränke, in denen eine unmittelbare Bedrohung für das Leben bestehe. Dies verbiete die Ausführung von ›gezielten Tötungen‹ und grenze ihren Einsatz selbst auf dem Schlachtfeld eng ein.«[56]

Anti-Drohnen- und Menschenrechtsaktivisten kritisieren ebenfalls die britische Unterstützung der CIA für die gezielten Tötungen. Laut Chris Cole ist der US-Luftwaffenstützpunkt bei Croughton »Teil eines Netzwerks von US-Spionagestützpunkten in Großbritannien, geführt von Menwith Hill[57] in Yorkshire. Die Existenz einer sicheren militärischen Kommunikationsverbindung zwischen Camp Lemonnier in Dschibuti, von wo aus US-Drohnen über dem Jemen und anderen Ländern Nord-Afrikas operieren, und Großbritannien zeigt, dass Croughton und Menwith Hill bei der Analyse der Informationen und Videos aus US-Drohnenflügen in diesem Gebiet zweifellos involviert sind. Es ist ferner möglich, dass auf diese Weise erlangte und von US-Personal auf britischem Boden analysierte Informationen für die Ausführung weiterer US-Drohnenangriffe verwendet werden könnten.«[58]

2012 reichte Noor Khan eine Zivilklage bei dem britischen Obersten Zivilgericht (High Court) gegen den Informationsaustausch britischer Geheimdienste mit den USA für gezielte Tötungen ein. Das Gericht erfuhr, dass Mr. Khans Vater 2011 zusammen mit dutzenden anderen Stammesführern bei einem Drohnenangriff der CIA in einer Gemeinde in Nord-Pakistan getötet worden war; die Gemeinde lebe heute immer noch in beständiger Furcht, da sie regelmäßig über sie hinweg fliegende Drohnen hören könne, die erneut angreifen könnten.[59]

Das Anwaltsteam für Mr. Khan, dem Anwälte der britischen Menschenrechtsorganisation Reprieve angehörten, argumentierte, dass britische Amts-

54. https://www.gov.uk/government/uploads/system/uploads/attachment_data/file/33711/20110505JDN_211_UAS_v2U.pdf
55. http://www.guardian.co.uk/law/human-rights
56. http://www.guardian.co.uk/world/2013/jun/08/uk-drones-afghanistan-legal-challenge
57. http://www.cnduk.org/information/briefings/missile-defence-briefings/item/1379-lifting-the-lid-on-menwith-hill-march-2012
58. http://dronewars.net/2013/03/18/drones-news-round-up/
59. http://www.bbc.co.uk/news/uk-20807934

träger wohl »Mithelfer zum Mord« (*secondary parties to murder*) geworden sein dürften, wenn sie Informationen an amerikanische Offizielle weiterleiteten, die zu illegalen US-Drohnenangriffen verwendet wurden.[60] Die Anwälte forderten eine »gerichtliche Erklärung, dass britische Geheimdienst-Offizielle für Morde, Kriegsverbrechen und Verbrechen gegen die Menschlichkeit haftbar gemacht werden könnten, falls sie Informationen über Tötungsziele mit der US-Regierung teilten.«[61] Gegenwärtige und frühere Spitzenbeamte von britischer Regierung und Geheimdiensten haben der *New York Times* berichtet, dass Großbritannien höchstwahrscheinlich die USA mit geheimen Informationen versorgt, die beim Bestimmen von Zielen für Angriffe verwendet werden könnten. Laut *Times* sind in britischen Geheimdienstkreisen nun viele »deutlich besorgt, dass sie eventuell strafrechtlich verfolgt werden könnten.«[62]

Der High Court lehnte es ab, die britische Regierung aufzufordern, zu erklären, ob sie geheime Informationen für US-Drohnenangriffe bereitstellt.[63] Mr. Khan und seine Anwälte haben gesagt, dass sie diese Entscheidung anfechten werden. Laut Reprieve könnte das britische Government Communications Headquarters (GCHQ) durch den Austausch geheimer Informationen mit der CIA sowohl britisches als auch internationales Recht gebrochen haben. In einer neuesten Entscheidung des Peshawar High Court (PHC) in Pakistan wird die CIA-Drohnen-Kampagne als Kriegsverbrechen bezeichnet; die pakistanische Regierung wird aufgefordert, Schritte einzuleiten, um diese zu beenden.[64]

Die britische Regierung hat jedenfalls noch keine Schritte unternommen, um ihre eigenen Staatbürger zu schützen, ja, sie hat vielleicht sogar den USA bei deren gezielter Tötung assistiert. Mindestens sechs britische Staatsbürger sind bisher von US-Drohnenangriffen in Pakistan getötet worden. Zwei weitere britische Staatsbürger wurden bei US-Drohnenangriffen in Afrika getötet, kurz nachdem ihre Pässe einseitig vom britischen Innenministerium eingezogen worden waren.[65]

---

60. http://www.bbc.co.uk/news/uk-20804072
61. http://www.lawfareblog.com/2012/12/british-court-rejects-drone-lawsuit-will-decision-affect-supreme-court-decision-in-kiobel/
62. http://www.nytimes.com/2013/01/31/world/drone-strike-lawsuit-raises-concerns-on-intelligence-sharing.html
63. http://www.bbc.co.uk/news/uk-20807934
64. http://www.reprieve.org.uk/press/2013_06_26_uk_come_clean_gchq_cia_drone_strikes/
65. http://dronewars.net/2012/03/23/europes-silence-on-us-drone-targeted-killings-2/

## Deutschland

Auch deutsche Staatsbürger sind schon durch US-Drohnenangriffe getötet worden. Nachdem vermutlich ein US-Drohnenangriff bis zu acht deutsche Staatsbürger im nordwestlichen Pakistan im Oktober 2010 getötet hatte, hat »Die Linke«-Fraktion im Bundestag eine Kleine Anfrage gestellt. Sie wollte wissen, ob deutsche Geheimdienste der CIA geholfen haben, deutsche Staatsbürger für gezielte Tötungen ins Visier zu nehmen.[66] Um nicht als mitverantwortlich für gezielte Tötungen der USA zu erscheinen, hat damals die Bundesregierung Berichten zufolge auch den Austausch geheimdienstlicher Informationen mit den USA verboten, wenn dies zu gezielten Tötungen ihrer Bürger führen könnte. Dabei verwies sie auf EU-Gesetze, die dies eindeutig nicht erlauben.[67]

Nach einer langwierigen Zuständigkeitsprüfung eröffnete der Generalbundesanwalt Ermittlungen, um festzustellen, ob ein Kriegsverbrechen nach dem Völkerstrafgesetzbuch (VStGB) stattgefunden hat, d. h. ob eine nach dem Humanitären Völkerrecht zu schützende Person durch den Drohnenangriff getötet worden sei.[68] Am 1. Juli 2013 teilte der Generalbundesanwalt in einer Presseerklärung mit, dass er »mangels eines für eine Anklageerhebung hinreichenden Verdachts für das Vorliegen einer Straftat« das Verfahren eingestellt hat. Der Generalbundesanwalt stellte fest, dass Bünyamin E. nicht ein vom Humanitären Völkerrecht geschützter Zivilist war, sondern ein »Angehöriger einer organisierten bewaffneten Gruppe«. Seine Tötung durch eine Drohne wäre deshalb kein Kriegsverbrechen.[69]

Es gibt keinen öffentlichen Zugang zu den »Beweisen«, die der Generalbundesanwalt für seine Entscheidung herangezogen hat. Zudem sind – nach dem erwähnten Gerichtsurteil in Pakistan – alle US-Drohnenangriffe in Pakistan Kriegsverbrechen.[70] Auch eine UN-Studie ergab, dass die Drohnenangriffe in Pakistan völkerrechtswidrig sind.[71] Wie Wolfgang Janisch in der *Süddeutschen Zeitung* bemerkt hat: »Die Einstellung des Verfahrens erspart es der Bundesanwaltschaft, den Urheber des Drohneneinsatzes zu nennen – auch wenn niemand daran zweifelt, dass es sich um eine US-Drohne handelte. Und

---

66. http://www.heise.de/tp/blogs/8/148755
67. http://www.iai.it/pdf/DocIAI/iaiwp1205.pdf
68. http://www.lto.de/recht/hintergruende/h/drohnen-angriff/
69. http://www.generalbundesanwalt.de/de/showpress.php?themenid=15&newsid=482
70. http://www.spiegel.de/politik/ausland/drohnen-gericht-in-pakistan-wirft-usa-kriegsverbrechen-vor-a-898914.html
71. http://www.zeit.de/politik/ausland/2013-03/drohnen-pakistan-un

die Behörde muss sich nicht mit der Frage befassen, ob womöglich deutsche Sicherheitsbehörden ihre Erkenntnisse über den deutschen Islamisten an die Amerikaner weitergegeben und damit den Angriff erst ermöglicht haben.«[72]

Nichtsdestotrotz sind diese parlamentarischen Debatten und Ermittlungen Ausdruck von schwerwiegenden Bedenken gegenüber außergerichtlichen Tötungen. Der früherer *Zeit*-Chefredakteur Theo Sommer erklärte den angelsächsischen Lesern von *The German Times*: »Nach deutschem Recht gelten Killer-Angriffe auf Nicht-Kombattanten als Mord – unabhängig davon, ob Präsident Obama im Oval Office Terrorverdächtige als feindliche Kombattanten auf seine Tötungsliste setzt. In diesem Punkt unterscheidet sich die deutsche von der amerikanischen Interpretation des internationalen Rechts radikal.«[73]

Als der deutsche Verteidigungsminister Thomas de Maizière (CDU) 2012 seine Öffentlichkeitskampagne für den Kauf bewaffneter Drohnen für die deutsche Luftwaffe begann, war er sehr bemüht, sich öffentlich von der US-Politik zu distanzieren. Im Mai 2012 sagte de Maizière vor einer Gruppe von Reservisten, dass er die US-Drohnen-Einsätze für gezielte Tötungen für einen »strategischen Fehler« halte.[74] Im August 2012 sagte er der Tageszeitung *Die Welt*, dass kein Widerspruch zwischen der Natur der unbemannten Luftfahrzeuge und Deutschlands nicht-aggressivem militärischen Kodex bestehe: »Ethisch ist eine Waffe stets als neutral zu betrachten.«[75] Er organisierte sogar Treffen mit Kirchenführern und Friedensaktivisten, um ihnen zu versichern, dass bewaffnete Drohnen nicht nur das Leben deutscher Soldaten retten könnten, sondern aufgrund der genaueren Zielvorrichtungen auch das von Zivilisten. »Deutsche Drohne, gute Drohne« war die ironische Schlagzeile eines Artikels im deutschen *Tagesspiegel*, die eines dieser Treffen des Verteidigungsministers mit katholischen und protestantischen Kirchenführern beschrieb.[76] (Eine neuere US-militärische Studie fand jedoch, dass während eines Jahres in dem andauernden Konflikt in Afghanistan die Drohnenangriffe zehnmal mehr zivile Opfer forderten als die Angriffe durch bemannte Kriegsflugzeuge.)[77]

---

72. http://www.sueddeutsche.de/politik/drohnenangriff-auf-deutschen-toetung-gerechtfertigt-verfahren-eingestellt-1.1710017
73. http://www.german-times.com/index.php?option=com_content&task=view&id=42311&Itemid=25
74. http://www.fr-online.de/meinung/us-drohnenangriffe-amerika-klatscht--europa-schweigt,1472602,16303624.html
75. http://www.spiegel.de/politik/deutschland/de-maiziere-will-bundeswehr-mit-bewaffneten-drohnen-ausstatten-a-848144.html
76. http://www.tagesspiegel.de/politik/ortstermin-deutsche-drohne-gute-drohne/8117712.html
77. http://www.guardian.co.uk/world/2013/jul/02/us-drone-strikes-afghan-civilians

Allerdings, erwidern Drohnengegner, selbst wenn die Bundeswehr den Einsatz von Kampfdrohnen zur Unterstützung auf dem Schlachtfeld eingrenzen sollte, so sind Drohnen doch eindeutig für den Einsatz in aggressiven Kriegen in fremden Ländern entwickelt worden. Viele Deutsche sind grundsätzlich über die wachsende Interventionsbereitschaft der deutschen Regierung entsetzt, die sie als eine Verletzung von Artikel 26 des Grundgesetzes von 1949 betrachten, der die Vorbereitung von Angriffskriegen von deutschem Boden aus verbietet. Überdies lehnt eine Mehrheit der Deutschen seit langem das deutsche militärische Engagement in Afghanistan ab; Drohnen scheinen dann also auch ein Mittel zu sein, das Engagement in Afghanistan militärisch fortzusetzen, selbst wenn die Truppen abgezogen werden.

Erst im Januar 2013 stellte die Merkel-Regierung klar, dass sie bereits eine Entscheidung getroffen habe, den Kauf bewaffneter Kampfdrohnen anzustreben. Viele Abgeordnete waren empört. »Der Drohnen-Strategie der Bundeswehr trete ich vehement entgegen«, sagte der Linken-Abgeordnete Andrej Hunko dem *Spiegel*. »Auch die Aufrüstung mit Aufklärungsdrohnen sehe ich kritisch.« Er fügte hinzu, dass er fürchte, die Drohnen könnten nicht nur bei Auslandseinsätzen, sondern auch im Innern eingesetzt werden.[78] Die Fraktionen der Linken und der Grünen legten jeweils Anträge zur Einführung eines Anschaffungsverbots ein.[79]

Anfang März trafen sich Vertreterinnen und Vertreter verschiedener Friedens- und Bürgerrechtsbewegungen in Hannover zur Bildung einer deutschen Anti-Drohnen-Kampagne, um über ein gemeinsames Vorgehen gegen die Ausrüstung der Bundeswehr mit Kampfdrohnen zu beraten. Sie sprachen sich »gegen die Etablierung von Drohnentechnologie für Krieg, Überwachung und Unterdrückung« aus, formulierten den Appell »Keine Kampfdrohnen!«[80] und begannen mit seiner Verbreitung bei den traditionellen Ostermärschen. Der Appell fordert die deutsche Regierung dazu auf, auf eine weltweite Ächtung von Kampfdrohnen hinzuarbeiten, da der Einsatz solcher Drohnen »die Schwelle zu bewaffneten Aggressionen weiter senkt; ›gezielte‹ Tötung von Menschen innerhalb und außerhalb von Kriegen bedeutet – ohne Anklage, Verfahren und Urteil; die Bevölkerung betroffener Landstriche terrorisiert und sie an Leib und Leben gefährdet; die Entwicklung autonomer Killer-Roboter befördert

---

78. http://www.spiegel.de/politik/deutschland/bundesregierung-draengt-auf-einsatz-bewaffneter-drohnen-a-879547.html
79. http://www.heise.de/newsticker/meldung/Debatte-ueber-Anschaffung-von-Kampfdrohnen-im-Bundestag-1850595.html
80. http://drohnen-kampagne.de

und noch schrecklichere Kriege zur Folge hätte; und eine neue Rüstungsspirale in Gang setzt.«[81]

Bis Ende April 2013 hatte der Appell bereits die Unterstützung von 125 wichtigen nationalen und lokalen Friedens- und Bürgerrechtsorganisationen und Bürgerrechtsgruppen sowie verschiedenen politischen Parteien erhalten.[82] Zwei der unterstützenden Parteien, die Linke und die Grünen, verfügen gemeinsam über mehr als 20 % der Sitze im Bundestag. Der Appell hat auch die Unterstützung einiger weniger prominenter SPD-Mitglieder erhalten.

Am 25. April gab es eine Parlamentsdebatte über zwei getrennte Anträge der Fraktionen der Linken und der Grünen, die beide die Anschaffung von Kampfdrohnen für die Bundeswehr ablehnten. Zudem forderte die Linke eine völkerrechtlich bindende Ächtung von Kampfdrohnen. Bernd Siebert von der CDU äußerte dagegen mit Entschiedenheit, dass seine Regierung die Anschaffung bewaffneter Drohnen angehen würde, sobald der »Pulverdampf des Wahlkampfes« für die Bundestagswahl am 22. September 2013 sich verzogen habe. Unter den Sprechern der SPD lehnte nur die frühere Entwicklungsministerin Heidemarie Wieczorek-Zeul die bewaffneten Drohnen mit Nachdruck ab; sie unterzeichnete auch den Appell der Anti-Drohnen-Kampagne.

Als am 25. April der erste CDU-Parlamentarier an das Rednerpult trat, standen vier Mitglieder der Berliner Friedenskoordination auf der Besuchertribüne auf, erhoben mit blutroter Farbe beschmierte Hände in die Höhe und riefen: »Ächten Sie die Kampfdrohnen!« In einer folgenden Presseerklärung erläuterten die Aktivisten, dass der »Entscheidung der Bundesregierung für oder gegen Kampfdrohnen im internationalen Kampf um ihre Ächtung eine hohe Bedeutung zukommt«.[83] Die Aktivisten hatten zuvor einen offenen Brief an den britischen Botschafter in Berlin geschickt, in dem sie sich gegen die Entscheidung der britischen Regierung aussprachen, »die wahrscheinlich erste Leitstelle für Drohnenkriegsführung in Europa auf dem RAF-Luftwaffenstützpunkt in Waddington einzurichten«. Sie warnten: »Diese einseitige Entscheidung der britischen Regierung könnte möglicherweise ein Wettrennen von Regierungen innerhalb und außerhalb Europas zu Beschaffung und Benutzung von Kampfdrohnen auslösen.«[84]

Mitte Mai 2013 kam Verteidigungsminister de Maizière unter massiven

---

81. http://drohnen-kampagne.de/appell-keine-kampfdrohnen/
82. http://drohnen-kampagne.de/appell-keine-kampfdrohnen/unterstutzergruppen/
83. http://drohnen-kampagne.de/pressemitteilung-friko-vom-26-4-2013/
84. http://drohnen-kampagne.de/open-letter-to-british-ambassador/; https://drohnen-kampagne.de/files/2013/04/20130423-Offener-Brief-an-den-britischen-Botschafter.pdf

parlamentarischen Druck, als er erklärte, dass das deutsche Verteidigungsministerium gezwungen sein würde, den Euro-Hawk, ein deutsches Überwachungsdrohnen-Projekt, aufzugeben. Basierend auf dem Entwurf des US-Global-Hawk fehle dem Euro-Hawk ein Anti-Kollisionssystem, sodass er keine Zulassung für den europäischen Luftraum erhalten könne. Über eine halbe Milliarde Euro waren zu diesem Zeitpunkt bereits in das Euro-Hawk-Projekt investiert worden.[85] Nach Rufen für einen Rücktritt seitens der Opposition überstand der Verteidigungsminister eine Vertrauensabstimmung.

Dennoch hat de Maizière die Pläne zum Kauf bewaffneter Kampfdrohnen – entweder von den USA oder von Israel – nicht aufgegeben. Am 28. Mai und auch danach wiederholte de Maizière, dass – wenn die CDU die anstehenden Wahlen gewinnt – die Regierung den Kauf von 16 bewaffneten Drohnen in die Wege leiten würde. Fünf davon sollen bis 2016 einsatzfähig sein.[86]

Dann, am 30. Mai 2013, verbreiteten die *Süddeutsche Zeitung* und das ARD-Magazin *Panorama* die Nachricht,[87] dass das US-Africa Command (AFRICOM) in Stuttgart und das Air Operations Center (AOC) auf dem NATO-Luftwaffen-Stützpunkt Ramstein in die gezielten Tötungen in Afrika »maßgeblich eingebunden« seien. Aus einem internen Papier der US-Air Force, das den beiden Medien vorlag, war erkennbar, dass ohne die Satelliten-Relais-Station für unbemannte Flugobjekte in Ramstein die US-Drohnenangriffe in Afrika »nicht durchgeführt werden« könnten. Durch Ramstein hielten die Drohnen-Piloten in den USA Kontakt mit Kampfdrohnen, die auf US-Stützpunkten in Afrika stationiert sind, so in Dschibuti, Niger, Äthiopien und auf den Seychellen. Den Berichten zufolge arbeiten etwa 1000 Experten, einschließlich CIA-Agenten und Analytiker, in Stuttgart an der Ziel-Identifizierung, während bis zu 650 US-Militär-Angehörige an ca. 1500 Computern in Ramstein sitzen und riesige Monitor-Aufnahmen auswerten, die von Überwachungsdrohnen im europäischen und afrikanischen Luftraum gemacht werden.

US-Drohnenangriffe sollen in Afrika bereits seit 2007 durchgeführt worden sein. Bis 2008 war das US-European-Command (EUCOM), ebenfalls in Stuttgart stationiert, für das militärische und geheimdienstliche Engagement der USA in Afrika zuständig. AFRICOM wurde mit Erlaubnis der deutschen Regierung 2008 in Stuttgart aufgebaut, nachdem mehrere afrikanische Länder

---

85. http://www.dw.de/german-government-culls-costly-euro-hawk-drone-project/a-16812690
86. http://defense-update.com/20130531_france_opts_for_the_reaper.html
87. http://daserste.ndr.de/panorama/archiv/2013/ramstein109.html und
http://www.sueddeutsche.de/politik/luftangriffe-in-afrika-us-streitkraefte-steuern-drohnen-von-deutschland-aus-1.1684414

die Stationierung des US-African-Command in ihrem Land verweigert hatten. *Panorama* berichtete, dass das deutsche Auswärtige Amt damals die US-Regierung in einem Schreiben gebeten hatte, Deutschland nicht groß als Standort von AFRICOM zu erwähnen, da dies »sonst zu ›Schlagzeilen in der Presse‹ und zu ›unnötigen öffentlichen Debatten‹ führen könnte«.[88] Das »Air Operations Center« in Ramstein wurde 2011 errichtet.

In einem Interview mit der *Süddeutschen Zeitung* sagte Professor Thilo Marauhn, Völkerrechtler an der Universität Gießen: »Die Tötung eines Tatverdächtigen mithilfe einer bewaffneten Drohne außerhalb eines bewaffneten Konflikts« könne, wenn die Bundesregierung davon wisse und nicht protestiere, die »Beteiligung an einem völkerrechtlichen Delikt sein.«[89] Marauhn weiter gegenüber *Panorama*: »Das ist im Zweifel Totschlag oder Mord und man müsste dann eben überlegen, ob entsprechende Strafverfolgungsmaßnahmen ergriffen werden.«[90]

Trotz der Tatsache, dass AFRICOM bekanntermaßen die oberste Kommandostelle für alle US-Militär-Operationen in Afrika ist, bestreitet die deutsche Regierung jegliche Kenntnis von irgendwelcher Beteiligung von auf deutschem Boden stationierten US-Einrichtungen oder US-Personal bei den Drohnenangriffen. Der verteidigungspolitischer Sprecher der Grünen, Omrid Nouripour, forderte die Kanzlerin auf, Nachforschungen anzustellen, und sagte, dass falls die auf deutschem Boden befindlichen Einrichtungen für Drohnenangriffe benutzt würden, die deutsche Regierung der US-Regierung untersagen solle »weiterhin extralegale Tötungen von Deutschland aus zu organisieren.«[91] Der Bundestagsabgeordnete Paul Schäfer, Mitglied im Verteidigungsausschuss für die Fraktion Die Linke, sagte im Gespräch mit der *Deutschen Welle*, dass mit dem Truppenstatut, das die Präsenz der US-Soldaten in Deutschland regelt, Deutschland leider wenig Einfluss auf das Geschehen auf US-Militärbasen im Bundesgebiet habe. »Man müsste in Neuverhandlungen treten, was das Truppenstatut betrifft«, sagte er, »denn ich fürchte, dass gegenwärtig die Möglichkeiten der Bundesregierung, dort zu intervenieren, begrenzt sind. Es fehlen die rechtlichen Grundlagen.«[92]

Weniger als drei Wochen nach dem Erscheinen der Berichte in der *Süddeutschen* und bei *Panorama* besuchte US-Präsident Barack Obama Berlin. In einer

88. http://daserste.ndr.de/panorama/archiv/2013/ramstein109.html
89. http://www.sueddeutsche.de/politik/luftangriffe-in-afrika-us-streitkraefte-steuern-drohnen-von-deutschland-aus-1.1684414
90. http://daserste.ndr.de/panorama/archiv/2013/panorama4531.pdf
91. http://www.focus.de/politik/deutschland/tid-31555/angriffe-ueber-stuttgart-und-ramstein-us-drohnenkrieg-in-afrika-wird-in-deutschland-geplant-und-gesichert-bundesregierung-bestreitet-wissen-um-vorgaenge_aid_1002273.html
92. http://www.dw.de/deutsche-us-basen-an-drohnenkrieg-beteiligt/a-16852419

gemeinsamen Pressekonferenz mit Kanzlerin Merkel am 19. Juli 2013 widersprach er den Berichten: »Wir benutzen Deutschland nicht für den Flugkörperstart der unbemannten Drohnen im Rahmen unserer Terrorismusbekämpfung. Ich weiß, dass es hier in Deutschland einige Berichte gegeben hat, dass dies der Fall sein könnte, aber es ist nicht so.« »Das hatte Panorama allerdings auch nie berichtet«, erwiderte die ARD. »Tatsächlich berichtet haben wir, dass in die gezielten Tötungen von Terrorverdächtigen in Afrika durch Drohnen US-Standorte in Deutschland maßgeblich eingebunden sind.«[93]

Obwohl die Führung der SPD sich zunächst nicht den Initiativen der Linken und der Grünen gegen Kampfdrohnen angeschlossen hatte, gab die Partei am 10. Juni, eine Woche vor Obamas Ankunft in Berlin, eine Pressemeldung heraus, in der sie erklärte, dass sie sich einem Kauf von Kampfdrohnen durch Deutschland widersetzen und sich für ein internationales Verbot von voll-automatischen Waffensystemen einsetzen werde. Die SPD-Erklärung fordert jedoch kein Verbot von Kampfdrohnen. Immerhin bekräftigt die Presseerklärung der SPD, dass gezielte Tötungen in Ländern, in denen kein Krieg erklärt worden sei, eine Verletzung der Charta der Vereinten Nationen und des internationalen Rechts darstellten. Ferner wird erwähnt, dass die internationale Gemeinschaft in der Vergangenheit erfolgreich internationale Konventionen geschaffen habe, die Landminen und Streubomben verbieten.[94]

## Perspektive

Anti-Drohnen-Aktivisten sind dadurch ermutigt, dass die hartnäckigen Kampagnen der Friedensbewegung für Konventionen zum Verbot von Landminen und Streubomben erfolgreich waren und zur Ächtung dieser Waffen geführt haben. Durch internationale Vernetzung hoffen die Aktivisten heute, eine Grundlage für eine internationale Kampagne zu einer völkerrechtlich bindenden Ächtung von Kampfdrohnen und automatisierten Waffensystemen zu schaffen. Grundlage dafür ist aber die Stärkung und Verbreitung der Kampagnen in ihren eigenen Ländern – ob auf der Straße, vor den Gerichten oder in den Parlamenten.

*Übersetzung aus dem Englischen: Eckart Fooken*

---

93. http://daserste.ndr.de/panorama/archiv/2013/ramstein129.html
94. http://www.spd.de/presse/Pressemitteilungen/102054/20130610_spd_kampfdrohnen.html

# Die Autoren

**Jürgen Altmann,** geboren 1949 in Lübeck, Physiker und Friedensforscher, wissenschaftlicher Mitarbeiter an der Fakultät für Physik der Technischen Universität Dortmund; stellvertretender Sprecher des International Committee for Robot Arms Control

**Tom Barry,** geboren 1950, Politikwissenschaftler, Direktor des TransBorder Projects am Center for International Policy, einer Non-Profit-Forschungseinrichtung in Washington D.C.; zuletzt erschien von ihm: »Drones over the Homeland« (2013)

**Chris Cole**, geboren 1963 in London, Journalist (u. a. für den Londoner *Guardian*) und Friedensaktivist; Gründer und Herausgeber der Internet-Blogs *Drone Wars UK*, http://dronewars.net

**Lühr Henken**, geboren 1953 in Bremerhaven, Sprecher des Bundesausschusses Friedensratschlag, Mitarbeit in der Berliner Friedenskoordination und im Beirat der Informationsstelle Militarisierung (IMI) e.V.

**Andrej Hunko**, geboren 1963 in München, seit 2009 Mitglied des Deutschen Bundestags für Die Linke, Mitglied des Ausschusses für Angelegenheiten der Europäischen Union; Mitglied der Parlamentarischen Versammlung des Europarates

**Hans-Arthur Marsiske**, geboren 1955 in Otterndorf/Niedersachsen, lebt in Hamburg, studierte Soziologie, Sozial- und Wirtschaftsgeschichte an der Universität Hamburg, arbeitet als freier Autor; Buchveröffentlichungen: »Heimat Weltall – Wohin soll die Raumfahrt führen?«, »Kriegsmaschinen – Roboter im Militäreinsatz«; www.hamarsiske.de

**Knut Mellenthin**, geboren 1946 in Wolfsburg, lebt als Journalist in Hamburg.

**Matthias Monroy**, geboren 1968 in Wolfhagen/Hessen, wissenschaftlicher Mitarbeiter des Abgeordneten Andrej Hunko (Die Linke) im Deutschen Bundestag; zahlreiche Artikel in Telepolis (www.heise.de/tp/)

**Norman Paech**, geboren 1930 in Bremerhaven, Professor für Staats- und Völkerrecht an der Universität Hamburg i.R., Abgeordneter der Linksfraktion im Deutschen Bundestag 2005–2009, Mitglied im wissenschaftlichen Beirat von IALANA, IPPNW und Attac; www.norman-paech.de

**Elsa Rassbach**, geboren 1943 in Detroit, US-Bürgerin mit Wohnsitz in Berlin, Filmemacherin und Friedensaktivistin (u. a. in Code Pink, DFG-VK, Noto-NATO und der Anti-Drohnen-Kampagne in Deutschland); Spielfilm »The Killing Floor« (1984) über die Chicagoer Schlachthöfe; zuletzt erschien von ihr der Kurzfilm: »We Were Soldiers in the ›War on Terror‹«.

**Noel Sharkey**, geboren 1948 in Belfast, Professor für Künstliche Intelligenz und Robotik an der Universität Sheffield (UK); Chefredakteur des wissenschaftlichen Magazins *Connection Science* und Redakteur der Zeitschriften *Artificial Intelligence Review* und *Robotics and Autonomous Systems*

**Franz Sölkner**, geboren 1950 in Tauplitz/Steiermark, Studium der Theologie und Geschichte, Aktivist der Steirischen Friedensplattform und von Pax Christi Österreich

**Ralf E. Streibl**, geboren 1964 in Nürnberg, lebt in Bremen, Diplom-Psychologe, wissenschaftlicher Mitarbeiter an der Universität Bremen im Studiengang Informatik; Mitglied in der Gewerkschaft Erziehung und Wissenschaft (GEW), dem Forum Friedenspsychologie (FFP) und dem Forum InformatikerInnen für Frieden und gesellschaftliche Verantwortung (FIfF).

**Peter Strutynski,** geboren 1945 in Krimml/Salzburg, lebt in Kassel, Politikwissenschaftler und Friedensforscher, Lehrbeauftragter an der Universität Kassel, Leiter der AG Friedensforschung, Sprecher des Bundesausschusses Friedensratschlag; www.ag-friedensforschung.de

**Nick Turse**, geboren 1975 in den USA, Historiker, Journalist und Buchautor; seine Artikel erscheinen u. a. in der *Los Angeles Times* und in *The Nation*; Mitherausgeber der Internetzeitung *TomDispatch.com*; zuletzt ist von ihm erschienen (zusammen mit Tom Engelhardt): »Terminator Planet: The First History of Drone Warfare, 2001-2050« (2012).

Fritz Edlinger/Tyma Kraitt

# **Syrien**

Hintergründe, Analysen, Berichte

ISBN 978-3-85371-353-2, br.,
240 Seiten, 17,90 €

»Die Uno kann Personen, die des Terrorismus verdächtigt werden, auf eine Sanktionenliste setzen. Der verstorbene NZZ-Journalist Victor Kocher zeigt in seinem Buch, zu welchen bürgerrechtswidrigen Zuständen dies führen kann.«

Neue Zürcher Zeitung

Victor Kocher

# Terrorlisten
### Die schwarzen Löcher des Völkerrechts

ISBN 978-3-85371-323-5, br.,
224 Seiten, 16,90 €